W0191222

MICHAIL CHODORKOWSKI

WAS TUN?

DAMIT KEIN NEUER DRACHE ERWACHT ...

Aus dem Russischen von Olaf Kühl

EUROPAVERLAG

Inhalt

SCHLUSSBETRACHTUNG

Vorwort

Der Archivar in Mark Sacharows Kultfilm *Den Drachen töten,* der die Anregung für den Untertitel dieses Buches gab, rechtfertigt seinen Konformismus gegenüber dem Ritter mit den Worten:»Die einzige Art, einen fremden Drachen loszuwerden, ist, sich einen eigenen anzuschaffen.« Das ist genau die Art, wie wir leben – erst ertragen wir lange das quälende Joch des fremden Drachen (eigentlich ist es unser eigener, aber ein alter), dann schütteln wir ihn ab und legen uns einen neuen, eigenen Drachen zu, der dann nach einiger Zeit selbst wieder zu einem alten und fremden wird. Ich bin zutiefst überzeugt, dass man diesen Teufelskreis der russischen Geschichte aufbrechen und dass Russland ohne Drachen leben kann, nach eigenem Verstand und Gewissen. Doch damit das geschieht, müssen die jungen Ritter der Revolution bedenken, dass es nicht reicht, den alten Drachen zu töten (wobei schon das nicht einfach ist) – man darf keinen neuen Drachen mit an die Macht bringen, der dann noch schlimmer wird als der vorherige. Dieses Buch handelt davon, wie das in Russland zu erreichen ist.

Wir als Land befinden uns in einer schwierigen Situation: Die Gesellschaft versteht, dass es»nicht so weitergehen kann«, aber sie fürchtet zugleich, es könnte»schlimmer werden«. Die Machthaber, abgesehen vom Präsidenten, ahnen, dass es keinen guten Ausweg gibt, aber sie hoffen, es könnte»irgendwie glimpflich abgehen«. Die Opposition eint das gemeinsame Bestreben, die Macht aus den Angeln zu heben, sie weiß aber nicht,»was danach« kommen soll.

Deshalb ist es meines Erachtens längst an der Zeit, den Menschen klar zu sagen, was wir ihnen vorschlagen, welche Antworten wir auf die philosophischen Schlüsselfragen des Daseins haben. Die Menschen haben ein Recht darauf zu wissen, was sie erwartet, wenn sie auf unsere Seite treten, und für welche Ideale es lohnt, sein ruhiges Leben aufzugeben und Freiheit und Wohlergehen der Angehörigen aufs Spiel zu setzen.

Die Zeit dafür, den Kopf in den Sand zu stecken und sich vor einer Diskussion der ernsten gesellschaftlichen Probleme zu drücken, ist endgültig vorbei.

»Uns geht es nicht um Politik, wir sind nur gegen die Müllhalden vor unseren Fenstern«; »uns geht es nicht um Politik, wir sind gegen Willkür«; »es geht uns nicht um Politik, wir wollen schöpferische Freiheit, keine Korruption, Freiheit im Internet«... Für solche netten Ausflüchte ist die Zeit vorbei. Wenn ihr »nichts von Politik« haltet, dann stellt euch auf die Kirchentreppe und wartet – vielleicht gibt euch jemand aus Barmherzigkeit oder aus guter Stimmung heraus ein Almosen, aber so wie die Zeiten und Sitten heute sind, kriegt ihr eher einen Tritt und verliert auch noch euer letztes Hab und Gut.

Wenn ihr aber eure und die Rechte anderer ernsthaft verteidigen wollt, dann ist das Politik *par excellence,* was bedeutet – Wahlen, was bedeutet – Widerstand mit all seinen Risiken.

Unter den Oppositionellen befinde ich mich in einer einzigartigen Position (was mich nicht unbedingt freut). Bei meiner großen Verwaltungserfahrung – dazu zählen die Arbeit in der Regierung, aber auch die Leitung einiger der größten Unternehmen von strategischer Bedeutung für das Land, einschließlich der daran hängenden Dutzenden von einem Kombinat geprägten Monostädte und Siedlungen – ist es mir zugleich verwehrt, vor Ort praktische Organisationsarbeit zu leisten.

Die Machthaber haben mich aus dem Land gejagt, die Tür hinter mir zugeschlagen und zugeschlossen. Für den Fall meiner Rückkehr wurde mir direkt und formal die lebenslange Haft in Aussicht gestellt.

Zugleich bin ich einer der wenigen (man könnte sagen,»zum Glück wenigen«, denn diese Erfahrung wird teuer bezahlt), die Wladimir Putin alles ins Gesicht gesagt haben, was ich von der Korruption in den oberen Rängen der Macht halte; der einen Monat später ein Strafverfahren angehängt bekam und mehr als zehn Jahre in Haft verbracht hat (sechs Jahre in der Zelle und vier im Lager). Dazu vier Hungerstreiks, davon zwei»trockene«, und alle – bis zur Erfüllung der Forderungen, drei davon – zum Zeichen der Solidarität.

Zehn Jahre. Das ist fast so viel wie bei meinem Freund Platon Lebedjew. Unvergleichlich viel weniger als bei meinem Kollegen Alexej Pitschugin, der immer noch im Gefängnis ist. Und leichter zu ertragen als das Schicksal meines Kollegen, des Juristen Wassili Alexjanin, der ein Jahr nach seiner Entlassung an der Krankheit starb, deren Behandlung man ihm im Gefängnis verweigert hatte ...

Ich habe den Machthabern genug vorzuhalten, habe Erinnerungen, die ich nicht vergessen werde. Aber gerade deshalb will ich nicht über die Vergangenheit sprechen. Ich schlage vor, über die Zukunft nachzudenken.

Ich halte mich nicht für berechtigt, Gerechtigkeit und Barmherzigkeit abzuwägen, den einen zu vergeben und anderen, die meiner Meinung nach eine Strafe verdienen, die Vergebung zu verweigern. Keinesfalls nehme ich für mich in Anspruch, die»Wahrheit in letzter Instanz« zu vertreten.

Jeder von uns hat seine eigene Erfahrung, seine offenen Rechnungen und seine Gedanken über die Zukunft. Aufgrund der mir eigenen geistigen Struktur habe ich nur einfach beschlossen, nicht darüber zu räsonieren, wie gut es wäre, die Machthaber abzulösen, sondern einen praktischen Plan für die Zeit»nach Putin« zu entwerfen.

Nach meinem Zeitgefühl – und nach dem Gefängnis nehme ich die Zeit anders war – bleibt dem Regime nicht viel, vielleicht zwischen fünf und zehn Jahren. Ich weiß nicht, wie es enden wird. Vermutlich mit Putin zusammen. Nach all dem, was in der Ukraine geschehen ist, kann ich mir kaum vorstellen, dass er freiwillig abtreten und das Ende seiner von Gott gegebenen Tage an den Ufern des Athos erleben wird. Das wird ihm nicht vergönnt sein.

So oder so, das Regime wird enden. Wie viel wird dann zu tun sein! Und rasch muss es getan werden. Bis dahin sollte die Gesellschaft sich entschieden haben, wer wir sind und wohin wir gehen, welches unser gemeinsamer Weg in dieser rasch sich verändernden Welt ist ...

Einführung in die Drachenkunde: Mein Weg in die Politik und meine Ziele darin

Die Politik als solche war mir nie wichtig. Bevor ich inhaftiert wurde, war ich in sie involviert, soweit es für das Geschäft notwendig war, das heißt, um die wirtschaftlichen Ziele zu erreichen, die damals für mich Priorität hatten. Dann kam das Gefängnis. Das ist nicht gerade der beste Ort für politische Diskussionen, aber ein guter Ort für politische Bildung, der ich mich fleißig widmete, soweit es die sonstigen Beschäftigungen im Gefängnis erlaubten. Ende 2013 beschloss Putin, mich freizulassen. Die Hoffnung stirbt zuletzt, dennoch hielt ich einen solchen Ausgang meiner zehnjährigen Isolation für sehr unwahrscheinlich. Was genau Putins Motiv war, weiß ich bis heute nicht mit Sicherheit. Wahrscheinlich ein wenig von allem. Da war die Olympiade, die vorbildlich abgewickelt werden musste, und eine persönliche Bitte von Angela Merkel, der er in der Hoffnung auf eine künftige Gegenleistung nachkommen wollte – aber auch menschliches Mitgefühl für meine sterbende Mutter, die eine letzte Chance hatte, mich zu sehen. All dies habe ich verstanden und berücksichtigt, während die Vorbereitungen für meine Ausweisung aus Russland in vollem Gange waren. Ich habe auch verstanden, dass diese Freilassung ohne Putins guten Willen und seinen Wunsch niemals erfolgt wäre und dass seine Entscheidung eine Menge Leute in seinem Umfeld verärgert hat. Obwohl ich den FSB-Offizier, der mich aufsuchte, ehrlich warnte, dass ich nicht vorhätte, künftig still zu setzen und mich von der Welt abzusondern, hatte ich daher kein Motiv, mich aus persönlicher Rachsucht politisch zu betätigen. Ich habe mit

Putin keine Rechnung mehr offen. Er hat mich ins Gefängnis gebracht und mir und meiner Familie zehn Jahre geraubt, aber er hat mir auch das Leben gerettet. Wäre das damals nicht geschehen, wäre ich dazu verdammt gewesen, den Rest meines Lebens hinter Gittern zu verbringen. Das ist mir im Rückblick ganz klar.

Wenn ich nach meiner Entlassung sagte, dass ich mich nicht in die Politik einmischen würde, war ich also völlig aufrichtig. Den Wunsch, in die Politik zu gehen, um Putin etwas zu beweisen, hatte ich damals nicht und habe ihn auch heute nicht. Paradoxerweise hat sich unsere persönliche Beziehung so entwickelt, dass ich ihm sogar irgendwie etwas schuldig bin. Er hätte mich töten können, aber er hat es nicht getan. Er hätte mich im Gefängnis verrotten lassen können, aber er hat das nicht getan. Und das vergesse ich nicht. Ich hatte vor, mich gezielt in den Bereichen Menschenrechte und Bildung zu engagieren, wo ich ausreichend große Betätigungsmöglichkeiten sah und glaubte, meine Erfahrung und mein Geld sinnvoll einsetzen zu können. Doch mit der Zeit wurde alles, was ich anfasste, irgendwie politisch. Was war passiert? Was hat mich veranlasst, meinen ursprünglichen Entschluss, nicht in die Politik zurückzukehren, wieder aufzugeben?

Um diese Frage zu beantworten, muss ich erläutern, was ich unter politischer Aktivität verstehe und was die Motivation für mein Engagement ist. Politik im eigentlichen und einzig möglichen Sinn ist der Kampf um Macht. Nicht unbedingt für sich selbst, manchmal kann es auch ein Kampf für einen anderen sein. Wenn Sinn und Ziel der Politik nicht die Macht sind, dann ist es keine Politik, sondern eine Täuschung. Oder die Person, die solches behauptet, ist einfach unehrlich gegenüber sich selbst und ihrem Umfeld.

Doch um Macht kämpfen die Menschen aus zwei Gründen: Den einen ist sie Selbstzweck, während andere sie als Mittel benötigen, um andere Ziele zu erreichen. Vereinfachend kann man die Politiker einteilen in Pragmatiker, die nichts anderes als die Macht als solche brauchen, und Ideologen, für die die Machtergreifung nur der Anfang ist. Natürlich ist diese Einteilung relativ, sie kann nicht verabsolutiert werden, aber es ist nützlich, sie im Hinterkopf zu behalten. Macht an sich, als Attribut des Alphamännchens, als Möglichkeit, zu dominieren und eine höhere Position in der Hierarchie zu genießen, hat mich nie interessiert. Ich bin in meinem Leben schon ganz oben und ganz unten gewesen. Für mich ist es längst kein Geheimnis mehr, dass formale, für alle sichtbare Macht bisweilen wenig wert ist, und reale, manchmal unsichtbare Macht sich nicht in öffentlichen Positionen in der Politik niederschlagen muss. Aus naheliegenden Gründen war ich auch nie an der Macht interessiert, um mich zu bereichern. Ich war und bin immer noch reich genug, um mir keine Sorgen um mein tägliches Brot machen zu müssen, und alles Geld der Welt kannst du auch nicht verdienen. Aber das ist nicht das Entscheidende. Ich war und bin immer sehr misstrauisch gegenüber Menschen, für die Politik Selbstzweck ist. Das Problem ist, dass diese Menschen keine Überzeugungen haben und haben können. Überzeugungen würden sie angreifbar machen und sie daran hindern, ihre Ziele zu erreichen. Im Allgemeinen kommt unter sonst gleichen Bedingungen ein prinzipienloser Mensch, der an keine Konventionen gebunden ist, leichter an die Macht. Ein solcher Mensch wäre einmal »für die Sowjetregierung« und dann wieder gegen sie, und er würde in der Regel in beiden Fällen gewinnen. Wenn es zu viele solcher Politiker gibt, gerät die Gesellschaft in eine lang anhaltende Krise.

Anders ist das bei Politikern mit Überzeugungen. Auch hier ist natürlich nicht alles einfach. Wenn Fanatiker, besessen von menschenfeindlichen Ideen, an die Macht kommen, werden sie nicht nur zu einer Bedrohung für eine bestimmte Gesellschaft, sondern für die gesamte Menschheit. Dennoch wäre die Welt jungfräulich patriarchalisch geblieben, wären nicht Menschen mit Überzeugungen an der Macht gewesen, die sie verändern wollten. Die Frage, ob ich mich politisch engagieren soll oder nicht, lief für mich also immer auf die Frage hinaus, ob ich würdige Überzeugungen habe, für die es sinnvoll ist, sich politisch zu engagieren und damit um Macht zu kämpfen. Wenn auch nicht für mich persönlich, so doch für eine Kraft, die meine Überzeugungen teilt.

Zum Zeitpunkt meiner Entlassung aus dem Gefängnis sah ich keine gewichtigen Gründe, mich in Russland politisch zu engagieren. Ich vertrat allgemeine demokratische Ansichten, so wie Hunderttausende anderer liberal gesinnter Russen. Natürlich war ich in praktisch allen Punkten ein Gegner des putinschen politischen Kurses, aber damit stand ich nicht allein. Um meinen Überzeugungen Ausdruck zu verleihen, genügte es, diejenigen zu unterstützen, die meinen Ansichten nahestanden, was ich sogar im Gefängnis tat. Es gab für mich keinen Grund, mich in die Politik einzumischen. Ich glaubte nicht, dem, was andere sagten und taten, etwas Neues hinzufügen zu können. Bald nach meiner Entlassung jedoch änderte sich die Situation.

Buchstäblich zwei Monate, nachdem ich Russland gegen meinen Willen verlassen musste, hatte das Land sich verändert. Es war, genauer gesagt, zu dem alten geworden, zu dem, das es vor der Perestroika gewesen war. Es war, als wäre das Komitee des Putsches von 1991 wiederauferstanden und hätte alternative Geschichte spielen wollen. Der gescheiterte Versuch, die Revolution in der Ukraine zu unterdrücken, die anschließende Annexion der Krim durch Russland, die wiederum den Krieg im Donbass auslöste, stellte in Russland alles auf den Kopf. Innerhalb weniger Monate war das Land politisch um Jahrzehnte zurückgeworfen. Die erste und wichtigste Annullierung fand statt. Putin und sein Gefolge machten alles zunichte, was meine Generation in der Unterstützung von Gorbatschows und Jelzins Versuchen, Russland zu verändern, erreicht hatte. Das ging über meinen persönlichen Konflikt mit Putin hinaus. Das war eine grundlegende Meinungsverschiedenheit über das Schicksal Russlands, seine Vergangenheit, Gegenwart und Zukunft. Auf diese Weise entstand meine Motivation, mich politisch zu engagieren, die ich weder im Gefängnis noch bei meiner Entlassung gehabt hatte. Sie beruhte auf einer ganz einfachen Formel: Ich muss die Überzeugungen und Ideale meiner Generation von Revolutionären verteidigen. Damit Russland seine Zukunft nie wieder an die Vergangenheit verliert und nicht wieder in den Trott zurückfällt, aus dem es Ende der 1980er-Jahre so mühsam herausgerissen werden konnte.

Aber wie sollte das gehen? Für die meisten der mir Gleichgesinnten war und ist die Antwort absolut simpel: Putin und seine Clique von der Macht entfernen. Das klingt verlockend, ist aber in Wirklichkeit gar nicht so einfach. Wir sind Stalin losgeworden – und in den Stalinismus zurückgefallen. Wir haben Breschnew beseitigt und die Stagnation zurückbekommen. Wir haben schließlich die zaristische Autokratie gestürzt – und leben hundert Jahre später erneut unter einem autokratischen Regime.

Ich habe nicht den geringsten Zweifel daran, dass es möglich ist, Putin loszuwerden. Früher oder später wird er diese Welt verlassen: Kein Diktator ist unsterblich. Doch Putinismus, Stalinismus und Autokratie werden Russland immer wieder von Neuem heimsuchen, solange die gesellschaftspolitischen und institutionellen Voraussetzungen dafür bestehen. Es ist immer einfach und bequem, das Böse zu personifizieren, aber hier geht es nicht um Persönlichkeiten, sondern um die objektiven Voraussetzungen, denn sie ermöglichen es jedem, der in Russland an die Spitze der Macht gelangt, ein Putin, Breschnew oder Stalin zu werden. Das funktioniert wie die Gesetze der Physik. Ein Revolutionär, ein Erneuerer, ein Befreier kommt an die Macht – und wird zum Diktator, Satrapen und Unterdrücker der Freiheit, der sich zusammen mit einem erbärmlichen Häufchen korrupter Lakaien an die Macht klammert. Der konkrete Name bedeutet dabei gar nichts, denn die russische Realität bricht jeden. In gewissem Sinne war es nicht Putin, der Russland gebrochen hat, sondern es war das traditionelle Russland, das Putin zerdrückt hat. Das Risiko, dass Russland für immer dazu verdammt sein könnte, seine eigene Geschichte zu wiederholen, hat mich dazu veranlasst, nach angemessenen Lösungen für diese Bedrohung zu suchen.

Ich kam allmählich zu der festen Überzeugung, dass die bestehende Form der Macht die russische Autokratie konserviert und es unmöglich ist, ohne revolutionäre Veränderungen aus der autokratischen Sackgasse herauszukommen Ich erkannte, dass für Russland angesichts seiner historischen Tradition und politischen Erfahrung nur eine parlamentarische Regierungsform annehmbar ist; natürlich im Sinne einer echten parlamentarischen Republik, keine Pappmascheeversion wie der sowjetische Parlamentarismus.

Jede andere Regierungsform, die die gesamte Exekutivgewalt in den Händen eines formellen Staatsoberhauptes konzentriert, führt unweigerlich – entweder sofort oder im Laufe der Zeit – zu einer autokratischen und totalitären Entartung des Regimes, und zwar aus dem einfachen Grund: Die kulturellen, wirtschaftlichen und gesellschaftspolitischen Bremsen, die das Abgleiten des Staates in autoritäre Bahnen verhindern, sind in unserem Land noch sehr schwach ausgebildet. Jede, selbst die schwächste Persönlichkeit gerät an der Spitze der Machtpyramide in die unwiderstehliche Versuchung, sich diese Pyramide zurechtzumodeln. Wir müssen also die Spitze der Pyramide kappen.

Ich sehe meine Aufgabe darin, diejenigen, die meine Ideale teilen und Russland nicht nur für ein paar Monate oder Jahre, sondern auf Jahrzehnte frei sehen wollen, davon zu überzeugen, dass dieses Ziel nur durch den Aufbau einer wahrhaft föderalen parlamentarischen Republik mit einer entwickelten lokalen Selbstverwaltung zu erreichen ist. Es ist wichtig, den Diktator loszuwerden; es ist wichtig, die Verbrechen des Regimes aufzuklären; es ist wichtig, wenigstens elementare demokratische Normen, Rechtsstaatlichkeit und Gerechtigkeit im Lande wiederherzustellen. Noch wichtiger aber ist es, dies so zu tun, dass das Erreichte nicht gleich wieder verloren geht. Das ist nur durch den Übergang zu einer parlamentarischen Republik möglich.

Der Aufbau einer solchen Republik in Russland ist viel schwieriger als der Sturz des Putin-Regimes. Er verlangt eine echte Revolution, eine, die nicht nur die Oberfläche des politischen Lebens schönt, sondern die Grundfesten der traditionellen Ordnung des russischen Lebens umstößt. Eine solche Umwälzung wird viele Opfer fordern, mit hohem Risiko behaftet sein und buchstäblich alles von unten nach oben neu ordnen. Aber nur eine solche groß angelegte Revolution kann Russland langfristig immun gegen die Autokratie machen und die Chance auf ein neues Leben in einer modernen, postindustriellen globalen Welt eröffnen.

Hier muss ich klarstellen, was ich mit Revolution meine. Ich bin fest überzeugt, dass eine Revolution in Russland unvermeidlich ist und dass Russland sie dringend braucht. Das ändert nichts an meiner grundsätzlich ablehnenden Haltung gegenüber Revolutionen und an meinem tiefen Bedauern darüber, dass sich Russland in einer historischen Sackgasse befindet, aus der einzig die Revolution einen Ausweg bietet. Eine Revolution bedeutet in jedem Fall eine schwere Prüfung für die Gesellschaft, auch wenn sie die lichte Zukunft verheißt. Gleichzeitig geht es bei einer Revolution längst nicht immer um Straßenschlachten, Erstürmung von Postämtern, Brücken und Telegrafenämtern. Solche Ereignisse sind keine Revolution, sondern eine Revolte. Sie geht oft mit der Revolution einher, ist aber nicht ihr notwendiges, geschweige denn ihr wichtigstes Element.

Nach meinem Verständnis ist Revolution eine tiefgreifende Umgestaltung der fundamentalen Lebensgrundlagen einer Gesellschaft, die den Vektor ihrer historischen Entwicklung verändert. Ob ein solcher Umbau der Grundlagen von sozialen Explosionen begleitet wird oder fast geräuschlos verläuft, ist eine andere Frage. Viel wichtiger ist das Ergebnis. Meiner Ansicht nach ist der Übergang Russlands zu einer parlamentarischen Republik – in der das Land von einer Koalition von Parteien regiert wird, die das Parlament auf der Grundlage echter Wahlen kontrollieren und ihrerseits eine echte, breite Mehrheit der Gesellschaft repräsentieren – nur die Spitze des

Eisbergs. Im Kern geht es um grundlegende Veränderungen in einer Vielzahl von Bereichen des öffentlichen Lebens, deren Umsetzung für die Nachhaltigkeit und Stabilität des Systems der parlamentarischen Demokratie unerlässlich ist. Von all diesen Veränderungen ist der Übergang zu einem echten Föderalismus und zur Selbstverwaltung der Städte die wichtigste. Nur sie können die politische Grundlage einer stabilen parlamentarischen Republik sein. Überhaupt sind im Falle Russlands die parlamentarische Republik und der Föderalismus untrennbar miteinander verbunden. Um Russland aus der Routine der Autokratie zu befreien und es auf stabilem demokratischem Kurs zu halten, ist der Übergang zu einer parlamentarischen Republik notwendig. Damit aber die parlamentarische Republik nicht wieder nur zu einer Fassade der Autokratie wird, muss sie durch den Föderalismus gestärkt werden.

Dies nun ist eine ganz tiefgreifende Revolution: Das Land, das jahrhundertelang daran gewöhnt war, sich selbst von oben zu sehen, muss lernen, sich von unten nach oben zu betrachten. Die Logik ist einfach. In Russland gibt es so gut wie keine demokratischen politischen Traditionen, sondern im Grunde nur antidemokratische. Die Zivilgesellschaft, die sich nicht voll entfalten konnte, ist inzwischen praktisch völlig zerschlagen. Selbst wenn sich günstige, annähernd ideale Bedingungen ergeben (was ich bezweifle), wird es Jahre dauern, bis die Zivilgesellschaft zumindest ihr altes Niveau wieder erreicht hat, zumal sie auf diesem früheren Niveau sehr unreif war. Es gibt weder auf föderaler noch auf lokaler Ebene ein Parteiensystem. Alle bestehenden Parteien sind entweder politische Fälschungen, die von den Behörden selbst geschaffen oder von ihnen unterwandert wurden, oder marginale Sekten, die sich um ihre Mikroführer scharen und in den Massen nicht solide verankert sind.

Was kann unter diesen Umständen einem parlamentarischen System als Alternative zur Autokratie Nachhaltigkeit verleihen? Wo liegt die Kraft in einer Welt der Ohnmacht? Einzig und allein in den Regionen. Einzig die regionalen Eliten mit ihren lokalen Interessen, mit ihrer lokalen Identität, mit ihren lokalen, jahrhundertealten Bindungen sind im modernen Russland potenziell Subjekte und nicht Objekte der Politik. Wenn sie die parlamentarische Republik unterstützen, wird es sie geben. Wenn nicht, wird sie vergehen wie eine weitere russische historische Fata Morgana. Eine parlamentarische Republik ist nur möglich in einer echten föderalen Struktur, in der die lokalen Finanzen und das lokale Leben im Allgemeinen Sache derer sind, die vor Ort leben.

Warum ist das Thema Föderalismus für Russland so wichtig? Als unifizierter Staat kann Russland mit seiner kulturellen, religiösen und natürlich auch wirtschaftlichen Vielfalt nur in Form einer brutalen Diktatur existieren, die sämtliche lokalen Besonderheiten unterdrückt und nivelliert. Ohne eine solche Diktatur können Moskau und Grosny, Kasan und Magadan, Kaliningrad und Chabarowsk, St. Petersburg und Kemerowo nicht auf gleichen Nenner gebracht werden. Wenn wir auch nur ein kleines bisschen Demokratie wollen, müssen wir Vielfalt in Russland ermöglichen – nicht nur wirtschaftlich, sondern auch politisch. Übrigens war das von den Putinisten so verehrte Russische Reich auch politisch vielgestaltig. In ihm koexistierte jahrhundertelang die ganz europäische Selbstverwaltung Finnlands mit den mittelalterlichen Khanaten Zentralasiens. Demokratie in Russland bedeutet Vielgestaltigkeit, und politische Form kann der Vielgestaltigkeit unter modernen Bedingungen nur der Föderalismus verleihen.

Doch das ist nicht leicht zu erreichen. Warum war Russland schon immer ein überzentralisierter Staat? Sobald das Zentrum schwächelte und einen erheblichen Teil der Macht an die Regionen abtrat, traten sofort lokale Zaren auf, die alle noch gieriger und bösartiger waren als der in Moskau. In der Folge suchte das Volk in Moskau Schutz vor den lokalen Satrapen und den von ihnen herangezüchteten Banditen – darauf baute die Zentralregierung seit alters her. Schwacher Zar – starke Regionalzaren, starker Zar –schwache Regionalzaren. Wie kann dieser Teufelskreis durchbrochen werden?

Es gibt einen Ausweg. Ein drittes Element muss eingeführt werden: eine von beiden Polen unabhängige Kraft. Und ein solches Element ist allen wohlbekannt – es ist genau die Kraft, die Putins Regime in den letzten Jahren als Institution am meisten unterdrückt hat. Es ist die lokale Selbstverwaltung. Dem Gouverneur, der nach der Macht greift, während das Zentrum nicht hinschaut, kann von einem unabhängigen und autonomen Bürgermeister oder Verwaltungschef Einhalt geboten werden. Wird der Regionalzar von der lokalen Selbstverwaltung kontrolliert, dann ist er gezwungen, ein verfassungsmäßiger regionaler Monarch zu werden. Und die lokale Selbstverwaltung wird instinktiv Unterstützung in Moskau suchen und damit die Zentralregierung stärken. Dies trägt dazu bei, das System auszubalancieren und jene Elemente von *Checks and Balances* einzuführen, ohne die eine echte Demokratie undenkbar ist.

Raum für eine unabhängige Justiz entsteht nur dort, wo dieses Dreieck funktioniert. Die Beziehungen in diesem Dreieck können per definitionem nicht ideal sein. Um sie zu klären, bedarf es entweder des permanenten Krieges oder eines allgemein anerkannten Schiedsrichters. Es kann keine unabhängige Justiz geben und wird sie nicht geben, wenn nicht die Starken selbst das Bedürfnis danach entwickeln. Außer den vereinigten lokalen Eliten gibt es im heutigen Russland keine Starken mehr: Alles ist weggebrannt. Das Zentrum, die Regionen und die lokalen Gebietskörperschaften brauchen Regeln und einen Schiedsrichter, der sie durchsetzen kann. Vielleicht kann in einer solchen Situation die Idee einer wahrhaft unabhängigen Justiz zum ersten Mal in Russland Fuß fassen.

Die Entstehung des Justizsystems wird einen allmählichen globalen Wandel im Verhältnis zwischen Bürger und Staat auslösen und die Voraussetzungen für die Wiederherstellung (oder vielmehr den Neuaufbau) einer russischen Zivilgesellschaft schaffen. Fortschritte in dieser Richtung werden früher oder später zum Ergebnis führen. Freiheit, Menschenrechte, faire und ehrliche Wahlen auf der

Grundlage politischen Wettbewerbs, stabile Institutionen, die den Rechtsstaat stützen – all dies und viel mehr kann nicht an einem Tag erreicht werden. Zu diesem Ergebnis führt nur eine Kette von aus- und aufeinander folgenden Ereignissen. Das wichtigste Glied in dieser Kette ist meines Erachtens die Ausrichtung auf die parlamentarische Republik.

Diese Ausrichtung, nicht der »Kampf gegen das blutige Regime«, ist für mich das Ziel, für das sich der Weg in die Politik gelohnt hat. Die Entwicklung dorthin erfordert viel Geduld, sie wird nicht rasch erfolgen.

Leider ist die genaue Definition des Ziels noch keine Garantie dafür, dass man dieses Ziel auch erreicht. Wir müssen uns klarmachen, was uns auf dem Weg dorthin erwartet. Ganz sicher ist jede Bewegung aus der Sackgasse, in die Putin und seine Freunde uns getrieben haben, mit Unannehmlichkeiten verbunden. Viele der Voraussetzungen, die für die Einführung der Demokratie in Russland erforderlich sind, sind heute einfach nicht gegeben. Diese Situation wird von vielen hochanständigen Menschen, Idealisten im besten Sinne des Wortes, ignoriert, die sich wünschen, dass die Dinge besser werden, aber tief im Inneren wissen, dass es doch so kommen wird wie immer. Auf der einen Seite haben wir eine Terrormaschine mit einem riesigen Dienstapparat, der auch nach dem Abgang Putins seine Positionen nicht aufgeben wird; auf der anderen Seite eine von diesem Terror erdrückte, verängstigte Gesellschaft, die ihre stabilen sozialen Bindungen verloren hat, mit einer Elite, die quantitativ geschrumpft und qualitativ degradiert ist. Es ist offensichtlich, dass dieser Abgrund nicht mit einem Sprung überwunden werden kann. Wir kommen nicht ohne eine Übergangszeit aus, in der die Reste der alten putinschen Gesellschaft unterdrückt und Wachstumszonen für die neue Gesellschaft geschaffen werden müssen. Dieser Gedanke liegt auf der Hand, er wird aber in der allgemeinen Diskussion über die Zukunft Russlands meist ignoriert. In praktischer Hinsicht scheint daher die Organisation des gesellschaftlichen Lebens in dieser Übergangsphase heute das wichtigste Thema zu sein.

Jeder Transit, egal woher und wohin, ist in Russland ein finsterer Wald, in dem man leichter für immer verloren geht, als aus ihm herauszufinden. Und genau dort herauszukommen, wo es geplant war, ist erst recht noch niemandem gelungen. Daher bedarf die Übergangsperiode höchster Aufmerksamkeit. Als sicher gelten kann nur eins: Der Transit nach Putin wird zeitlich sehr begrenzt sein – er kann nicht länger als zwei Jahre dauern. Für diesen Zeitraum wird jede politische Kraft, die Putin ablöst, einen Vertrauensvorschuss bekommen können. Kommt die Übergangsregierung in zwei Jahren nicht voran, dann gibt es zwangsläufig nur zwei Möglichkeiten – entweder wird diese Regierung auf unbestimmte Zeit eine strenge Diktatur einführen müssen, oder sie wird von den Massen hinweggefegt. Das liegt an der großen Zahl unpopulärer Maßnahmen, die in der Übergangszeit unter den ungünstigsten Umständen ergriffen werden müssen, ganz zu schweigen von natürlichen zusätzlichen Faktoren wie dem Widerstand der alten Herrscherclans und dem Sinken des Lebensstandards, mit dem fast jede ohne gesellschaftlichen Kompromiss durchgeführte Revolution einhergeht.

Russland braucht somit einen nachhaltigen institutionellen Rahmen für die Demokratie, was meiner Meinung nach eine parlamentarische Republik sowie eine Rückkehr zu Föderalismus und Selbstverwaltung in Verbindung mit Rechtsstaatlichkeit bedeuten würde.

Paradoxerweise hängt die Erreichbarkeit dieser langfristigen politischen Ziele davon ab, ob es der Übergangsregierung gelingt, kurzfristig das Vertrauen der Mehrheit zu gewinnen. Ohne diesen Vertrauensvorschuss wird es nicht möglich sein, eine wirksame, aber in mancher Hinsicht unpopuläre Politik umzusetzen, die darauf abzielt, den Widerstand der alten Clans zu brechen und die Grundlage für eine neue Staatlichkeit zu schaffen.

Ist die Übergangsregierung in der Lage, einen rigorosen »Neuen Kurs« zu verfolgen, gibt es realistische Aussichten auf die Umsetzung der langfristigen Ziele. Tut sie dies nicht und verfällt in Populismus, das heißt die Erfüllung kurzfristiger Wünsche der Massen, dann kann man diese Aussichten vergessen. Das Vertrauen des Volkes muss dauerhaft sein und sich über einen längeren Zeitraum erstrecken. Eine Unterstützung der Mehrheit für kurze Zeit zu erreichen ist nicht schwer. Die Menschen bekommen diktatorische Regime satt; manchmal reicht dann ein Streichholz, um ihre passive Abneigung in aktivem Hass entflammen zu lassen. Aber solche Ausbrüche verglühen schnell, und die Massen lassen ihre neuen Führer im Stich. Das ist die Schwäche der »Maidans«: Sie lodern leicht auf, aber die Wucht ihres Ausbruchs reicht nicht aus, die Sache zu Ende zu führen. Um nachhaltige Unterstützung zu erreichen, sind andere, systemische Lösungen erforderlich, nicht nur die Nutzung des aufgestauten Ärgers als soziales Dynamit.

Im Kontext dieser Überlegungen ist es endlich möglich, eine genaue Diagnose der 1990er-Jahre zu geben, die in diesen Tagen plötzlich wieder Gegenstand lebhafter Diskussionen sind. Der Versuch, konsequente Reformen durchzusetzen, scheiterte damals meines Erachtens gerade daran, dass es die Reformer versäumten, sich der nachhaltigen Unterstützung der Gesellschaft zu versichern. Sie gingen naiv davon aus, sie könnten die Meinung der Mehrheit bei der Durchsetzung der Reformen ignorieren, bestenfalls mit ihrer Neutralität, schlimmstenfalls durch Brechung ihres Widerstands. Es war ein Kurs, der ideologisch auf einen kleinen Teil der Gesellschaft mit radikal »westlerischen« Ansichten ausgerichtet war. Auch bei den wirtschaftlichen Nutznießern der Reformen handelte es sich um eine sehr gemischte, ganz kleine Gruppe. Der Großteil der Bevölkerung litt nicht nur wirtschaftlich unter den Reformen, ihm blieben auch die von den Reformern vertretenen Werte fremd. Eine natürliche Folge dieses Zustandes war die Entfremdung der Gesellschaft von der Regierung und ihrem Kurs. Diese Entfremdung manifestierte sich in der Folge in der massenhaften Unterstützung für Putins im Grunde konterrevolutionären, reaktionären politischen

Kurs. Wenn wir nicht wollen, dass sich diese Geschichte wiederholt, dürfen wir auch die Fehler der 1990er-Jahre nicht wiederholen.

Eine Übergangsregierung wird vor der gewaltigen Aufgabe stehen, jahrzehntelang aufgestaute Probleme inmitten einer tiefen Wirtschaftskrise und einer gespaltenen Gesellschaft zu lösen, die am Rande des Bürgerkriegs balanciert. Wie kann sich die Regierung die Unterstützung der Gesellschaft für ihre Maßnahmen sichern? Lässt man »Schnellschüsse« wie die Konsolidierung auf der Basis der allgemeinen Abneigung gegen das alte Regime beiseite (die erfahrungsgemäß nie von Dauer ist), bleibt nur die Verfolgung eines »linken Kurses«, der den wirtschaftlichen Grundbedürfnissen der Bevölkerungsmehrheit entgegenkommt. Die Mehrheit muss das Gefühl haben, dass das Handeln der Regierung strategisch auf ihre langfristigen wirtschaftlichen Interessen ausgerichtet ist: Nur dann wird sie bereit sein, diese Regierung auf ihrem beschwerlichen Weg durch die Transitzone politisch zu begleiten. Mit anderen Worten, es gibt eine recht einfache, aber aus irgendeinem Grunde von vielen nicht berücksichtigte Einschränkung für jede tiefgreifende Transformation in Russland: Sie kann nur gleichzeitig mit der Umsetzung eines »Linkskurses« erfolgen. Wenn ich von einem Linkskurs schreibe, meine ich in erster Linie die Ausrichtung auf die sozialen und wirtschaftlichen Bedürfnisse der Massen – im Gegensatz zu einem Rechtskurs, der sich an den Forderungen von Minderheiten orientiert. Hätten sich die Reformer der 1990er-Jahre in ihrer Sozialpolitik nicht von den Massen entfernt, hätten wir es heute vielleicht nicht mit dem Putinismus zu tun. Wenn diejenigen, die das Regime politisch bekämpfen wollen, in der Sozial- und Wirtschaftspolitik erneut keinen Einklang mit der Mehrheit finden, werden sie ihre politischen Ziele nie erreichen.

Das verstehen heute fast alle. Keine oppositionelle Kraft, die der russischen Bevölkerung neben der politischen Freiheit und dem Rechtsstaat nicht auch soziale Leistungen und wirtschaftlichen Wohlstand versprechen würde. Nur glauben die Menschen diesen

Verheißungen nicht unbesehen. Einerseits, weil die Erinnerung an die 1990er-Jahre noch zu lebendig ist, andererseits, weil die Versprechungen wenig konkret sind und angesichts der derzeitigen Wirtschaftslage viele unrealistische Versprechungen enthalten.

Das für tiefgreifende Veränderungen notwendige Vertrauen der Mehrheit gewinnt man nicht durch Verheißungen eines schönen Lebens in ferner Zukunft, sondern durch Garantien, die jetzt sofort funktionieren. Solche Garantien existieren bereits, so seltsam das klingt, und die Übergangsregierung könnte sie der Bevölkerung als Gegenleistung für die langfristige Unterstützung ihrer Reformagenda anbieten. Es geht darum, den Menschen zurückzugeben, was ihnen in den 1990er-Jahren genommen wurde, nämlich der Anspruch auf Ressourcenrente und eine gerechte Verteilung des Eigentums.

Die Ressourcenrente ist die wichtigste Quelle des Reichtums in Russland, sowohl im privaten als auch im öffentlichen Bereich. Formal verfügt heute der Staat über die Ressourcenrente, de facto jedoch eine mafiöse Gesellschaft, die sich an die Stelle des Staates gesetzt hat. Alle Vorstellungen zum Schicksal der Ressourcenrente laufen auf eines hinaus: Die Kraft, die Putins Regime ablöst, wird die Verteilung der Ressourcenrente gerechter gestalten, als sie heute ist. Das Volk wird mehr erhalten als jetzt. Da das Volk in Russland jeder Art von Staatlichkeit mit großem Misstrauen begegnet, glaubt es nicht an diese glänzenden Perspektiven.

Denkbar ist aber auch ein ganz anderer Ansatz, der den Staat als Verteiler der Ressourcenrente an die Bevölkerung völlig ausschließt. Allen ist seit den letzten Jahren bekannt, dass es in Russland zwei ungelöste Probleme gibt: die Rentenfrage und die gerechte Verteilung der Gewinne aus dem Verkauf der natürlichen Ressourcen. Warum nicht das eine Problem mithilfe des anderen lösen: die Erlöse aus dem Verkauf von Energieressourcen, die ohnehin getrennt von anderen Einnahmen verbucht werden, auf individuelle Sparkonten der Bürger lenken, die direkt beim Fiskus geführt werden? Die Mittel für die Zahlung einer angemessenen Rente und die Haushaltseinnahmen aus der Ressourcenrente sind ungefähr gleich hoch. Es wäre daher logisch, sie miteinander zu kombinieren. Auf diese Weise wird die russische Bevölkerung in der Lage sein, die Ressourcenrente direkt zu kontrollieren, statt einen gigantischen bürokratischen Apparat mitsamt der an ihr festgesaugten Mafia durchzufüttern. Dies kann und sollte unmittelbar nach der Machtübernahme getan werden. Es eröffnet politischen Spielraum für die Durchführung schwieriger Reformen. Das ist das Wichtigste, aber es ist noch nicht alles.

Ganz offensichtlich wird es unmöglich sein, das Vertrauen zwischen Staat und Gesellschaft in naher Zukunft wiederherzustellen, ohne die Folgen der ungerechten Privatisierung in den 1990er-Jahren zu beseitigen. Dies ist das Erbtrauma, das die Umsetzung jeglicher Maßnahmen zur wirtschaftlichen Gesundung behindert: Der Gesellschaft fehlt nicht nur das Vertrauen zum Staat, sondern auch zum Privateigentum als solchem, der Grundlage jedes politischen Rechtsstaates. In der Wahrnehmung der Mehrheit ist alles Privateigentum das Ergebnis einer ungerechten Verteilung. Diese Auffassung ist überwiegend durch die Privatisierungserfahrungen der 1990er-Jahre bedingt. Sie spiegelt allerdings zum Teil auch die heutige Realität wider, in der eine kleine kriminelle Schicht, die sich den Staat gefügig gemacht hat, über einen beträchtlichen Teil des russischen Staatsvermögens verfügt.

Ohne die Abschaffung dieses rein parasitären Eigentums ist aus gleich zwei Gründen kein Fortschritt in Richtung demokratischer Reformen möglich. Erstens wird dieses Eigentum, wenn es in den Händen der kollektiven Nutznießer des Putin-Regimes verbleibt, sofort dazu verwendet werden, alle konstruktiven Maßnahmen der Übergangsregierung zu blockieren. Zweitens wird es ohne die Beschlagnahmung dieses Eigentums nicht möglich sein, das Vertrauen der Gesellschaft zu gewinnen. Eine Regierung, die Geld in den Händen dieser Leute belassen hat, wird keine Unterstützung finden.

Die zweite unumgängliche soziale Maßnahme der Übergangsregierung wird daher die Enteignung des parasitären Kapitals des

Putin-Clans sein müssen. Die beschlagnahmten Vermögenswerte sollten von öffentlichen Investitionsfonds verwaltet werden, die vom Parlament kontrolliert werden. Die Gewinne aus diesen Fonds sollten über individuelle Sparkonten, die für alle Bürger eröffnet werden, in die zusätzliche Finanzierung von Sozialausgaben der Bevölkerung fließen, insbesondere im Bildungs- und Gesundheitswesen. Diese Maßnahme kann als Ausgleichsmaßnahme betrachtet werden: Sie würde Fehler korrigieren, die der Staat bei der Privatisierung gemacht hat, und wäre gewissermaßen ein Schritt, um die soziale und wirtschaftliche Gerechtigkeit wiederherzustellen.

Heute, da in Russland faktisch der Ausnahmezustand und ein politisches Terrorregime herrschen, ist jeder praktische Widerstand gegen die Maßnahmen der Behörden gelähmt. Die Erfahrung zeigt jedoch, dass das nicht ewig so gehen kann: Derart geschlossene Systeme verursachen am Ende ihren eigenen Zusammenbruch. Putins Regime wird da keine Ausnahme sein. Während die Lebensdauer dieses Regimes kaum zu beeinflussen ist, ist es das Tempo der künftigen Genesung sehr wohl. Es wird weitgehend davon abhängen, wie gründlich die Eliten die Geschehnisse reflektieren, ob sie Lehren aus der russischen Geschichte ziehen, ob die Bewegung ein verständliches und erreichbares Ziel hat und – noch wichtiger – ob ein detaillierter Fahrplan vorliegt.

Ein gesellschaftlicher Konsens über all diese Punkte wird den Prozess der Normalisierung nach dem Sturz des Regimes wesentlich erleichtern und beschleunigen. Fehlt er, und fehlt sogar ein Plan, auf dem dieser Konsens aufbauen kann, dann wird dies die Gesundung der Gesellschaft erheblich erschweren, sie vielleicht gar unmöglich machen. Unter den gegebenen Umständen wird der geistige und intellektuelle Widerstand gegen das Regime für einige, vielleicht sogar für lange Zeit die einzige Form des Widerstands der Mehrheit der oppositionell gesinnten Bürger sein können. Doch die »Weltfremdheit« und die scheinbare Abstraktheit dieses Widerstands in der Gegenwart schmälern seine historische Bedeutung nicht. Im Gegenteil, heute ist dies die Frontlinie im Kampf um Russlands Zukunft. Am Anfang jeder Tat steht das Wort – wichtig ist, dass dieses Wort treffend und präzise ist.

Im heutigen Russland ist kein Raum für Politik, gibt es keine Motive, sich mit ihr zu beschäftigen. In der Zukunft Russlands wird es sie sehr wohl geben. Der Gedanke an ein Russland nach dem Putinismus ist es, der mich zum politischen Engagement bewegt. Diese Zukunft verspricht nicht leicht zu werden. Putin hinterlässt Russland ein schwieriges Erbe, das nur schwer zu bewältigen sein wird. Der Weg wird übersät sein von historischen Fallen, in die Russland mehr als einmal getappt ist, um jahrzehntelang darin festzustecken.

Ich bin überzeugt, dass die Neubegründung Russlands als parlamentarische, wahrhaft föderale Republik mit einer starken Selbstverwaltung der Dreh- und Angelpunkt ist, von dem aus der Fluch der Autokratie für immer gebrochen werden kann. Gleichzeitig bin ich mir bewusst, dass dieser Punkt in Russland nur auf der »linken Spur« erreicht werden kann. Mein politisches Ziel heute ist es, einen breiten gesellschaftlichen Konsens sowohl über das Ziel selbst als auch über die Methoden seiner Verwirklichung herzustellen.

TEIL I
Wie wird man einen alten Drachen los?

Für die überwältigende Mehrheit der Menschen gilt: Es lebt sich ganz bequem unter dem Drachen bis zum letzten Tag, jenem Tag, an dem sie selbst oder ihre Angehörigen umgebracht, verhaftet oder aus ihrem gemütlichen bürgerlichen Heim auf die Straße gesetzt werden. Die Liebe zum Drachen ist der natürliche Zustand des Bürgers – und genau sie ist das Hauptproblem jeder Übergangsphase von der Diktatur zur Demokratie. Der Drache selbst ist leichter loszuwerden als die Ergebenheit des Bürgers zu ihm. Deshalb ist der Sturz des Drachens kein sprühender, revolutionärer Einakter mit einem Feuerwerk aus Fröhlichkeit und Glück im Finale, sondern ein Drama in mehreren Aufzügen mit komplexer und bisweilen tragischer Handlung. Und in jedem Akt dieses Dramas stehen die Schauspieler vor schwierigen Dilemmata, für die es manchmal keine eindeutige Lösung gibt.

KAPITEL 1
Strategie des Sieges: Friedlicher Protest oder friedlicher Aufstand?

Welche Strategie sichert den Sieg im Kampf mit der Despotie? Den Menschen des 18., 19. und umso mehr des 20. Jahrhunderts fiel die Antwort auf diese Frage leicht: Die siegreiche Strategie ist die Revolution.

Was für eine Revolution? Die gewaltsame, natürlich. Marx bezeichnete die Revolution als Hebamme der Geschichte. Und einer der Gründungsväter der USA, Alexander Hamilton, formulierte es so: »Wenn das Volk seine Regierung satt hat, dann kann es entweder sein verfassungsmäßiges Recht in Anspruch nehmen, die Regierung abzuwählen, oder sein revolutionäres Recht, sie durch einen Aufstand zu stürzen.«

Das Aufstandsrecht des Volkes gegen die Usurpatoren der Macht ist in der Präambel der amerikanischen Verfassung festgelegt. Lenin und seine Mitstreiter hielten die Revolution für die Hauptquelle des Rechts und riefen dazu auf, die Feinde der Revolution im Sinne des revolutionären Rechtsbewusstseins zu verurteilen. Klar war, wer der Feind ist und was mit ihm zu tun sei.

Im letzten Viertel des 20. Jahrhunderts wurde alles komplizierter. Die Revolutionen, derentwegen in Europa die letzten 200 Jahre lang Ströme von Blut vergossen worden waren, kamen aus der Mode. Und der Zerfall der UdSSR und der mit ihr verbundenen Regime in Osteuropa weckte die Illusion, man könne die Tyrannen ohne Gewalt überwinden. Vielleicht nicht auf einen Schlag, aber letztlich war die Gewaltanwendung als unerwünschte und sogar unzulässige Erscheinung aus der Strategie des Kampfes mit der Despotie ausgeschlossen. Was ist von dieser Strategie übrig?

Geblieben ist von ihr der friedliche Protest als einzig akzeptable und universale Strategie für alle Zeiten und unter allen Umständen. Das Ziel ist nicht einfach die Revolution, sondern unbedingt die samtene Revolution, die Revolution in weißen Handschuhen. Von nun an durfte der Protest nicht mehr mit Gewalt einhergehen, selbst wenn es Gewalt gegen den Tyrannen und seine Schergen war, die das Land in Blut ertränkten.

Bis zu einem gewissen Zeitpunkt funktionierte diese Strategie, »dem Bösen nicht mit Gewalt zu wehren«; jedenfalls sah es so aus. Die samtenen Revolutionen entwickelten sich zu Farbrevolutionen weiter, die man vielleicht besser als »Blumenrevolutionen« bezeichnen sollte (»Rosenrevolution«, »Nelkenrevolution« und so weiter). Die Farbrevolutionen wurden zu einer erfolgreichen Polittechnologie; sie ermöglichten es, autoritäre Regime sanft und ohne großes Blutvergießen aus der Macht zu drängen; jedenfalls in der Etappe des Machtübergangs auf die Opposition. In den 30 Jahren seit der »Selbstauflösung« der UdSSR und dem Fall der Berliner Mauer ist der Standard der Farbrevolution zuerst zu einer Ikone des revolutionären Stils, dann zum revolutionären Dogma geworden. Und die Entstehung eines Dogmas führt unweigerlich zur Stagnation.

Hier ist eines anzumerken: Keine Revolution, nicht einmal die samtene, kommt ohne Gewalt oder, was häufiger der Fall ist, ohne Androhung von Gewalt aus, die das Regime zum Kompromiss veranlasst. Gerade die Kompromissbereitschaft der Regime – und nicht der Wunsch der Revolutionäre, um jeden Preis einen Kompromiss mit dem Regime zu finden – macht die samtene Revolution möglich. Als Folge sind solche Revolutionen gewöhnlich nur dann erfolgreich, wenn sie es mit »überreifen Diktaturen« zu tun haben, autoritäre Regime, in denen die Kinder oder gar Enkel ihrer Gründer herrschen.

Vor Kurzem ergab sich eine revolutionäre Situation in Belarus. Das war eine Krise der neuen Epoche, die die Opposition zunächst nach alten Regeln zu lösen versuchte, indem sie die Methoden der Farbrevolution anwendete: Koordination, Mobilisierung, Solidarität, psychologischen Druck und moralische Unterstützung des Westens, gelegentlich gestützt durch bescheidene finanzielle Hilfe. Früher reichten diese Mittel in der Regel aus, um die Diktatur kapitulieren zu lassen. In Belarus jedoch »lief etwas falsch«. Es wurde koordiniert, mobilisiert, beispiellose Solidarität bezeigt, großer psychologischer Druck ausgeübt, es gab die Unterstützung des Westens – und alles verlief sich im Sande. Das Regime erstickte die Bewegung in Gewalt, und die Unterstützung des Westens wurde durch Hilfe Russlands kompensiert. Alle Versuche, die Menschen auf die Straße zu bringen, brachten die Opposition dem Erfolg nicht näher, sodass die allgemeine Enttäuschung über die Ergebnisse der Revolution zunimmt.

Vor diesem Hintergrund konnte es nicht ausbleiben, dass sowohl in Belarus als auch außerhalb des Landes eine Diskussion über die Strategie des Protestes dort entbrannte, wo die Regime nicht zurückweichen und die Möglichkeit einer Intervention von außen nicht besteht (verständlich, dass niemand um der Freiheit der Belarussen willen einen Atomkrieg mit Russland anzetteln wird).

Einerseits kamen Zweifel daran auf, ob die Ausrichtung auf ausschließlich friedliche Kampfmethoden tatsächlich die einzig universale und effektive Einstellung in einer revolutionären Situation sein kann. Andererseits gab es Befürchtungen, der Aufruf zum unfriedlichen Protest könnte zu einer allgemeinen Diskreditierung des Protests in den Augen der Bevölkerung und der Weltöffentlichkeit und dadurch zwangsläufig auch zur Niederlage führen. So entstand die Gegenüberstellung von friedlichem und unfriedlichem Protest, ein in meinen Augen ganz und gar abwegiges Dilemma.

Kann es im Prinzip einen gewaltlosen Protest in einem undemokratischen Staat geben? Unter den Bedingungen einer Despotie gibt es für den Protest keine legalen Rahmen, deshalb ist es ja eine Despotie. Jeder beliebige Bürger, der real gegen das diktatorische Regime protestiert (und nicht in Abstimmung mit den Behörden den Protestierenden mimt), steht außerhalb des Gesetzes. Wenn Versammlungen, Protestzüge, Demonstrationen, Einzelproteste und andere öffentliche Formen politischer Aktivität verboten sind, dann kann noch der friedlichste Auftritt auf der Straße in Gewalt münden, indem er Gewalt vonseiten der Herrschenden provoziert und sei es auch nur Widerstand in seiner passiven Form (wenn der von der Polizei verprügelte Mensch zum Beispiel seinen Kopf vor den Schlägen abschirmt).

Protestformen, die wir aus Gewohnheit weiter in friedliche und unfriedliche trennen, unterscheiden sich unter den Bedingungen der Diktatur qualitativ gar nicht mehr. Alle Formen des öffentlichen Protests gegen die Usurpation der Macht sind potenziell unfriedlich, sie können sich aber nach dem Grad der Äußerung ihres gewaltsamen Charakters von nahe Null bis zu sehr ausgeprägt wesentlich unterscheiden.

In einigen Fällen mag die Schwelle der psychologisch zulässigen Gewalt für die Teilnehmer sehr niedrig liegen, in anderen ziemlich hoch, in allen Fällen ist diese Schwelle nicht gleich Null. Sonst würden die Menschen prinzipiell gar nicht an Protestaktionen teilnehmen. Wenn wir die Diktatur auf der einen Seite und den realen Protest gegen sie auf der anderen Seite haben, dann lassen wir grundsätzlich die Möglichkeit eines gewaltsamen Zusammenstoßes zu, indem die Menschen aufrufen, sich den Gesetzen der Diktatur nicht zu unterwerfen.

Ich glaube, die Frage des friedlichen oder unfriedlichen Protests verdeckt eine andere, sehr viel wichtigere Frage und führt ins Abseits. Ich meine die Frage, ob wir revolutionäre Gewalt dem Grundsatz nach für legitim halten. Nur nach der Antwort auf diese Frage können wir zu der nächsten Frage nach dem wünschenswerten oder nicht wünschenswerten Format der gezeigten Gewalt übergehen. Meiner Meinung nach lautet die Antwort eindeutig Ja – revolutionäre Gewalt ist legitim.

Analysiert man die Position der Anhänger eines »ausschließlich friedlichen« Protests richtig, dann wird sehr rasch klar, dass sich hinter der Fassade der schönen und friedliebenden Worte oft der Versuch verbirgt, die These der Illegitimität revolutionärer Gewalt dem Grundsatz nach zu verteidigen. Das ist ein gefährlicher Irrweg: Versteht man den friedlichen Protest als prinzipiellen Verzicht auf jede Art von revolutionärer Gewalt (und genauso verstehen ihn viele aus Naivität), dann wird diese Haltung gewiss auf Verständnis bei jedem Diktator stoßen, sie macht aber den Kampf gegen die Diktatur absolut unmöglich.

Nicht eine einzige Diktatur in der Geschichte der Menschheit ist ohne offenen oder versteckten Gewaltdruck nur deshalb abgetreten, weil sie sich selbst erschöpft hätte. Wenn nicht die Gewalt selbst, so hatte doch immer die Drohung damit entscheidenden Einfluss auf den Triumph der Revolution. Eine andere Sache ist, dass die Drohung mit der Gewaltanwendung immer und in praktisch jeder Beziehung besser wirkt als ihre offene Anwendung.

Dies ist nicht nur eine Frage des Humanismus. Wenn die Revolution mit Gewalt beginnt, dann endet sie auch in ihr. Und wenn die Revolution in Gewalt endet, dann lässt sie es niemals darauf beruhen. Eine gewaltsame Revolution macht praktisch die postrevolutionäre Diktatur mit dem Ziel der Unterdrückung der Konterrevolution unausweichlich. Das sollten alle berücksichtigen, die im Unterschied zu den Anhängern des ausschließlich friedlichen Protests für einen raschen Übergang zu gewaltsamen Kampfmethoden eintreten.

Trotzdem ist der demonstrative und rechtzeitige Verzicht der Opposition auf Gewalt als Instrument der Machtergreifung kontraproduktiv, wenn das Regime zu schießen bereit ist. Das hat die belarusische Erfahrung gezeigt (und die russische Erfahrung verspricht, noch eindrücklicher zu werden). Die Verengung der Proteststrategie auf einen psychologischen Druck auf die Macht, solange dieser Druck nicht von der Drohung direkter ausländischer Intervention bekräftigt wird, kann nicht zum Sturz eines zu allem entschlossenen Regimes führen – nicht einmal dann, wenn der Protest in der Gesellschaft massenhafte Unterstützung genießt. Genau deshalb ist das Konzept des friedlichen Protests als vollständiger und absoluter Verzicht auf revolutionäre Gewalt nichts weiter als ein Dogma. Wenn wir die Gewalt im Grundsatz ablehnen, lehnen wir auch die Revolution ab.

In Wirklichkeit ist die revolutionäre Gewalt nicht nur legitim, sondern sie wurde historisch auch immer und überall zur Quelle einer neuen Legitimität. Revolution und Verfassung gehen immer Hand in Hand. Ohne revolutionäre Gewalt wäre keine einzige verfassungsmäßige Ordnung in der Welt entstanden – das darf auch nach mehreren Jahrhunderten nicht vergessen werden.

Wenn eine Verfassungsordnung entartet, bleibt oft als einzige reale Möglichkeit zu ihrer Wiederherstellung die revolutionäre Gewalt. Genau deshalb ist in alten Verfassungen immer das revolutionäre Recht des Volkes auf den Aufstand verbrieft. Genau deshalb wird in den alten Verfassungen der Bewaffnung des Volkes so viel Aufmerksamkeit gewidmet. Der Usurpator der Macht soll wissen: Alles, was er dem Volk mit Gewalt geraubt hat, kann dem Volk mit Gewalt zurückgegeben werden, denn die Legitimität des aufständischen Volkes ist höher als die Legitimität des despotischen Regimes. Das sind harte Wahrheiten; es ist das Einmaleins der Revolution, doch es muss auswendig gelernt werden. Vorausgesetzt natürlich, man will gewinnen und nicht verlieren.

Die Legitimität revolutionärer Gewalt als eine Kampfmethode gegen die Diktatur anzuerkennen bedeutet keineswegs die Bereitschaft, diese Gewalt unverzüglich in der Praxis auszuüben. Es ist eine strategische Frage, ob man die Möglichkeit und Legitimität der Gewalt im revolutionären Kampf gegen die Diktatur anerkennt. Ob man dann im konkreten Fall Gewalt anwendet oder nicht – und wenn ja, in welchen Grenzen oder Formen –, ist eine Frage der revolutionären Taktik, die unterschiedlich gelöst werden kann.

Häufig ist der vorsätzliche Verzicht auf Gewalteskalation, um eine Vielzahl von Opfern zu vermeiden, besonders in jenen Fällen, in denen die Mehrheit ohne das Vorliegen einer revolutionären Situation im Land nicht zu aktiven Taten bereit ist, die einzig richtige Entscheidung. Diese Entscheidung jedoch zum Dogma zu erheben und zu meinen, der Protest müsse unter allen Umständen friedlich bleiben, ist gleichbedeutend mit der freiwilligen Entwaffnung und de facto mit dem Verzicht auf einen realen Kampf um die Macht. Das Regime muss ständig unter Druck gehalten werden und merken, dass es für jede Kraft eine Gegenkraft gibt, dass auf jedes Verbrechen die Strafe folgt. Nur dann haben die Aufständischen gegen das Regime Aussicht auf Erfolg.

Zudem muss friedlicher Druck längst nicht immer so friedlich sein, wie man sich das vorstellt. Ein mit keinerlei Gewalt unterfütterter friedlicher Protest kann die Ressourcen der Macht verbrennen und ihre eigene Fähigkeit zum Einsatz von Gewalt begrenzen. Das kann aus ganz unterschiedlichen Gründen geschehen, beispielsweise durch den Verfall der Gewaltstrukturen oder die Erschöpfung der materiellen Reserven (in diesem Sinne ist der Streik ein durchaus gewaltsames Mittel). Allerdings besteht in diesem Fall die Gefahr, dass vom Erschöpfungszusammenbruch des Regimes vor allem Plünderer, Kriminelle oder Interventen profitieren. Dann wird die Protestbewegung gezwungen sein, Gewalt gegen Dritte anzuwenden.

Klar ist eines – der Protest darf keine innere Selbstzensur zulassen. Wenn die Revolution eine eingebaute Geschwindigkeitsbegrenzung hat, wird sie nie abheben. Haben sie einmal »A« gesagt, müssen die Führer des Protests immer bereit sein, auch »B« zu sagen. Wenn du die Menschen auf die Straßen bringst, lässt du schon dadurch die Möglichkeit revolutionärer Gewalt zu. Eine andere Sache ist, dass du deine Anhänger aus taktischen Erwägungen zur Zurückhaltung aufrufen kannst.

Verrat am Protest ist sowohl die Provozierung von Gewalt, ohne dass eine revolutionären Situation vorliegt, als auch der absolute

Verzicht auf Gewalt, wenn sie in der revolutionären Situation nötig ist, um den Punkt aufs i zu setzen. Letzteres würde bedeuten, die Bewegung führerlos ihrem Schicksal zu überlassen. In der Regel führt das zur sofortigen Niederschlagung der Revolution und zu noch größerer Gewalt und zu mehr Opfern, nur diesmal nicht von der Revolution, sondern von der Konterrevolution ausgehend. Deshalb sollte der Protest natürlich versuchen, friedlich zu bleiben, und er wird es auch bleiben, wenn die Bereitschaft, Gewalt mit Gewalt zu erwidern, überzeugend genug ist.

KAPITEL 2
Vereinigung des Protests: Mehrparteien- oder Einparteiensystem?

Alle erinnern sich an die kanonische Metapher mit den zerbrochenen Pfeilen, die von einem Epos ins nächste wandert. Der weise Führer (oder Zar) zerbricht erst demonstrativ und mit Leichtigkeit einen Pfeil nach dem anderen, dann lässt er kraftlos die Hände sinken bei dem Versuch, ein aus solchen Pfeilen gebildetes Bündel zu zerbrechen. So abgenutzt dieses Bild ist, so bleibt doch wahr, dass die Einheit des Protests, worin er auch immer bestehe, eine Grundbedingung für seine Wirksamkeit ist. Das wird kaum jemand bestreiten. Was aber Einheit ist, versteht jeder meist auf seine eigene Art und Weise. Es gibt eine vielstimmige Einheit und eine, bei der alle mit einer Stimme singen müssen. Genau darüber strauchelt heute die demokratische Opposition in Russland.

Verbal sind heute die Führer aller halbwegs bedeutenden Protestbewegungen für die Vereinigung. Es wäre auch seltsam, von ihnen zu hören, dass sie gegen eine breite Front gegen die Diktatur sind. Aber viele von denjenigen, die verbal für die Einheit eintreten, lassen sich in der Praxis von einem Prinzip leiten, das unter vergleichbaren historischen Bedingungen schon Lenin formuliert hat: »Bevor wir uns vereinigen, müssen wir uns erst entschieden und deutlich voneinander abgrenzen.« Die Gefahr dieser Losung besteht darin, dass das Endziel – die Vereinigung – mit der Zeit in den Hintergrund gerät, während die Abgrenzung voll durchgezogen wird. Nichts anderes beobachten wir heute in Russland.

Rückblickend sehen wir, dass die Protestbewegung auf ganz unterschiedlichen Wegen zum Erfolg führt. Man kann, abgesehen von anderen Klassifikationen, zwei Typen von erfolgreichen Revolutionen unterscheiden. Die einen stützten sich auf eng zusammengeschweißte Gruppen Gleichgesinnter, die nicht nur ihre politischen Ansichten teilten, sondern auch in einer semi-militärischen Organisation vereint waren, auf die sich nach dem Sieg die neue Staatlichkeit stützen konnte. Andere erfolgreiche Revolutionen wurden von breiten Koalitionen unterschiedlichster politischer Kräfte realisiert, die organisatorisch nicht fest verbunden waren, sodass die Verbindung selten länger hielt als die Revolution selbst.

Schauen wir uns diese Erfahrung aufmerksam an, kommen wir nicht umhin festzustellen, dass gerade die semi-militärischen Verschwörungsorganisationen, die in ihrer Struktur eher religiösen Sekten ähnelten als politischen Parteien im strengen Sinn des Wortes, taktische revolutionäre Aufgaben (Ergreifung und Erhaltung der Macht) effektiver bewältigten. Die strategischen Aufgaben dagegen, mit denen die Revolution konfrontiert war, besonders Aufgaben demokratischen Charakters, wurden besser gelöst, wenn eine Koalition diverser Kräfte die Bewegung führte, vereint zu diesem Anlass und dieser Zeit.

Man sollte meinen, dass in Kenntnis dieser Tatsache alle verantwortlichen politischen Kräfte die Bildung breiter Bündnisse anstreben sollten. In der Praxis ist das jedoch nicht der Fall. Koalitionen werden nicht gebildet, und wenn, dann fallen sie fast sofort wieder auseinander. Leider gibt es dafür schwerwiegende objektive Gründe. Die historische Erfahrung zeigt, dass eine Koalition umso weniger Chancen hat, sich zu bilden und zu siegen, je aggressiver eine Diktatur, je gnadenloser ein Regime ist. Dafür gibt es einleuchtende Gründe: Das Regime weiß selbst sehr gut, dass ihm nichts so gefährlich werden kann wie die Einheit der oppositionellen Kräfte; deshalb unternimmt es alles, um diese Einheit zu verhindern, unter anderem indem es Spaltungstendenzen unter den Oppositionellen schürt.

Vor die Wahl gestellt zwischen »unversöhnlicher« und »unversöhnlichster« Opposition, zieht das Regime, so seltsam es scheint, die zweite als Hauptgegner vor – selbst wenn es dadurch riskiert, den eigenen Totengräber heranzuzüchten, wie das in der russischen Geschichte Anfang des 20. Jahrhunderts schon einmal der Fall war.

Man darf nicht vergessen, dass es in Russland nicht nur die Tradition der Selbstherrschaft gibt, sondern auch die Tradition des Bolschewismus – des Sektierer- und Spaltertums in der revolutionären Bewegung. Beide Traditionen sind aufs engste miteinander verbunden. In der russischen Geschichte hat der Bolschewismus eine nicht minder traurige Rolle gespielt als die Selbstherrschaft, die er zunächst vernichtete, um sie dann in noch raffinierterer Form wiederauferstehen zu lassen. Für die erdrückende Mehrheit unserer Landsleute sind Bolschewismus und Kommunismus ein und dasselbe. Tatsächlich aber kann man Bolschewist bleiben, ohne Kommunist zu sein; ja man kann es sogar als Antikommunist sein. Mehr noch, während der Kommunismus für Russland eine weitgehend kontingente Erscheinung ist, speist sich der Bolschewismus aus den tiefsten Gründen der russischen Kultur.

Der Bolschewismus ist aus der Bewegung der sogenannten Volksfreunde hervorgegangen, denen nicht nur liberale Ansichten fern lagen. Für den Bolschewismus ist ebenso wie für die Autokratie der Staat der »soziale Demiurg«, nicht die Gesellschaft. Während aber die Autokratie mithilfe des Staates die Gesellschaft konservieren will, versucht der Bolschewismus, sie mithilfe des Staates auf den Kopf zu stellen. Die Bolschewisten waren nie auf Bündnispartner angewiesen, sie brauchten die Macht als solche. Der Bolschewismus ist äußerst überlebensfähig und vermag sich in die unerwartetsten Formen zu kleiden. Das sind nicht nur Leninismus und Stalinismus, sondern zum Beispiel auch der Jelzinismus in seiner Extremform. Leider sind viele Reformen der 1990er-Jahre mit genau denselben bolschewistischen Methoden – quasi im »Durchritt« – durchgeführt worden wie die sowjetischen, auch wenn das nicht leicht zu erkennen war. Und heute ist in der russischen Protestbewegung eine Zunahme der neobolschewistischen Stimmungen zu beobachten. Diese Philosophie und diese Ideologie werden immer attraktiver, je grausamer das Regime wird.

Die Stärke des Neobolschewismus besteht darin, dass er auf die Bildung einer – im Wortsinne – Armee von Gleichgesinnten abzielt, die bereit ist, die Befehle des Einheitszentrums operativ und wirksam auszuführen. Lenin nannte so etwas die Partei neuen Typs. Eine derartige Partei bewältigt die politischen Aufgaben unter den Bedingungen des Bürgerkriegs, den das Regime gegen sein eigenes Volk führt, sehr viel effektiver als eine amorphe und schwer steuerbare Koalition. Allerdings gibt es auch eine Kehrseite der Medaille. Der Krieg ist ein guter Nährboden für die prächtigen Blüten der Gewalt, die der Neobolschewismus treibt. Dort ist er in seinem Element, denn er ist bewusst oder unbewusst immer auf Krieg eingestellt. Auf den Bürgerkrieg, den die Diktatur dem Volk erklärt, antwortet der Neobolschewismus mit seinem eigenen Bürgerkrieg. Den Brand will er mit einem Gegenbrand löschen.

Die bolschewistische Tradition in der russischen Protestbewegung setzt voraus, dass die Einheit des Protests einparteiisch sein muss. Das heißt, dass der Kern der Protestbewegung ideologisch und organisatorisch einheitlich sein muss, gelenkt aus einem einzigen Zentrum heraus von einem oder mehreren Führern. Dieser Kern mag eine Peripherie besitzen, die aus »Weggefährten« besteht, aber die Bündnisse mit ihnen tragen vorübergehenden, konjunkturellen Charakter. Verrat der Bündnispartner gehört für den Neobolschewismus zum politischen und ethischen Alltagsgeschäft. Ein guter Bündnispartner soll organisatorisch und politisch völlig in der Partei aufgehen. Die Partei wiederum soll nicht die Interessen der Gesellschaft vertreten, sondern den »Antriebsriemen« zwischen Führern und revolutionärer Klasse bilden.

Gewiss, bei einem bewaffneten Aufstand und im Krieg ist diese Organisationsform der Protestbewegung die optimale. Das Problem ist, dass der Krieg dadurch für die Neobolschewiken zum Selbstzweck wird. Bei einer relativ friedlichen Entwicklung der Situation haben sie keine Chance, an die Macht zu kommen. An die Macht können sie überhaupt nicht kommen, die können sie sich nur »schnappen«, wenn das allgemeine Chaos dazu führt, sämtliche staatlichen Einrichtungen zu lähmen. Hauptlosungen des Neobolschewismus waren und sind deshalb zwei Maximen: »Je schlimmer, desto besser« und »Wer nicht mit uns, ist gegen uns«.

Paradoxerweise trägt der Neobolschewismus als radikale Strömung in der Protestbewegung zu einer vorübergehenden Stabilisierung und Festigung des Regimes bei. Er verhindert jedes andere Format von Veränderungen außer dem gewaltsamen Umsturz, zu dem es beim endgültigen Kollaps des Regimes kommt. Dieser wiederum tritt ein, wenn infolge von Krieg, allumfassender ökologischer Katastrophe und vergleichbarer Ursachen ein totales Chaos eintritt. Der Neobolschewismus hofft darauf, der Hauptnutznießer dieses Chaos zu werden, und stellt sich deshalb einer Vereinigung des Protests in den Weg; er versperrt jede Möglichkeit, den Machtübergang vor diesem Zeitpunkt und mit mehreren gewaltsamen Mitteln zu erreichen. Er verlängert dem Regime das Leben und rechnet darauf, zu seinem Totengräber zu werden. Das schätzt das Regime an ihm.

In den meisten Fällen erweist sich der Neobolschewismus als Sackgasse für die Protestbewegung, weil die Voraussetzungen für seinen Sieg einfach nicht eintreten. In jenen seltenen Fällen aber, in denen ein Krieg oder ein vom Ausmaß her vergleichbares Ereignis das Regime hinwegfegt und die neobolschewistische Sekte die Chance auf einen erfolgreichen Umsturz bekommt, sind die Folgen immer ein Bürgerkrieg und eine neue Diktatur, die bisweilen viel grausamer ist als die soeben beseitigte. Das folgt aus der Natur des Neobolschewismus selbst – dem Zwang, die Macht mit den Kräften eines geringen Prozentanteils der Bevölkerung zu ergreifen und zu halten. Ist das die Revolution, auf die Russland wartet? Ist das der Sieg über das Regime, für den es lohnt, Opfer zu bringen?

Eine Alternative zum Neobolschewismus mag eine Protestkoalition sein, eine vielfältige, aus mehreren Parteien bestehende Protestbewegung – eine Sammlung diverser politischer Gruppen. Gewiss, eine Koalition ist im Krieg nicht die beste Organisationsform. Doch der Hauptgrundsatz der Koalition lautet: besser früher als schlechter. Die Vereinigung der Opposition schafft die Voraussetzungen für den Sturz des Regimes, bevor es auf natürliche Weise kollabiert. Der Preis für den Sturz des Regimes bemisst sich nach der Anzahl der Menschenleben, die dieser Sieg kostet. Uns ist keineswegs gleichgültig, wie viele es am Ende sein werden.

Koalition bedeutet immer Kompromiss. In einer Koalition schließen sich radikale, weniger radikale und sogar Kräfte zusammen, die zur Zusammenarbeit mit dem Regime tendieren. Der Neobolschewismus ist immer und ausschließlich radikal. Auch er geht Kompromisse ein, aber einzig und allein aus taktischen Gründen. Sie dienen dazu, ans Ziel zu kommen und danach mit den »Mitläufern« aufzuräumen. Genau aus diesem Grund endeten alle historischen Bündnisse der Bolschewiken übel für die zeitweiligen Verbündeten. Die Hauptlosung der Koalition ist der neobolschewistischen entgegengesetzt: Wer nicht gegen uns ist, ist mit uns. Das Ergebnis der Revolution soll kein postrevolutionärer Aufruhr sein, sondern der postrevolutionäre demokratische Rechtsstaat.

Wer in der Vorbereitung der Revolution zu Kompromissen bereit ist, wird es auch nach der Revolution sein. Und wer den Kompromiss in der Revolution ablehnt, wird ihn nach der Revolution umso mehr ablehnen und zum revolutionären Diktator werden. Am Ende verwandelt sich jeder revolutionäre zu einem ganz ordinären Diktator, den es dann mit einer neuen Revolution zu stürzen gilt. Diesen Teufelskreis durchläuft Russland schon mehr als hundert Jahre. Und wenn die radikalsten Revolutionäre nicht bereit sind, sich mit weniger radikalen und sogar Nicht-Revolutionären zu vereinen, dann bedeutet das nur, dass sie weiterhin den Boden für den ewigen Putin bereiten.

Natürlich gibt es auch bei den Kompromissen solche und solche. Gefunden werden muss eine vernünftige Mitte zwischen einem Einparteiensystem, das zum Neobolschewismus führt, und einem Vielparteiensystem, das sich in Schwätzerei und Handlungsunfähigkeit zu verlieren droht. In bestimmten Etappen kommt die Revolution nicht ohne militärische Führer aus. Aber neben diesen Führern muss es immer ein Organ geben, das die revolutionäre Macht der Führer legitimiert und nicht gestattet, dass sie sich über die Revolution und über die Gesellschaft stellt.

Die Bildung einer revolutionären Koalition ist ungeachtet ihrer Unpopularität bei den protestierenden Massen die wichtigste Arbeit der Opposition. Eine Koalition beschleunigt in der Tat die Revolution, indem sie eine Mehrheit des Protests schmiedet und hauptsächlich dafür sorgt, dass die Revolution nicht auf eine neue Diktatur hinausläuft. Die Bildung einer Koalition ermöglicht und erfordert Kompromisse. Jede erfolgreiche Revolution braucht neben ihrem radikalen Kern eine breite und weniger radikale Peripherie. Sie ist es, die die Verbindung zwischen Revolution und Volk sichert. Anders ist der Erfolg nicht erreichbar.

KAPITEL 3
Wie zieht man den Protest heran: Untergrund oder Exil?

Der Protest ist eine subtile und komplexe Sache.

Einerseits lässt er sich weder aus dem Hut zaubern noch künstlich anheizen. Er entsteht von selbst und geht seine eigene Bahn. Die Anführer des Protests müssen diese Bahn im Auge behalten und nicht nur versuchen, sich auf ihr zu bewegen; sie müssen auch jeden Schritt des Protests vorausahnen, um jederzeit am rechten Ort zu sein.

Um die Entwicklung vorausahnen und am rechten Ort sein zu können, gilt es andererseits, die ganze Zeit hindurch wachsam zu sein, die Verbindung zur Masse aufrechtzuhalten, ihre Energie aufzusaugen und sie gleichzeitig mit Ideologie zu speisen. Diese Phase der tatenlosen Wachsamkeit muss möglicherweise lange ausgehalten werden – vielleicht Jahre oder gar Jahrzehnte. Das ist weder psychologisch noch technisch eine leichte Sache.

Da stellt sich natürlich die Frage: Wo sollten die Anführer sein, solange der Protest nicht in Schwung kommt und in die politische Umlaufbahn eintritt? Die Antwort darauf fällt schon heute nicht leicht, morgen wird sie noch schwerer fallen. Wir wurden Zeugen, wie das Regime in buchstäblich wenigen Jahren zunächst den Übergang vom verschämt autoritären zum unverhohlen faschistischen Format vollzogen hat, um danach, ohne hier lange innezuhalten, ins offene Nazitum abzugleiten. Dabei benutze ich diese Termini unter großen Vorbehalten, denn es geht hier um zutiefst russische Phänomene, die aus dem Boden unserer eigenen Geschichte gewachsen und nur äußerlich mit dem vergleichbar sind, was wir über den Faschismus und Nationalsozialismus am Beispiel Europas wissen. Das hat eine Vielzahl von Folgen; eine der wichtigsten in praktischer Hinsicht ist, dass in der neuen Situation der Aktionsradius der legalen politischen Arbeit extrem eingeengt wird bzw. sogar ganz verschwinden wird.

Das zu erkennen und sich darauf einzustellen ist heute sehr wichtig. Viele Formen der legalen und halblegalen Institutionalisierung des Protests, an die wir uns heute gewöhnt haben, werden einfach verschwinden. Ich gehe davon aus, dass in der nächsten Zeit alle einigermaßen akzeptablen Mediennischen für eine relativ freie Kritik der Macht verschwinden werden. Das Internet wird von den russischen Geheimdiensten ebenso umkämpft sein wie in der Zeit des Kalten Krieges die Kurzwellenfrequenzen des Radios. Das Regime wird den Empfang der »Stimmen« stören, und die Bevölkerung (genauer gesagt, ein immer mehr schwindender Teil von ihr) wird nach immer neuen Wegen suchen, um an die Wahrheit heranzukommen. Der Opposition steht das Schicksal der Dissidentenbewegung bevor, die durch Repressalien an den äußersten Rand des öffentlichen Lebens gedrängt wurde.

In Oppositionskreisen herrscht keine einheitliche Meinung darüber, wo und mit welchen Mitteln der Kampf unter solchen Bedingungen fortzusetzen ist (und viele schauen lieber gar nicht erst in diese erschreckende Zukunft). Der Diskurs dreht sich gewöhnlich um zwei Varianten – Exil oder Untergrund. Einige meinen, dem Regime könne man nur Widerstand leisten, indem man ins Ausland geht. Andere glauben dagegen, die Verbindung zur Protestbewegung lasse sich nur in Russland selbst aufrechterhalten.

Wie so oft haben die einen auf ihre Art ebenso recht wie die anderen: Beim Kampf gegen die neototalitäre Diktatur müssen alle zugänglichen Mittel eingesetzt werden, darunter der Untergrund und das Exil. Statt darüber zu streiten, wo der wahre Oppositionelle seinen Platz hat, sollte man sich deshalb schon heute überlegen, wie die Anstrengungen derjenigen, die für Russlands Zukunft »von innen« und »von außen« arbeiten, vereinigt werden können. Der beste Ort für den Oppositionellen ist der, an dem er zum gegebenen Zeitpunkt der Sache am besten dient.

Man vergegenwärtige sich zunächst die Realität von heute. In der Epoche der globalen elektronischen Kontrolle sind die Möglichkeiten illegaler Tätigkeit im Untergrund äußerst begrenzt, nicht nur im Vergleich zum zaristischen Russland, sondern sogar im Vergleich zur Sowjetunion (wie schwer vorstellbar das auch ist). Um in unserer Zeit für die Geheimdienste unsichtbar zu bleiben, müssen die Oppositionellen selbst so geschickt agieren wie ausgebildete Agenten, und das ist im realen Leben kaum möglich. Der Untergrund bleibt per definitionem sehr wenigen, außergewöhnlichen Persönlichkeiten vorbehalten, die von Natur aus zu dieser Art Tätigkeit neigen und »fanatisch« sind, das heißt bereit, einen großen Teil ihres Lebens im Gefängnis zu verbringen oder der Idee sogar ihr Leben zu opfern. Den Untergrund als Möglichkeit für alle zu propagieren hieße, eine Utopie zu preisen.

Was bleibt? Vor allem das »Katz-und-Maus«-Spiel mit den Machthabern im legalen Bereich. Auch in einem noch so totalitären System ist das Regime gezwungen, bestimmte Nischen für die pseudogesellschaftliche, legale Tätigkeit offen zu lassen, die es dann natürlich vollständig von innen her zu kontrollieren versucht, die aber von außen wie die Tätigkeit funktionierender »gesellschaftlicher Institutionen« aussieht. In der Sowjetzeit waren das kanonische Beispiel für solche pseudo-gesellschaftlichen Gebilde die Künstlerverbände (von Schriftstellern, Malern, Filmemachern, Journalisten usw.). Später, in den Jahren der Perestroika, spielten einige von ihnen eine bedeutende Rolle bei der Beschleunigung der Wandlungsprozesse. In dem großen »Schachspiel«, das die Opposition mit dem Regime wird spielen müssen, das endgültig das Gorbatschow-Jelzinsche Erbe ausgeschaltet hat, muss jeder derartige Verband, jede solche »Zelle«, die die Machthaber für ihre Zwecke geschaffen haben und aufrechterhalten, als ein Feld betrachtet werden, das zu besetzen ist. Versäumt die Opposition dies, dann wird es die Macht tun.

Das Regime taxiert auch das Kräfteverhältnis ständig von Neuem. Es vermag alles zu verbieten, aber je mehr es verbietet, desto schwieriger wird es, die Situation unter Kontrolle zu halten. Es muss eine goldene Mitte finden. Deshalb lässt es bestimmte Positionen offen, wenn es der Meinung ist, dass die Vorteile die Nachteile überwiegen. Genau dort gilt es zu arbeiten und flexibel die Positionen zu wechseln. Irgendwelche Fenster werden sich immer schließen, dafür öffnen sich neue.

Die Arbeit unter den Bedingungen eingeschränkter Legalität wird bestimmte Rahmen setzen. Ganz sicher wird man die äsopische Sprache wieder erlernen und seine Worte sorgfältig abwägen müssen. Das Regime wird diejenigen vernichten wollen, die Machtansprüche stellen; wer das aber nicht tut, dem werden bestimmte Möglichkeiten bleiben. Deshalb ist es wichtig, auch den eigenen Ehrgeiz zu kontrollieren.

Eine der wichtigsten Aufgaben der Opposition wird die Abwerbung derjenigen sein, die sich vom Regime haben anwerben lassen. Das sollten schon heute all diejenigen im Auge behalten, die die »Loyalisten« sehr ungnädig sehen. Die radikale Opposition kann heute nur aus dem Ausland mit eigener Stimme sprechen. Wobei all jene, die den radikalen Standpunkt nicht teilen, sich an das Regime anzupassen versuchen, das Regime teilweise akzeptieren, erst recht jene, die zwar Teil des Regimes, aber nicht sein übelster Teil sind – all jene werden heute harsch als Kollaborateure kritisiert. Jedoch wird diese Möglichkeit, mit eigener Stimme zu sprechen, vielleicht sehr bald ganz verschwinden; dann werden nur die Stimmen jener zu hören sein, die in der Grauzone verbleiben. Wenn die Opposition gehört werden will, muss sie lernen, aus dieser Grauzone heraus zu kommunizieren.

Was den Einfluss auf die öffentliche Meinung angeht, so ist die Möglichkeit legaler Arbeit durch keine Untergrundtätigkeit zu ersetzen. Das belegt die gesammelte Erfahrung des langwierigen Kampfes gegen die totalitären Regime. Aus diesem Grund sind Bündnisbeziehungen mit denen, die schwanken, eine der Hauptvoraussetzungen für den Erfolg, denn sie sind es, die auch unter widrigsten Verhältnissen den Weg zur legalen Arbeit eröffnen. Worin bestehen diese Bündnisverhältnisse? Erstens darin, dass man diejenigen auf die eigene Seite zieht, denen das Regime bislang noch das Schreiben und Reden erlaubt. Zweitens darin, dass man innerhalb der Organisationen, die das Regime zur Vortäuschung einer Zivilgesellschaft bildet, Arbeitskontakte knüpft und Fraktionen von Gleichgesinnten bildet. Drittens darin, eine eigenständige Aktivität in jenen Grenzbereichen zu entfalten, die das Regime nur schwer auf einen Schlag vernichten kann, beispielsweise Menschenrechtsschutz, Sozialhilfe, Wohltätigkeit, Bildungsarbeit, ökonomische Initiativen und Ähnliches.

Was bleibt dem Untergrund? Ohne Zweifel die Vorbereitung öffentlicher Protestaktionen – nicht um »die Macht zu ergreifen«, sondern eher um Flagge zu zeigen, Symbole, die die Motivation der Bewegung stimulieren. Selbstverständlich gehört dazu auch, die Kommunikationswege und organisatorischen Verbindungen zu pflegen, die es bei einer Veränderung der politischen Situation erlauben, möglichst schnell aus dem Untergrund zu kommen und sich zu einer normalen politischen Organisation zu entfalten. Und schließlich die Hilfe für Gefangene und ihre Familien. Dabei muss man sich vergegenwärtigen, dass externe finanzielle Quellen für die illegale Arbeit unter heutigen Verhältnissen praktisch versiegen; sie können augenblicklich entdeckt und sanktioniert werden. Alle lokalen Aktivisten und noch erhaltenen Organisationen müssen deshalb zur Selbstfinanzierung übergehen. Das allein schon wird die Zahl möglicher Strukturen erheblich beschränken.

Wenn die sich abzeichnenden Tendenzen in der Entwicklung der russischen Staatlichkeit fortbestehen, wird sich die Opposition trotzdem früher oder später damit konfrontiert sehen, dass der

Schwerpunkt der politischen Arbeit ins Ausland verlagert werden muss. Es gilt, sich ohne Panik psychologisch darauf vorzubereiten. Zumindest das Koordinationszentrum der Opposition kann sich nur außerhalb des Landes befinden. Das hat die Erfahrung der vergangenen Jahre, unter anderem die belarusische, gezeigt. Jeder Versuch, ein solches Zentrum im Innern aufzubauen, wird vom Regime streng unterbunden werden. Nur im Ausland kann sich die Arbeit unabhängiger Medien in vollem Umfang entfalten, wobei die Verbreitung des Contents in Russland eine eigene Frage ist (aber um etwas Gutes zu verbreiten, muss man es zuerst produzieren). Außerdem müssen dort auch die Bildungsprojekte zur Vorbereitung der künftigen Kader Russlands konzentriert und die finanziellen Mittel gesammelt werden, und dort ist es auch möglich, die öffentliche Meinung des Westens zu beeinflussen.

Natürlich ist das Exil immer ein Kompromiss. Das Problem ist nur, dass diejenigen, die im Lande zu überleben versuchen, bald noch schmerzlichere Kompromisse eingehen werden müssen. Ich finde, wir sollten unsere übliche Einstellung zum politischen Exil als einer erzwungenen Flucht ändern und aufhören, die Oppositionellen in »hiesige« und »nicht hiesige« einzuteilen. Das Exil wird schlicht und einfach zur zweiten Front (wenn es ganz schlimm kommt, sogar zur ersten) im Kampf gegen das Regime. Das präzise Zusammenwirken zwischen denen, die von innen arbeiten, und denjenigen, die von außen arbeiten, will gut koordiniert sein. Nur in der Kooperation beider Fronten kann die Opposition bestehen und tätig sein.

Diejenigen, die im Exil arbeiten, werden es mit zusätzlichen Schwierigkeiten zu tun bekommen. Ohne Zweifel wird das Regime alle politischen Emigranten als Spione und Diversanten hinstellen, die von ausländischen Geheimdiensten finanziert werden. Doch das ist halb so schlimm: Der Haken ist, dass das Verhältnis der Politemigranten zu den Regierungen und Geheimdiensten der Länder, in denen sie ihre Zentren aufzubauen versuchen, keineswegs rosig sein wird. Die historische Erfahrung zeigt, dass die europäischen Regierungen nicht gerade entzückt sind, wenn auf ihrem Gebiet Kämpfer gegen das russische Regime agieren; das bedeutet für sie eine zusätzliche Belastung und erschwert das Verhältnis zum Kreml.

Allem Anschein nach wird es in der Zukunft zu einer Art Arbeitsteilung kommen. Von einem bestimmten Moment an wird die freie Diskussion über das Modell des neuen Russland nur dort möglich sein, wo der Arm der Diktatur nicht hinreicht. Die Verbreitung freier Ideen von innen wird erschwert sein – das ist eine Aufgabe für diejenigen, die den Mut finden, im Inneren zu kämpfen. Es gilt, darauf vorbereitet zu sein, dass der Protest eine ganze Weile im Inkubator verbleibt, bevor er in den politischen Raum ausbricht. Deshalb ist im Voraus dafür zu sorgen, dass dieser Inkubator auch reibungslos funktioniert. Je mehr wir jetzt tun können, desto weniger Arbeit werden wir später haben.

KAPITEL 4
The Point of no Return: Straße oder Kommandohöhen?

Von welchem Moment an wird die Revolution unabwendbar? Viele glauben, dazu müsse sie »die Straße erfassen«. Stimmt das?

Die Straße war und bleibt das große Mantra der russischen liberalen Intelligenz. Sie sieht ihre Mission in der Regel darin, die Massen auf die Straße zu bringen. Dabei gelingt ihr das gewöhnlich nicht besonders gut. Meist sind die Massen weniger empfänglich für die Aufrufe der Intelligenz als für die geheimen Winke der Macht, so wie das bei Gorbatschow der Fall war, als die Spaltung im ZK den Erfolg der größten Massendemonstration in der Geschichte Russlands ermöglichte. Manchmal gehen die Massen von selbst auf die Straße, so wie zu Anfang des vorigen Jahrhunderts, als die Intelligenz mit dem Tempo der Massen kaum mitkam. Ein viel ernsthafteres Problem aber besteht darin, dass die intelligenten Revolutionsführer nicht so recht wissen, was sie mit den auf die Straße gebrachten Massen anfangen sollen, während die unintelligenten es wissen, aber lieber nicht laut sagen. Deshalb hat sich seit Lenins Zeiten in Russland niemand offen zu diesem Thema geäußert. Das kann man auch niemandem zum Vorwurf machen. Anfangs gab es dafür schwerwiegende Gründe, und später bestand gar kein Anlass mehr, darüber zu sprechen.

Wozu rufen die politischen Führer das Volk auf die Straße? Es gibt zwei prinzipiell unterschiedliche Situationen, die wir oben erörtert haben – den friedlichen und den unfriedlichen Protest. Den friedlichen Protest kann man in diesem Zusammenhang vernachlässigen. Solange es Hoffnung gibt, dass die Diktatur psychologischem Druck weicht (weil sie »altersschwach« geworden ist oder weil die Elite in sich gespalten ist oder weil das Regime eine Intervention fürchtet), werden die Menschen ausschließlich zu dem Zweck auf die Straße gebracht, Macht zu demonstrieren, nicht aber sie unmittelbar anzuwenden. Unter dem Schutz der Menschenmassen auf der Straße verhandeln die Oppositionsführer dann mit den Vertretern des Regimes und erörtern die Bedingungen seiner Kapitulation. Der Fall dagegen, dass eine Kapitulation nicht ansteht, dass das Regime sich mit Waffengewalt zu wehren bereit ist, muss gesondert behandelt werden.

In der Situation, in der das härteste Szenario des Machtwechsels sich abzeichnet, bedeutet der Ruf auf die Straße den Beginn des Angriffs, das heißt den offenen Aufruf zum Aufstand. Das ist ein sehr verantwortungsvoller Schritt. Er verlangt von den Führern, dass sie bereit sind, den Angriff selbst zu leiten und dies nach allen Regeln der Revolution und Kriegsführung zu tun. Sonst haben sie nicht das Recht, die Menschen auf die Straße zu rufen, denn andernfalls riecht dieser Aufruf stark nach Provokation und jagt die Menschen sinnlos unter die Polizeiknüppel, wenn nicht gar vor die Gewehre. Um aber einen Aufstand zu leiten, Straßenkämpfe im wahrsten Sinne des Wortes zu führen, genügt der fromme Wunsch allein nicht. Wie der Urheber des einzigen erfolgreichen revolutionären Aufstands in Russland schrieb – der Aufstand ist eine Kunst, die man lernen muss. Und natürlich muss man sie rechtzeitig erlernen. Improvisation hilft da nicht weiter.

In der revolutionären Situation bringt man die Menschen auf die Straße, um die Kommandohöhen zu erobern. Das heißt, die Straße ist nicht an sich wichtig (wie in den Utopien der »Salonführer«), sondern ausschließlich als Richtungsgeber der Massen, als Art, eine kritische Masse unbewaffneter oder schlecht bewaffneter Menschen zum nötigen Zeitpunkt am richtigen Punkt oder an den richtigen Punkten zu sammeln. Eine Masse, die ausreicht, den Widerstandswillen der lokalen Kommandeure des Regimes zu lähmen. Diese Kommandeure müssen daher markiert werden. Vor mehr als hundert Jahren diktierte ein Revolutionär unter dem Pseudonym »Außenseiter« seinen Petersburger Genossen hastig einige Ratschläge für die Organisation des revolutionären Aufstandes. Einige von ihnen sind veraltet, manche aber sind auch heute noch aktuell:

»Der bewaffnete Aufstand ist eine Sonderform des politischen Kampfes, die eigenen Gesetzen unterliegt, die man genau bedenken muss. Bemerkenswert eindrücklich hat Karl Marx diese Wahrheit formuliert, als er schrieb, der bewaffnete ›Aufstand ist, wie der Krieg, eine Kunst‹.

Von den Hauptregeln dieser Kunst hob Marx hervor:
» Niemals mit dem Aufstand spielen, und hat man ihn einmal begonnen, sicher wissen, dass man bis zum Ende gehen muss.
» Es ist nötig, eine große Übermacht an dem entscheidenden Ort im entscheidenden Moment zu sammeln, sonst wird der Feind, der über bessere Vorbereitung und Organisation verfügt, die Aufständischen vernichten.
» Ist der Aufstand einmal begonnen, so ist mit größter Entschlossenheit zu handeln und unbedingt zum Angriff überzugehen. ›Die Verteidigung ist der Tod des bewaffneten Aufstands‹.
» Man muss bemüht sein, den Feind zu überrumpeln, den Moment abzupassen, wenn seine Truppen zerstreut sind. Muss versuchen, täglich wenigstens kleine Erfolge zu erzielen (man könnte sagen: stündlich, wenn es um eine einzige Stadt geht), und so um jeden Preis das ›moralische Übergewicht‹ zu behalten.

Marx fasste die Lehren aller Revolutionen mit den Worten ›des größten Meisters der revolutionären Taktik in der Geschichte, Danton‹ zusammen: ›Verwegenheit, Verwegenheit und noch einmal Verwegenheit‹. In Anwendung auf Russland und den Oktober 1917 bedeutet das ...

Unsere drei Hauptkräfte zu kombinieren – Flotte, Arbeiter und Militäreinheiten –, sodass unbedingt eingenommen und auch unter größten Verlusten gehalten werden: a) Telefon, b) Telegraf; c) Eisenbahnstationen; d) Brücken in erster Linie.

Die entschlossensten Elemente (unsere ›Stoßkämpfer‹ und die Arbeiterjugend, dazu die besten Matrosen) in kleinen Einheiten zusammenführen, damit sie die wichtigsten Punkte erobern und überall beteiligt sind, bei allen wichtigen Operationen, zum Beispiel … Truppen der besten Arbeiter mit Gewehren und Bomben für den Angriff und die Umzinglung der ›Zentren‹ des Feindes formieren (Junkerschulen, Telegraf und Telefon usw.) mit der Losung: ›Sollen alle verrecken, aber der Feind wird nicht durchgelassen!‹.«

Liest man diese Zeilen hundert Jahre später und kennt den Ausgang, dann beginnt man die Bedeutung dieser einfachen Wahrheiten zu begreifen. Einfachheit bedeutet leider nicht, dass sie auch leicht zu verstehen wären. Versuchen wir, diese Ratschläge aus heutiger Sicht zu betrachten. Marx' Axiome kann man beiseitelassen: Das sind philosophische Wahrheiten, die nur schwerlich in jeder konkreten Situation Anwendung finden. Die Ratschläge zu den Brücken, Postämtern, Telegrafen usw. sollte man sich dagegen genauer ansehen. Die Zeiten haben sich sehr geändert, der Telegraf ist Geschichte, die Post elektronisch, Brücken haben ihre Bedeutung verloren, aber es geht nicht nur um sie.

Das Erste, was aktuell war und bleibt, ist die Notwendigkeit, einen einheitlichen Raum der politischen Aktion aufrechtzuerhalten, den Aufstand nicht in einzelne Sektoren aufsplittern zu lassen, von denen jeder Einzelne dann erstickt werden kann. Lenin brauchte dafür Brücken, insgesamt aber sind die Hauptverkehrsknotenpunkte gemeint, die man isolieren und handschlagartig unter Kontrolle bringen muss.

Das zweite, noch wichtigere Moment ist, eine ungestörte Kommunikation zwischen den Aufständischen sicherzustellen. Unter heutigen Bedingungen ist dafür die Kontrolle der Internet-Provider und des Mobilfunks nötig, außerdem der Übertragungssysteme (Kontrollpunkte, Antennen und Sonstiges). Eine nicht mehr koordinierte revolutionäre Masse verwandelt sich rasch in eine unlenkbare Menschenmenge und wird zerrieben.

Drittens: Die Kontrolle der althergebrachten Massenkommunikationsmittel wie Fernsehen, Radio, Zeitungen, Druckereien bleibt so wichtig wie eh und je. Wo sie nicht unter Kontrolle gebracht werden können, sind sie zumindest zu neutralisieren.

Viertens: Es ist zu verhindern, dass das Regime die Repressionen verstärkt und Führungspersonen aus der Menschenmenge herausgreift. Zu diesem Zweck sind in erster Linie die Gefängnisse und Polizeiabschnitte zu blockieren. Auf die Freilassung zuvor festgenommener Genossen ist hinzuarbeiten.

Fünftens: Es bleibt wichtig, Kampfgruppen aus gut ausgebildeten und nach Möglichkeit bewaffneten Jugendlichen zu bilden, die sich den Maßnahmen der staatlichen Gewalt zumindest teilweise widersetzen und der Hauptmasse Deckung geben können. Die Ausbildung und Bewaffnung dieser Gruppen mit Beutewaffen oder solchen aus eigener Produktion (Molotow-Cocktails und Ähnlichem) ist eine wichtige Aufgabe.

Revolution ist eine ernste Sache. Man darf nie so tun als ob. Wenn du dir nicht sicher bist, spiel nicht Geschichte. Bist du nicht bereit, bis zum Ende zu gehen, dann bleib zu Hause und zettel keine Bewegung an. Ruf die Menschen nicht auf die Straße, wenn du nicht weißt, auf welcher Straße und wohin sie gehen sollen, und wenn du nicht bereit bist, selbst voranzuschreiten. Aber hast du sie einmal gerufen, dann weiche nicht zurück, auch nicht vor Opfern, sonst werden es noch mehr Opfer werden und vor allem werden sie vergebens gewesen sein. Wenn du dich dazu fähig fühlst, dann bereite dich vor. Revolution ist ein Beruf. Wie jeder Beruf mag sie keine Dilettanten. Sich vorbereiten heißt auch, die Sache zu Ende zu denken, ohne Furcht vor den Schlussfolgerungen, die grausamer werden können, als wir alle es uns wünschen.

KAPITEL 5
Wie organisiert man die neue Macht: Konstitutionelle oder Verordnungs-Demokratie?

Ein ehrlicher und grundsatztreuer Mensch mit kritischer Einstellung zum Regime in Russland wird zu Recht fragen: Wo ist das Problem beim Übergang von einem schlechten autoritären zu einem guten demokratischen Staat?

Und tatsächlich, auf den ersten Blick sieht alles ganz einfach aus. Nachdem die Kräfte der Demokratie auf die eine oder andere Art gesiegt haben, müssen sie als Erstes eine konstituierende Versammlung einberufen. Sodann ist eine neue Verfassung zu verabschieden oder zumindest die alte von sämtlichen verfassungswidrigen Änderungen zu befreien. Und danach sind freie Wahlen zu den neuen Organen der demokratischen Macht abzuhalten. Grob gesagt, ist das schon alles. Doch die Realität ist etwas komplizierter. Sieht man sich diesen Plan genauer an, tauchen viele praktische Fragen auf, die man besser im Voraus erörtert.

Der gesunde Menschenverstand legt nahe, dass selbst unter günstigsten Umständen alle drei grundlegenden Schritte zur Konstituierung der neuen Macht (Einberufung der konstituierenden Versammlung, Anpassung der Verfassung an die demokratischen Prinzipien und Abhaltung freier Wahlen zu den neuen Machtorganen) nicht an einem Tag, nicht einmal in einem Monat durchzuführen sind. All das braucht mindestens ein Jahr oder mehr. Und das unter idealen Umständen, die offensichtlich nicht gegeben sein werden.

Diese Umstände müssen genauer betrachtet werden, denn sie haben ganz entscheidende Bedeutung. Man muss kein Prophet sein, um vorauszusagen, dass nach Putins Weggang sehr viele dennoch ihrer Gewohnheit folgen werden, auf putinsche Art zu leben. Das bedeutet, dass die realen Veränderungen im Leben Russlands sehr viel langsamer erfolgen werden, als wir es gern hätten.

Wir unterschätzen oft die Beharrungskraft der Gesellschaft. Die Menschen klammern sich gern an das, was sie seit langen Jahren gewohnt sind. Die Folge ist, dass altersschwache Institutionen, die unter der Last von Korruption und Ineffektivität eigentlich von selbst zusammenbrechen sollten, weiter funktionieren. Das System beweist eine erstaunliche Vitalität. Wenn aber die Trägheit ausgeschöpft ist (und ewig kann sie nicht anhalten), kommt es zu einem abrupten und schwer steuerbaren Systemzusammenbruch. Je größer die Trägheit und je länger sie dauert, desto riskanter können die Erfahrungen der Übergangsperiode sein.

Womit hat jede provisorische Regierung zu rechnen, die vor der Aufgabe steht, Russland einerseits aus der Vergangenheit herauszuholen und es andererseits auf die Zukunft vorzubereiten?

1. mit einem heftigen Anstieg der Armut bei sich verschärfendem Haushaltsdefizit und begrenzten finanziellen Manövriermöglichkeiten

2. mit einer Verstärkung der Desintegrationsprozesse und Zunahme von separatistischen Stimmungen

3. mit Sabotage und Widerstand der alten Eliten, insbesondere der Gewaltorgane

4. mit Flucht des direkt oder indirekt mit dem alten Regime verbundenen Kapitals

5. mit einer Zunahme der Kriminalität, auch wegen der einsetzenden Eigentumsumverteilung

6. mit einer Verschlechterung der internationalen Situation, weil die innere Schwäche unweigerlich eine Verstärkung des Drucks von außen provoziert.

Bei einem ungünstigen Zusammentreffen der Umstände können all diese Faktoren den »idealen Sturm« verursachen. Die provisorische Regierung, wie gut ihre Absichten anfangs auch gewesen sein mögen, wird sich bald in der Lage einer Regierung der Ausnahmemaßnahmen wiederfinden. Zwei Tagesordnungen werden einander überlagern und gegenseitig behindern: das Ziel der Umbildung, das darauf abzielt, in Russland die Voraussetzungen für eine stabile, verfassungsmäßige Regierung zu schaffen, und die Notfallmaßnahmen, die darauf abzielen, den eroberten politischen Raum zu sichern, den Widerstand der alten gesellschaftlichen Kräfte zu unterdrücken und die allgemeine sozialökonomische und politische Situation im Land zu stabilisieren.

Politik ist ein unaufhörlicher Prozess. Wird dieser Prozess unterbrochen, und sei es nur für wenige Tage, ganz zu schweigen von Wochen und Monaten, dann dringt in die entstandene Lücke unweigerlich das Chaos ein. Wir sprechen hier von einer Periode von ein bis zwei Jahren. Eine Zeit der Wirren und Regierungslosigkeit könnte für Russland ein noch übleres Regime zur Folge haben als das putinsche. Berücksichtigt man das nicht vorher, dann wird vielleicht irgendjemand die herrenlose Macht einfach in seine Hände nehmen. Ob er sie dann noch teilen will, ist die Frage.

Aus praktischer Sicht hängt der Erfolg der Veränderungen in vielerlei Hinsicht weniger davon ab, wie die konstituierende Versammlung funktioniert, als vielmehr davon, wie effektiv die Regierung arbeitet, die am ersten Tag der Revolution entsteht und das Land so lange führen wird, bis sie von einer neuen, aus freien Wahlen hervorgegangenen Regierung abgelöst wird. Diese provisorische Regierung muss die Lücken zwischen dem Beginn der demokratischen Veränderungen und ihrer ersten institutionellen Verkörperung füllen. Es ist heute wichtiger, die Ziele und Aufgaben der provisorischen Regierung zu erörtern, als die künftigen Neuerungen der Verfassung zu diskutieren. Darüber zu streiten wird auch in der konstituierenden Versammlung noch Zeit sein, die provisorische Regierung aber muss auf Anhieb funktionieren.

Der Ausdruck »nach Putin« ist ziemlich abstrakt. »Nach Putin«

kann sowohl zu Lebzeiten Putins als auch viele Jahre nach seinem Tod bedeuten. Nicht ausgeschlossen, dass nach Putin genauso ein Putin wie er an die Macht kommt, womöglich in noch bösartigerer Ausführung. Und so könnte sich das einige Male wiederholen. Das Regime der Bolschewiki, dem seine Gegner fast Jahr für Jahr den Sturz prophezeiten, hat sich fast 70 Jahre gehalten. Eine andere Sache ist, dass dies nicht ewig so gehen kann. Irgendwann fällt die Entscheidung, der Zivilgesellschaft Zutritt zur Politik zu gewähren. Von da an läuft die Übergangszeit.

In gewissem Sinne ist es völlig unerheblich, wer die ersten Schritte tut und wie er sie tut. Das kann einer aus der Reihe der Nachfolger sein, der, wie Gorbatschow, erklärt, so könne man nicht weiterleben, und der vorsichtig die Schrauben lockert. Es kann auch ein »Klassenverräter« wie Jelzin sein, der die Spitze der Macht erklommen hat und eine »Revolution von oben« durchsetzt. Nicht ausgeschlossen ist schließlich auch, dass es eine Koalition demokratischer Kräfte sein wird, die eine »Revolution von unten« veranstaltet, auch wenn das in einem Polizeistaat wie Russland einstweilen wenig wahrscheinlich ist.

Das sind die drei unterschiedlichen Szenarien für Russland, seine drei unterschiedlichen Schicksale. Der erste Akt aber wird immer gleich aussehen. Wie aus dem Nichts entsteht eine Regierung, die mit der Demontage des alten, streng von oben nach unten errichteten Systems beginnt, und das »Untere« (die Zivilgesellschaft) in den politischen Prozess einbezieht. Diese Regierung hat nicht mehr die »Legitimität der Ruhe«, aber auch noch nicht die neue »Legitimität der Bewegung«. Ihre Lebensdauer ist befristet, dabei hat sie die schwerste und wichtigste Arbeit zu leisten – den Wandel unumkehrbar zu machen und das Land vor der Zerstörung zu bewahren. Ihre Mission wird erreicht sein, wenn die Regierung der neuen verfassungsmäßigen Mehrheit gebildet ist.

Die historische Erfahrung – sowohl Russlands als auch die anderer Länder – zeigt, dass der Vertrauensvorschuss, den die Bevölkerung den demokratischen Kräften gewährt, die mit Reformen im Land beginnen, höchstens für zwei Jahre reicht. Danach gibt es zwei Möglichkeiten. Entweder muss man abtreten, um die Macht einer neugewählten Regierung zu übergeben (die ihren Vorgängern nur selten wohlgesinnt ist), oder man behält die Macht mit »revolutionärer Gewalt« und gegen den Widerstand einer immer ablehnender gegen die Veränderungen eingestellten Masse.

Die zweite Variante ist der verbreitetste Weg, aber ihn zu gehen heißt in der Regel auch, die Pläne einer Demokratisierung bis zur nächsten historischen Gelegenheit zu vergessen. Genau das ist in Russland zwei Jahre nach der allgemeindemokratischen Revolution des Jahres 1993 passiert. Seine Verfassung bekam Russland mit dem Panzer, der das erste Parlament des neuen Russland zerschossen hat. Deshalb muss man, so schwer es auch fällt, spätestens zwei Jahre nach Beginn der ersten Schritte im grünen Bereich sein.

Es ist daher die historische Mission der provisorischen demokratischen Regierung, die nach dem Ende des Putin-Regimes an die Macht kommt, die demokratischen Prozesse in Russland neu zu starten und alles für die Bildung einer ständigen, das heißt gesetzlich gewählten, verfassungsmäßigen Regierung vorzubereiten. Das Problem ist allerdings, dass sie diese Mission unter widrigsten Bedingungen erfüllen muss. Eine der größten Herausforderungen der Übergangszeit nach jeder Art von langer autoritärer Herrschaft ist der praktisch unvermeidliche Absturz sowohl der Wirtschaft als auch der Politik. Die zweite, nicht minder wichtige Mission der provisorischen Regierung besteht deshalb darin, ein Versinken der Gesellschaft im Chaos abzuwenden.

Mit hoher Wahrscheinlichkeit lässt sich sagen, dass keine provisorische Regierung in der Lage sein wird, hohe demokratische Standards zu gewährleisten. Mehr noch, in der Anfangszeit wird man womöglich alte dekorative Institutionen wie die Duma oder den Föderationsrat demontieren müssen. Äußerst schwierig wird die Frage der Gerichte werden, denn hier stehen zum einen Unabsetzbarkeit und Unabhängigkeit, zum anderen die Notwendigkeit einer radikalen Säuberung der korrupten Kader des alten Regimes und zum Dritten die Rechte der Straftäter, Verdächtigen und Opfer gegeneinander. Gleichzeitig wird die Regierung die Entwicklung hin zur Demokratie unterstützen und verhindern müssen, dass sich zeitweilige Einschränkungen verfestigen. Sie muss die Einberufung und die reale Tätigkeit der konstituierenden Versammlung, die Verabschiedung einer neuen Verfassung und die Durchführung freier Wahlen sichern.

Wie muss die Regierung organisiert sein, die sich auf diesen in verschiedenen Richtungen verlaufenden Bahnen wird bewegen müssen? Im Idealfall wird es eine Regierung der nationalen Einheit sein, die unterschiedliche politische Kräfte repräsentiert und sich auf einen Konsens der Zivilgesellschaft stützt. So etwas wie der »Koordinationsrat der Opposition«, versehen mit Machtbefugnissen. Im realen Leben ist dieses Ideal praktisch unerreichbar. Erstens wird es zu Beginn der Bewegung im Land keine klar formierten politischen Kräfte geben, die die Zivilgesellschaft, auf die man sich stützen könnte, real vertreten. Statt ihrer sehen wir eine Vielzahl politischer Gruppen mit unklaren Zielen und fragwürdiger Legitimität. Zweitens, selbst wenn jemand dieses politische Kaleidoskop zur Basis der Bildung einer provisorischen Regierung machen wollte, hätte er keinen Erfolg damit (so wie das beim »Koordinationsrat« von 2012 der Fall war). Drittens sollte derjenige, der die Macht am Anfang in Händen hält, eine sehr starke Motivation haben, diese Macht mit anderen teilen zu wollen. In Russland hat bislang niemand eine solche Großherzigkeit an den Tag gelegt – es wäre bizarr, sie in der Zukunft zu erwarten.

Wie wünschenswert also die Bildung einer revolutionären provisorischen Koalitionsregierung, die von Anfang an ein erhebliches Spektrum der Zivilgesellschaft abbildet, auch wäre, sie ist doch in der Praxis wenig wahrscheinlich. Die Macht wird vermutlich in den Händen einer einzigen politischen Kraft bleiben – entweder der Reformatoren von oben oder der Revolutionäre von unten. Und diese Kraft wird weder Zeit noch Lust haben, ihre Macht zu zerpulvern.

Dadurch wiederum wächst das Risiko erheblich, dass die unvermeidliche provisorische Diktatur der Revolution in ein langfristiges Projekt entartet. Was kann man unternehmen, damit der Prozess der Demokratisierung und des Wechsels in verfassungsmäßige Bahnen nicht ins Stocken gerät? Der gesunde Menschenverstand legt nahe, dass dafür eine Art Kräftebalance notwendig ist, die die Tätigkeit der provisorischen Regierung ausgleicht. Wo wäre ein solches Gegengewicht zu finden? Praktisch alle dekorativen repräsentativen Vertretungen der alten Macht haben sich diskreditiert oder überlebt. Zudem werden sie beim Beginn der revolutionären Umwälzungen in ihrer Masse konterrevolutionär eingestellt sein und keine Hilfe leisten können. Höchstwahrscheinlich wird man die Tätigkeit der Staatsduma und des Föderationsrates in der Form, wie sie heute existiert, überhaupt beenden müssen. Die rasche Abhaltung von Wahlen zu neuen repräsentativen Organen ist nicht möglich. Dafür braucht es mindestens Monate, während doch jeder Tag zählt.

Eine mögliche Lösung legt uns, so seltsam das scheint, das jetzige Regime selbst nahe. In seinem Bemühen, die Macht des Führers auf ewig zu sichern, hat es ein quasi-repräsentatives Gremium erfunden und sogar in der Verfassung legalisiert – den Staatsrat. Dieses Organ war als Mechanismus gedacht, um jegliche Veränderungen vollkommen einzudämmen. Besetzt man es jedoch mit anderen Personen, die nach anderen Grundsätzen ausgesucht sind, wird sich der konterrevolutionäre Mechanismus in einen revolutionären verwandeln.

Der Staatsrat, der sich praktisch auf der Stelle umformatieren lässt, wenn man ihn auf Weisung besagter provisorischer Regierung mit Vertretern der Zivilgesellschaft und der Regionen füllt, kann für eine Übergangszeit zum mäßigenden politischen Machtzentrum werden. Er kann vorübergehend die Funktion eines außergewöhnlichen gesetzgebenden Organs und eines Kontrollorgans für die Tätigkeit der provisorischen Regierung erfüllen. Dabei ermöglicht er eine gewisse verfassungsmäßige Kontinuität zwischen alter und neuer Macht. Der Staatsrat kann provisorische Dekrete erlassen, die die rechts-normative Basis für die Arbeit der Regierung in der Übergangszeit bilden.

Wie der Staatsrat zu bilden ist, wäre Thema für eine längere und eigene Diskussion, die erst dann sinnvoll geführt werden kann, wenn die allgemeinen Umrisse des Transits bekannt sind. Eines jedoch steht außer Zweifel: Wenn der Übergang auf die harte Art erfolgt, dann wird die einzig legitime Grundlage für die Bildung des Staatsrats die Regionalvertretung sein, weil die Legitimität aller anderen Institutionen der Macht fragwürdig ist. Der Staatsrat wird sich dann aus den Reihen der Regionalbevollmächtigten zusammensetzen, die von den lokalen gesetzgebenden Versammlungen gewählt oder ernannt werden. Klar ist auch, dass dieser Staatsrat für die normale operative Arbeit ein kompaktes Leitungsorgan wird bilden müssen, das auf ständiger Basis fungiert.

In einer solchen Konfiguration »provisorische Regierung – Staatsrat« muss das Machtsystem so lange arbeiten, bis die konstituierende Versammlung einberufen, ihre Tätigkeit gesichert, eine neue Verfassung und die Wahlgesetze verabschiedet und freie Wahlen zu den neuen, nunmehr verfassungsmäßigen Machtorgangen abgehalten worden sind. Für all das sollten nicht mehr als zwei Jahre nötig sein. Andernfalls wird die russische Geschichte in einen neuen totalitären Zirkel eintreten.

KAPITEL 6
Wie beendet man den Krieg: Kampf bis zum siegreichen Ende, Kapitulation oder Suche nach einem Kompromiss?

Dieses Kapitel entstand praktisch fast ein Jahr, bevor sich die größte geopolitische Katastrophe Russlands seit hundert Jahren ereignet hat – der Krieg gegen die Ukraine. Und so seltsam das ist, es bedarf fast keiner Korrekturen.

Die provisorische Regierung, die die Demontage des Regimes zu leisten hat, wird eine Vielzahl von Problemen bewältigen müssen. Aber schon heute ist klar, dass ihre wichtigste Aufgabe darin besteht, diesen Krieg mit der Ukraine – und de facto dem Westen – zu beenden, in den das Putin-Regime Russland hineingezogen hat.

Der Krieg mit der Ukraine ist nur die Spitze des Eisbergs der globalen Konfrontation mit dem Westen, die so weit getrieben wird, wie die Kräfte reichen. Der Militarismus ist das Wesen des Putin-Regimes. Es hat keine andere Möglichkeit, sich im Inneren zu stabilisieren, als ständig Kriege mit imaginierten äußeren und inneren Feinden zu führen. Der Krieg ist der Preis für die Korruption. Die Bande korrupter Abenteurer, die die Macht in Russland am Anfang des Jahrhunderts an sich gerissen und usurpiert hat, kann sie nicht ohne Krieg halten, sie führt diesen Krieg in ihren engen Clan-Interessen.

In einem Zustand des Kalten Krieges mit dem Westens hatte Russland sich schon seit Putins Münchener Rede befunden. Im Februar 2022 wurde dieser Krieg zu einem heißen. Bislang wird er noch in den Grenzen der Ukraine geführt. Doch man mache sich nichts vor – die Ukraine ist nur das Erste der ins Auge gefassten

Ziele. Der Kreml braucht diesen Krieg, um das faschistische Regime in Fahrt zu halten; es ist ein imperialistischer, verbrecherischer und selbstverständlich ungerechter Krieg. Doch abgesehen von dem Schmerz und den Leiden, die er dem ukrainischen Volk zufügt, dem Leid, das er den Familien der in einem unnötigen und verbrecherischen Krieg getöteten und verwundeten russischen Soldaten bringt, presst dieser Krieg das Land aus, beraubt es der Ressourcen, die für seine Entwicklung nötig wären, und zerstört Russlands eigene Zukunft. Ohne diesen sinnlosen und kräftezehrenden Krieg zu beenden, ist jedes Umschalten auf eine konstruktive, positive und sozial orientierte Tagesordnung unmöglich. Nun ist es viel leichter, einen Krieg anzufangen, als ihn zu beenden. Für jede beliebige provisorische Regierung in der Übergangszeit wird dies eine ernste Herausforderung sein. Auch deshalb, weil eine unkluge und unbedachte Beendigung des Krieges politisch nicht weniger gefährlich wäre als seine Fortsetzung.

In der Theorie gibt es drei Möglichkeiten, einen Krieg zu beenden: siegen, kapitulieren oder eine Kompromisslösung finden. Im jetzigen Krieg mit der Ukraine den Sieg zu erstreben ist verbrecherisch und amoralisch. Es wäre zudem utopisch, wenn wir die reale Natur dieses Krieges und sein Endziel verstehen, den Westen zu besiegen. Wenn dies dem Regime auf dem Höhepunkt seiner Macht nicht gelungen ist, dann wird es die provisorische Regierung in der für die Übergangsperiode natürlichen Rezession und politischen Instabilität erst recht nicht schaffen. Deshalb bleiben als reale Optionen nur zwei Strategien – die bedingungslose Kapitulation oder die Suche nach mehr oder weniger akzeptablen Friedensbedingungen. Das Problem ist allerdings, dass nach all dem, was das Putin-Regime angerichtet hat, die Aushandlung von Bedingungen überhaupt sehr schwierig sein wird.

Mit der Entfesselung des Krieges hat Putin das Thema »Russische Welt« von der praktischen Tagesordnung genommen. Die russische Welt wird von nun an einzig und allein mit Aggression assoziiert werden, wobei Moskau nicht weiter die Rolle seines Zentrums spielen kann. Man muss sich die Folgen des Geschehens klar und deutlich machen und darf den Kopf nicht in den Sand stecken. Putin hat die russische Kultur, die russische Zivilisation von einer Kultur mit Weltgeltung in eine regionale verwandelt. Dieser Wechsel ist, nach allem zu urteilen, endgültig; er ist geschichtlich nicht mehr rückgängig zu machen. Eine eigene Frage vor dem allgemeinen Hintergrund ist die Verwandlung der russischen Orthodoxie in eine »lokale«, im engeren Sinne lokale Religion ohne Anspruch auf universale Vorbildfunktion und die Rolle eines »Dritten Rom«. Das ist die Welt, in der wir leben werden, unabhängig davon, ob Putin existiert oder nicht. Selbst wenn Putin verschwindet, ändert sich daran nichts.

Es gibt aber noch schwerwiegendere Folgen. Nachdem sie Zeugen der putinschen Aggression geworden sind, werden sehr viele Länder, darunter praktisch alle Nachbarn Russlands, Sicherheitsgarantien in einer Aufteilung Russlands suchen. Die Gefahr, dass Russland zerfällt, ist die Folge des putinschen Krieges, mit der es die provisorische Regierung in erster Linie zu tun haben wird. Der einzige Weg, um Russland als einheitlichen, souveränen Staat zu erhalten, sind vorbeugende Maßnahmen in jeder Richtung. In erster Linie Frieden zu schließen mit allen in den Konflikt einbezogenen Parteien und die Föderalisierung durchzuführen. Die Föderalisierung ist ein Thema für sich, aber über den Frieden ist an dieser Stelle zu sprechen.

In Kreisen der liberalen Opposition ist ein vereinfachter Blick auf dieses Problem populär, der darauf hinausläuft, einfach alles rückgängig zu machen, was Putin getan hat. Putin hat den Krieg in der Ukraine angefangen – also ist er unverzüglich zu beenden. Putin hat mit der Aufstellung von Mittelstreckenraketen den Abrüstungsvertrag gebrochen – sie sind sofort zu zerstören. Putin hat Militärstützpunkte in Afrika errichtet – sie sind deshalb zu schließen und alle Truppen abzuziehen. Und so weiter.

In der ursprünglichen Fassung des Buches, die ich vor dem Krieg schrieb, wurden hier Lösungsmöglichkeiten am Beispiel des Krim-Problems erörtert, doch der Krieg hat viel verändert. Heute hat die Konfrontation die russische Gesellschaft so tief gespalten, die Propaganda und die Mobilisierung haben das Bewusstsein der Menschen so stark beeinflusst, dass an längerfristige, allmähliche Lösungen gar nicht mehr zu denken ist. Das vereinfacht die Situation in diesem konkreten Fall sehr: Ein realer Regimewechsel in Russland ist nur bei einer militärischen Niederlage möglich, das heißt, das Problem der Krim, wie überhaupt das Problem der Beendigung des Krieges, wird zwangsläufig in einem Friedensvertrag geregelt werden. Ich kann mir einstweilen schwer vorstellen, dass die Ukraine bereit sein wird, einen solchen Vertrag ohne die vollständige Wiederherstellung ihrer Souveränität über die Gebiete in den international anerkannten Grenzen von 1991 zu erlangen. Natürlich, möglich ist alles, doch ohne militärische Niederlage des Putin-Regimes wird seine Ablösung in überschaubarer Zukunft nicht erfolgen.

Die militärische Niederlage bedeutet die Beendigung des Krieges und die Lösung des Problems der annektierten Territorien in der einen oder anderen Form. Dabei wird der Friedensvertrag allein noch nicht bedeuten, dass die Vorkriegssituation wiederhergestellt wird. Die Spaltung zwischen unseren Völkern, zwischen Russland und Europa, ist riesig, und keine Regierung wird sie in kurzer Zeit heilen können. Erst recht keine provisorische Regierung, der die Legitimität, die notwendige Zeit und das Vertrauen abgehen. Die unausweichliche wirtschaftlich-politische Krise als Folge der militärischen Niederlage und des dramatischen Zusammenbruchs der Wirtschaft wird die provisorische Regierung dazu zwingen, entweder die aktuellen Aufgaben mit allen zur Verfügung stehenden Mitteln zu bewältigen oder aber selbst zu stürzen und Nationalradikalen und sonstigen Populisten zu weichen. Gleichzeitig wird die Regierung der Ukraine gezwungen sein, ebenso hartnäckig Mittel für den Wiederaufbau ihres Landes zu fordern, und eine einfache Antwort, wie hier zu verfahren ist, gibt es nicht. Heute kann man mit Sicherheit sagen, dass die blockierten Mittel von 300 Milliarden Dollar, einschließlich der ausländischen Aktiva putinscher Oligarchen, höchstwahrscheinlich und leider völlig gerechtfertigt zur Beseitigung der Kriegsfolgen verwendet werden. Ich würde mich sehr wundern, wenn die Ukraine sich damit zufrieden gibt. Gleichzeitig werden die Bewohner Tatarstans und des Fernen Ostens, Woroneschs und Transbaikaliens wohl kaum ihre Zustimmung dazu geben, dass sie – und nicht die putinschen Oligarchen – dafür noch weiter verarmen sollen.

Jemand wird sagen: All das lässt sich doch verhandeln. Gewiss. Aber erstens brauchen die Verhandlungen Zeit, die sehr knapp sein wird; und zweitens führen Verhandlungen nicht unbedingt zu einer Einigung. Nach all dem, was unter Putin zwischen Russland und der Ukraine – oder im weiteren Sinne zwischen Russland und dem Westen – geschehen ist, wird die Gegenseite wenig Bereitschaft zu einem Kompromiss verspüren. Russland wird eher auf totalen und ernsthaften Druck stoßen. Zumindest spricht dafür die Erfahrung der 1990er-Jahre. Niemand hat damals Russland einen »Marshall-Plan« angeboten und wird es auch jetzt kaum tun. All das führt dazu, dass die »Wiederherstellung der Gerechtigkeit«, ein scheinbar völlig logischer Schritt, für die einen ein Segen, für die anderen dagegen eine Erschütterung und Ungerechtigkeit sein wird.

Hier kann man zum zweiten Aspekt des Problems der Restitution übergehen; dem politischen. Wird sie in der russischen Gesellschaft selbst populär sein, zumindest in dem Teil, der bereit ist, die provisorische Regierung in ihrem Bestreben nach Demontage des Putin-Regimes zu unterstützen? Wohl kaum. Besonders wenn die humanitären Folgen der Restitution sich sofort bemerkbar machen. Mit hoher Wahrscheinlichkeit wird sie zu akut wachsender Unzufriedenheit führen, und das werden die Kräfte der Reaktion unverzüglich nutzen. Im Ergebnis wird die provisorische Regierung sich nicht einmal wenige Monate an der Macht halten können. Politik ist die Kunst des Möglichen. Auf diese einfache Weise aus dem von Putin entfesselten Krieg mit dem Westen herauszukommen – durch das Eingeständnis, dass wir im Unrecht waren und alles zurückgeben – wird vermutlich nicht gelingen.

Viele Anhänger einfacher Lösungen verweisen auf den Frieden von Brest-Litowsk, den die Bolschewiken mit Deutschland schlossen. Sie gehen davon aus, dass nach der Demontage des Regimes Russland vergleichbare Abkommen mit allen schließen sollte, gegen die Putin Krieg geführt hat. Allerdings ist der Brester Frieden ein schlechtes Beispiel. Die Bolschewiken handelten unter dem Druck extremer höherer Gewalt. Jede andere Entscheidung hätte sie die Macht gekostet. Dabei waren sie bereit, bei nächstbester Gelegenheit alle Vereinbarungen aufzuheben, was buchstäblich wenige Monate später, nach dem Ausbruch der Revolution in Deutschland, der Fall war. Unter Ausnutzung des allgemeinen Chaos holte sich die Moskauer Regierung zurück, was sie abgegeben hatte; unter anderem zertrat sie die Unabhängigkeit der Ukraine, die infolge der Brester Verträge entstanden war. Ohne die Revolution in Deutschland hätte das Abenteuer der Bolschewiken völlig andere Folgen zeitigen können.

Allem Anschein nach wird das einzig effektive Szenario eine Bewegung nach vorn, nicht nach zurück sein. Zweifellos ist Mut dafür nötig, Fehler einzugestehen und die Dinge beim Namen zu nennen, auch Verbrechen als Verbrechen zu bezeichnen. Personen, die Straftaten begangen haben, müssen in vollem Umfang zur Rechenschaft gezogen werden. Aber der Ausweg aus der Situation wird über die Anerkennung der neuen Realität führen müssen, die sich heute herausgebildet hat. Das ist keine leichte Aufgabe: Für jeden konkreten Einzelfall wird man die Balance zwischen Wiederherstellung der alten Gerechtigkeit und der Schaffung einer neuen Ungerechtigkeit finden müssen, zwischen der Akzeptanz des politisch Notwendigen und dem Verzicht auf das politisch Unmögliche.

Ein wahrscheinlicher Kompromiss für die Übergangszeit wird schon das Eingeständnis sein, dass es überhaupt ein Problem gibt, und die Bereitschaft, daran zu arbeiten.

Der Verzicht auf das putinsche Erbe bedeutet leider nicht, dass man es einfach ignorieren könnte. Der Krieg ist eine neue Realität, und ein Ausweg aus ihm muss organisiert und wohlbedacht sein. Bei dieser Arbeit sind einige wichtige Grundsätze zu beachten, und zwar:

» Man kann alte Probleme nicht durch die Schaffung von neuen lösen.

» Das politisch Wünschenswerte ist vom politisch Möglichen zu trennen.

» Die Interessen des putinschen Regimes sind sorgfältig von den nationalen Interessen Russlands zu trennen; eine »Deputinisierung« darf nicht auf Kosten der letzteren erfolgen.

» Jeder Fall hat seine Eigenheiten und ist gesondert zu betrachten; universale standardisierte Lösungen sind nicht erstrebenswert.

» Für viele Probleme gibt es einfach keine historisch bewährten Lösungen; sie müssen neu erdacht werden.

Die Lösung vieler Probleme wird Zeit und politischen Willen erfordern.

KAPITEL 7
Wie unterdrückt man die innere Konter-revolution: Lustration oder Besserung?

Russland hat einen schweren Rückfall in die sowjetische Vergangenheit hinter sich und schien schon jenseits des Point of no Return zu sein. Die Ereigniskette: Jelzins Installierung von Putin als Nachfolger, allmähliche Usurpation der Macht durch Putin, folgende Konterreformen, de facto Rückkehr zur Staatskontrolle über die Wirtschaft, jedoch in mittelbarer, »mafiöser« Form (das heißt noch schlimmer als zu Sowjetzeiten) – das alles hat dazu geführt, dass ein Vierteljahrhundert nach der gorbatschowschen Perestroika Russland nicht nur zum Anfangspunkt des Weges zurückgekehrt ist, sondern nach vielen Parametern noch mehrere Jahrzehnte weiter zurückgeworfen wurde.

Diese sowjetische Restauration wirft in praktischer Hinsicht die Frage nach der Stärke der Reaktion auf, die jede beliebige Reform oder Revolution ersticken und ihre eigenen Rechte wiederherstellen will. Es bedarf keines Nachweises, dass sowohl Putin selbst als auch seine engere Umgebung Vertreter der zweiten und dritten Reihe der Sowjetnomenklatur sind (die erste Reihe erleidet in der Regel die höchsten Verluste und ist nicht mehr in der Lage, die eigenen Positionen wiederherzustellen). Diese Menschen hatten sich zunächst zurückgezogen und warteten die passende Gelegenheit ab, um aus ihrem Versteck zu kommen und die Werte und Algorithmen der Regierungsart wiederherzustellen, die ihnen aus ihrer Jugend wohlvertraut waren. Selbstverständlich angepasst an moderne Verhältnisse – vor allem, was die persönliche Bereicherung angeht.

Gewiss ist das keine Ausnahmeerscheinung. Nie und nirgendwo führt der Machtantritt der provisorischen Regierung zum sofortigen Verschwinden der Kräfte, die mit dem alten Regime verbunden waren. Einige werden von der Macht entfernt werden, aber viele werden bleiben. Und sie bleiben nicht nur einfach, sondern sie behalten ihr Geld, ihr Gefolge, ihre Beziehungen und ihr sonstiges ökonomisches und soziales Kapital. Sie – genauer gesagt, ihre zweite und dritte Reihe – werden auch den geeigneten Moment abwarten, um ihre Positionen zurückzuerobern. Deshalb hat jede neue Macht dafür zu sorgen, dass sie von der alten nicht zerdrückt wird. Aber wie lässt sich das erreichen? Wo sind die Grenzen der notwendigen politischen Verteidigung zu ziehen? Welche Linie darf man nicht überschreiten, ohne dass die Abwehr des alten Terrors zur Bildung eines neuen Terrors führt? Wann ist es mit der Unterdrückung der inneren Konterrevolution genug?

Diese Fragen stellen sich heute viele nicht in abstrakter Hinsicht, sondern in Bezug auf die jüngste historische Erfahrung. Mit durchdringendem Blick auf die 1990er-Jahre wollen die Menschen verstehen: Was wurde versäumt? Was wurde falsch gemacht, warum ist die Sowjetunion zurück? Eine sehr populäre Antwort lautet: weil wir keine Lustration durchgeführt haben. Angesichts der heutigen politischen Situation scheint der Verzicht auf die Lustration tatsächlich ein unbestreitbares Versäumnis zu sein. Ich würde mich aber vor voreiligen Schlüssen hüten.

Ganz allgemein gesehen bedeutet Lustration, dass die Vertreter der alten Eliten in ihren Rechten beschnitten werden. Je nachdem, wie weit der Kreis der Betroffenen reicht und welche Rechte ihnen entzogen werden, kann dieser Prozess mehr oder weniger hart sein. Was Russland angeht, so waren es die Bolschewiken, die nach der Revolution die umfassendste Lustration durchgeführt haben. Sie wandten repressive Maßnahmen gegen Millionen Menschen an, die zu den sogenannten privilegierten Schichten des alten Russland gehörten (Adlige, Geistliche, Militärs, Kulaken und andere). Ein beträchtlicher Teil von ihnen wurde in irgendeiner Weise repressiert oder liquidiert, Millionen weiterer wurden das Recht auf bestimmte Ämter, der Zugang zu vielen Berufen verwehrt und ihren Kindern die Möglichkeit der Ausbildung entzogen usw.

Doch das ist ein extremes Beispiel. Nach den samtenen Revolutionen in Europa sind auch samtene Lustrationen zur Mode geworden. Sie waren weniger gründlich und sehr viel schonender, was den Druck auf die Vertreter der alten Eliten anging. Ganze soziale Schichten wurden von der Lustration ausgenommen. Es ging jetzt um Personen, die direkt mit dem Regime zusammengearbeitet oder in seiner Hierarche eine besondere Position eingenommen hatten. Das konnten Beamte sein (in erster Linie natürlich Mitarbeiter der Sicherheitsorgane und Geheimdienste), Richter, Geheimagenten und vergleichbare Kategorien. Die Liste der Betroffenen mochte sich von Land zu Land unterscheiden, das Prinzip blieb das gleiche – von der Repression gegen ganze soziale Schichten ging man über zu solchen gegen spezifisch berufliche und soziale Kategorien.

Natürlich werden sich im heutigen Russland nur wenige finden, die sich den »Roten Terror« zurückwünschen. Aber was die weichen Beschränkungen – wie in Osteuropa oder einigen Ländern des postsowjetischen Raums – angeht, herrscht eine andere Meinung vor. Ein erheblicher Teil der liberalen Intelligenz würde heute eine solche Maßnahme begrüßen. Dabei argumentiert man vor allem mit der Vergangenheit: In den Neunzigerjahren haben wir das versäumt – ihr seht ja, was daraus geworden ist. Doch bevor man sich fragt, ob das sinnvoll wäre, ist zunächst zu klären, ob es in Russland prinzipiell möglich ist. Und diese Frage ist nicht so einfach zu beantworten, wie man denkt.

Die sogenannte weiche Lustration zielt vor allem darauf ab, die automatische Reproduktion der Nomenklatura einer ziemlich geschlossenen Schicht von Staatsbediensteten zu durchbrechen, der es auf verblüffende Weise gelungen ist, ihre Positionen innerhalb jedes beliebigen Apparats nach jeder beliebigen Revolution zu restituieren. Beispiele gibt es viele, und sie alle zeigen, dass keine Lustration, jedenfalls nicht in den Ländern der ehemaligen UdSSR, dieses Problem hat lösen können.

Hier kann man erneut auf die Bolschewiken verweisen. Bereits Anfang der 1920er-Jahre, exakt drei Jahre nach der Revolution und dem Beginn des »Roten Terrors«, beklagte sich Lenin in Briefen an seine Kampfgenossen, dass es den Bolschewiken nicht gelungen war, das Problem der Säuberung des alten zaristischen Staatsapparats zu lösen; unter den sowjetischen Staatsbeamten bildeten sie die Mehrheit, und der neue Staatsapparat krankte noch mehr als der alte an allen bürokratischen Gebrechen. Der Gerechtigkeit halber ist festzustellen, dass der politische Widerstand der alten Eliten gegen die Bolschewiken letztlich doch gebrochen werden konnte, aber eher mithilfe des Terrors als durch Maßnahmen, die man zur Lustration im engeren Sinne zählen könnte.

Die jüngste Erfahrung der Ukraine bei der Lustration ist auch nicht gerade erbaulich. Erstens hat sich gezeigt, dass sich die Lustrationsgesetze in der Praxis nur unter großen und oft unüberwindlichen Hindernissen umsetzen lassen. Zweitens hat sich herausgestellt, dass es nach der Entfernung aller lustrationspflichtigen Staatsbeamten oft einfach nicht mehr möglich war, Schlüsselpositionen im Apparat der neuen Regierung zu besetzen. Dieser letzte Umstand ist der gemeinsame Nenner aller missglückten Versuche einer Lustration im postsowjetischen Raum; in den Ländern Osteuropas hingegen ist diese relativ gut gelungen.

Das Problem Russlands ebenso wie vieler anderer postsowjetischer Staaten ist, dass es dort eine kleine politische Klasse und überhaupt gebildete Schicht gibt. Die »Ersatzbank« für die Auffüllung der Positionen im künftigen Machtapparat ist daher sehr kurz. Die riesige Anzahl der notwendigen neuen Richter, Staatsanwälte, Polizisten und erst recht Bankiers, Finanzinspektoren usw. ist einfach nicht vorhanden. Und je weiter, desto schwieriger, denn die Arbeit im

Staatsapparat wird immer komplexer, die ihm übertragenen Funktionen werden immer weitreichender. Mit anderen Worten, die Lustration ist gut in der Theorie, in der Praxis bewährt sie sich nur selten. Selbst für die Bolschewiken mit ihrer Überzeugung, jede Köchin könnte den Staat lenken, war das ein unlösbares Problem. Es lief darauf hinaus, dass die Köchinnen zwar Chefinnen wurden, aber unter ihrer Leitung hauptsächlich die alten Fachleute arbeiteten. Im realen Leben muss eine Alternative für die Lustration gefunden werden.

Es gibt einen Ausweg. Tatsächlich können ein und dieselben Menschen unter völlig verschiedenen Bedingungen ganz unterschiedliche Resultate ihrer Tätigkeit zeigen. Die Aufgabe muss darin bestehen, nicht die Menschen, sondern die Matrize zu ändern, die die Parameter ihres Verhaltens bestimmt. Diese Aufgabe wiederum zerfällt in zwei große Teilaufgaben: die Entfernung der »Musterschüler« aus der Matrize und der Ausschluss inakzeptabler sozialer und politischer Praktiken.

Wie die bisherige Erfahrung zeigt, erschwert es die Situation nur, wenn man sozialen und Berufsgruppen ihre Rechte entzieht, ohne dass in der Gesellschaft Ersatz für sie vorhanden wäre. In der einen oder anderen Form integrieren sich die Vertreter dieser Gruppen dennoch in die neue gesellschaftliche Infrastruktur, und es ist die Gesellschaft, die schweren Schaden erleidet – sowohl moralisch als auch politisch. Hier mag ein stärker personenbezogenes Herangehen nützlich sein, das es erlaubt, die widerwärtigsten Figuren für einige Zeit aus dieser Infrastruktur auszuschließen. Gemeint sind damit selbstverständlich nicht jene, gegen die ausreichende Beweise für schwere Straftaten vorliegen. Solche Personen müssen unter Wahrung aller verfassungsmäßigen Garantien vor Gericht gestellt werden.

Es geht vielmehr um Personen, die nicht im Verdacht besonders schwerer Verbrechen stehen, die aber als Schlüsselfiguren für das Funktionieren des verbrecherischen Regimes wichtig waren. Es geht um die Sponsoren, Propagandisten, Leiter der entscheidenden Abteilungen im Unterdrückungsapparat. Sie alle vor Gericht zu stellen wäre sehr aufwendig, wenn es denn überhaupt möglich ist; ihnen die weitere politische Betätigung zu erlauben wäre gefährlich. Einen Ausweg bilden gezielte persönliche Sanktionen, die auf jeden Fall humaner sind als eine Lustration nach beruflichen und sozialen Merkmalen. Es geht hier um eine Art »internen Magnitski-Act«, der es erlaubt, die »Musterschüler« des Regimes zeitweise aus der gesellschaftlichen Infrastruktur zu entfernen.

Doch das allein reicht natürlich nicht. Entfernt man einfach nur die »Musterschüler«, dann werden die zweit- und dritteifrigsten darauf dringen, an die erste Stelle zu rücken. Deshalb müssen die Maßnahmen gegen die innere Konterrevolution ergänzt werden durch ein Verbot der Propaganda für inakzeptable soziale und politische Praktiken, die untrennbar mit massenhaften Verstößen gegen die Menschenrechte und Freiheiten verbunden sind. Genau dieses Bestreben spiegelten die Prozesse der Entkommunisierung und Entstalinisierung wieder – zwei weitere verpasste Möglichkeiten der 1990er-Jahre, wie viele glauben. Das stimmt zum Teil, ist aber auch wieder nicht so einfach.

In den 1990er-Jahren verstand man unter Dekommunisierung in erster Linie das Verbot der Tätigkeit der kommunistischen Partei – einer realen politischen Kraft, die bis zum heutigen Tag von Millionen Menschen unterstützt wird. Der Versuch dazu führte – und wird es auch heute tun – zwangsläufig zu einer Spaltung der Gesellschaft und kann nur schwerlich von Erfolg gekrönt sein.

Die Sache ist, dass der kommunistischen Idee als solcher noch keine deterministische Neigung zum Terror innewohnt. Statt die Gesellschaft durch das Verbot von Etiketten zu spalten, sollte man strengstens die Verbreitung und Propagierung von Praktiken unterbinden, die sich unter diesen Etiketten verbergen. In Bezug auf die kommunistischen Ideen heißt das etwa Folgendes: Versuche, den Großen Terror oder den Terror überhaupt zu rechtfertigen; die gewaltsame Enteignung und den Genozid nach sozialen oder nationalen Kriterien zu propagieren – also all das, was die dunklen Seiten der russischen Geschichte im 20. Jahrhundert ausmacht. In gewissem Sinne ähnelt das dem chinesischen Vorgehen bei der Entmaoisierung: Ohne die Figur von Mao selbst anzutasten, deren eindeutige Beurteilung als nationalem Führer bis heute Schwierigkeiten bereitet, hielt die Kommunistische Partei Chinas es für notwendig, scharf die Extreme des maoistischen Terrors zu verurteilten, einschließlich der sogenannten Kulturrevolution und der Übertreibungen im Kampf gegen das Privateigentum.

Somit gilt es, die Balance zu wahren: einerseits die neue Macht zu schützen und keine Restauration des Regimes zuzulassen, andererseits eine Spaltung der Gesellschaft und einen Bürgerkrieg zu vermeiden (was ebenso zur Restauration führt, nur etwas verzögert). Die Lustration ist kein Dogma, sondern eine allgemeine Idee, deren praktische Umsetzung sich an den Umständen von Ort und Zeit orientieren muss. Die Lustration als Selbstzweck hat nichts Gutes zur Folge und schützt vor keiner Art von Konterrevolution.

KAPITEL 8
Wie kontrolliert man den »Mann mit dem Gewehr«: Partei oder Organe?

In Zeiten einer stabilen Entwicklung verdeckt die Tätigkeit der real agierenden und sogar der rein dekorativen Institutionen das gewaltsame Wesen jedes Staates. Gleichwohl bleibt dieses Wesen vorhanden. Wie komplex und multifunktional der Staat auch immer sein möge, er bleibt am Ende doch eine Gewaltmaschine. Genauer gesagt, eine Maschine der legitimierten Gewalt, denn nur die Legitimität der Gewalt unterscheidet den Staat von jeder beliebigen bewaffneten Bande, die der Umgebung ihren Willen gewaltsam aufzwingt. Sobald aber die politische Stabilität von einer Zeit der Veränderungen abgelöst wird und die alte Ordnung zusammenbricht, während die neue sich noch nicht festigen konnte, tritt die gewaltsame Natur der staatlichen Macht in den Vordergrund.

Deshalb wird sich jede provisorische Regierung in den ersten Tagen vor dem ungeheuren Problem sehen, den »Mann mit dem Gewehr« – oder wie man heute zu sagen pflegt: die Gewaltorgane, d. h. Polizei- und Sicherheitsorgane – unter Kontrolle zu bekommen. Heute sind sie in ein geschlossenes System gesperrt, in dem jeder den anderen beobachtet und Putin persönlich alle zusammen im Auge hat. Sobald aber Putin verschwindet, wird dieser Kreis sich öffnen, und Dutzende, wenn nicht Hunderte bewaffneter und organisierter, zerstreuter Gruppen werden sich selbst überlassen sein. Sie können die Autorität der provisorischen Regierung anerkennen, sie können sich aber auch auf die Seite der Reaktion schlagen oder versuchen, selbst zu einer eigenständigen Kraft zu werden, obwohl Letzteres in Russland in Ermangelung einer entsprechenden Tradition wenig wahrscheinlich ist.

Sollten sich die Ereignisse nach diesem Szenario entwickeln, werden sie unweigerlich eine Vielzahl negativer Folgen zeitigen. Zu den schwerwiegendsten zählt ein konterrevolutionärer Umsturz oder das Abgleiten in den Bürgerkrieg mit der Aussicht auf den Zerfall des Staates in einzelne Teile. Deshalb ist es für die provisorische Regierung vom ersten Augenblick an eine Sache von Leben und Tod, die leitenden und mittleren Kommandeure der Gewaltstrukturen ihrem politischen Willen zu unterwerfen. Wie gut eingespielt das System der demokratischen Institutionen auch sein mag, diese Frage wird beim geringsten Störfall in den Vordergrund treten. Man erinnere sich nur daran, wie viel Kraft es beide Konfliktparteien in den demokratischen USA gekostet hat, sich mit dem Verteidigungsministerium und den Stabschefs abzustimmen, als es darum ging, ob man an dem Tag, als Trumps Anhänger das Kapitol stürmten, die Nationalgarde nach Washington schicken sollte.

Die Kontrolle über den »Mann mit dem Gewehr« wurde bei jedem Machtwechsel unsichtbar akut, auch in einem totalitären Staat wie der UdSSR mit ihrem gut geölten System des Wechsels von Ideologie und Herrschern. Der Umsturz gegen Beria im Jahr 1953 gelang vor allem deshalb, weil die Armee loyal zum Partei- und Regierungsapparat in Person Chruschtschows und Malenkows blieb. Den Sturz von Chruschtschow dann sicherte der Verrat der damaligen KGB-Führung der UdSSR, die Breschnew unterstützte, der ohnehin die starke Unterstützung der Armee genoss. Gorbatschow half es sehr, dass er als Schützling des KGB-Mannes Andropow galt. Das sicherte ihm in der ersten Zeit die Loyalität der KGB-Führung bei neutraler Position der Armeekreise. Die Weigerung der Alpha-Gruppe, das Weiße Haus zu stürmen, setzte den Restaurationsversuchen des Putsch-Komitees für den Ausnahmezustand ein Ende. Auf die eine oder andere Art erfordert jeder Machtübergang eine

Lösung der Frage, wer die Bewaffneten kontrolliert. Dieses Thema findet in den Lehrbüchern der Demokratie keine große Erörterung, dennoch würde keine Demokratie in der Welt bestehen, wenn sie diese Frage nicht jedes Mal praktisch lösen würde.

In Russland wird sie in voller Übereinstimmung mit seinen jahrhundertalten Traditionen und inneren Einrichtungen gelöst – in der Regel durch Präventivgewalt, oft offen oder mehr oder weniger verborgen. 1953 in der akuten Phase des Konflikts wurden Beria und seine engsten Mitstreiter faktisch ohne Gerichtsverfahren liquidiert. Bei dem Putsch-Komitee für den Ausnahmezustand ging es ohne Blutvergießen ab: Nach kurzer Haftzeit wurden die Teilnehmer der Verschwörung entlassen und erhielten sogar die Möglichkeit, sich in das politische Leben des neuen Russland zu integrieren. Bei einem günstigen Kräfteverhältnis kann die Frage durch den einfachen Austausch der alten durch die neue, loyalere Führung gelöst werden, aber dieses Kräfteverhältnis ist schwerlich zu garantieren.

In jedem Fall hat die provisorische Regierung in den ersten Stunden ihrer Amtsführung ein »Vertrauensvotum« unter den Gewaltorganen durchzuführen und von ihnen die vollständige Anerkennung ihrer Legitimität zu verlangen. Ist diese Anerkennung sofort zu erlangen, löst dies das Problem und gestattet es, die politische Kontrolle über die Gewaltstrukturen etappenweise auszubauen. Sollten jedoch Zweifel oder gar Widerstand gegen die provisorische Regierung aufkommen, dann ist hart durchzugreifen, bis hin zur physischen Neutralisierung derjenigen, die die Vollmachten der Regierung nicht anerkennen (im besten Falle durch die Verhaftung, was auch keine leichte Aufgabe ist). All das ist möglich, all das ist in der Geschichte mehr als einmal gemacht worden und geht auch nicht anders. Entweder zeigt die neue Macht von Anfang an, wer der Herr im Hause ist, oder sie wird vernichtet – wenn nicht sofort, dann mit etwas Verzögerung. Politik ist ein hartes Geschäft, und das nicht zu sagen hieße, die Dinge nicht beim Namen zu nennen. Hierüber muss offen gesprochen werden, denn der neuen Politik sollte gnadenlose Ehrlichkeit zugrunde liegen.

Die neue Macht muss sich also innerhalb kürzester Zeit die Gewaltstrukturen untertan machen. Wenn sie das nicht schafft, ist sie keine Macht. Wie sie das im Einzelnen tut, braucht nicht vorher erörtert zu werden: Hierfür gibt es keine fertigen Rezepte.

Es gibt aber ein anderes wichtiges Thema. Es ist kein Problem, Gewalt anzuwenden und den »Mann mit dem Gewehr« unter Kontrolle zu bringen. Das Problem ist, danach innezuhalten. Wer entscheidet darüber, welche Sicherheitskräfte wie entfernt werden? Wer entscheidet über die Ernennung neuer Sicherheitskräfte? Der neue Führer, der Chef der provisorischen Regierung? In dem Falle wird er auch zum neuen Diktator Russlands werden. Erstens deshalb, weil es für ihn, wenn er Blut vergossen hat (sollte das der Fall sein), kein Zurück gibt. Und zweitens, weil die von ihm persönlich eingesetzten neuen Leute ihm persönlich auch künftig ergeben sein werden.

Wir haben all das am Beispiel Jelzins 1993 gesehen. Am Anfang war der gescheiterte Putschversuch, und Jelzin zeigte sich standhaft (jedenfalls aus der Sicht der Technologie des Machtkampfs), ließ den Stuhl nicht unter sich wegziehen und unterdrückte den Aufstand der »Leute vom Weißen Haus«. Das Ergebnis war, dass er alle Schlüsselpositionen mit ihm ergebenen Leuten besetzte. Und dann war es so, dass er nichts mehr zu tun hatte. Nachdem in allen Gewaltbehörden seine Leute platziert waren, kam er auch ohne die Politik und die Kunst des Kompromisses aus, die das Wesen wahrer Politik ausmacht. Nach 1993 hat Jelzin den politischen Prozess nur noch imitiert, hat seine Macht vor allem mit Gewalt gesichert und sie dann einfach an den übergeben, dem das besser gelang.

Wie umgeht man diese Falle? Wie sichert man den Sieg der Revolution, ohne in die Restauration abzugleiten? Mir scheint, ein mögliches Instrument dafür könnte es sein, die Entscheidungen über die Sanktionierung von Sicherheitskräften an eine speziell geschaffene Struktur zu delegieren, die formal von der provisorischen Regierung getrennt ist. Oben war bereits die Rede davon, dass in einer Zeit der Dysfunktionalität von Repräsentative und Justiz deren Vollmachten für kurze Zeit vom Staatsrat übernommen werden könnten, der nach einem gemischten Regional- und Parteienprinzip gebildet wird. Innerhalb dieses Staatsrats wäre dann so etwas wie eine Militärkommission zu bilden – ein spezielles Sonderorgan, das die Vollmacht hätte, auf Vorschlag der provisorischen Regierung und im Interesse der Verteidigung der neuen Macht über die Absetzung und Ernennung von Leitern der Sicherheitsbehörden zu entscheiden.

Eine solche Aufteilung der Befugnisse könnte eine funktionierende und nützliche Idee dafür sein, die Konzentration allzu großer Macht in den Händen des Leiters der provisorischen Regierung zu vermeiden, die dieser dann nicht im Interesse der Gesellschaft, sondern für seine eigenen Ziele nutzen könnte. Ohne Gewaltanwendung in mehr oder weniger sanfter Form kommt keine Revolution aus. Doch kann die Anwendung von Gewalt die Gesellschaft auch schnell in einen neuen autoritären Zirkel treiben. Diese verfehlte Praxis muss irgendwie unterbrochen werden, sonst wird der Terror nie enden. Ein Schritt dorthin ist meiner Meinung nach die Einigkeit darüber, dass die neue Macht von Anfang an bestrebt sein wird, den Entscheidungsprozess über repressive Maßnahmen zu dezentralisieren.

Das ist das Wichtigste. Über die Details kann man sich später einigen. Eine Variante habe ich oben beschrieben – Entscheidungen zur Führung der Gewaltstrukturen sind auf Empfehlung der provisorischen Regierung von einem Sonderausschuss des Staatsrats zu fällen. Das ist eine provisorische Konstruktion, aus der mit der Zeit eine vollwertige verfassungsmäßige Gewaltenteilung hervorgehen wird. Unternimmt man aber in dieser Hinsicht gar nichts, dann kann außer Gewalt und Terror unter neuen Losungen nichts entstehen.

KAPITEL 9
Wie schafft man einen öffentlichen Dienst: Schlechte eigene Leute oder gute Fremde?

Es gibt eine Reform, mit der man nicht warten darf – die Verwaltungsreform. Man sollte meinen, in der Übergangsperiode habe die provisorische Regierung eine Vielzahl unaufschiebbarer Aufgaben. Doch um überhaupt etwas zu lösen, braucht man ein funktionsfähiges Werkzeug. Wenn die Regierung keinen effektiv funktionierenden Staatsapparat zur Verfügung hat, wenn alle ihre Verfügungen in einem bürokratischen Sumpf versinken, dann wird sie sich anderen Aufgaben gar nicht erst zuwenden können.

Die Frage der Qualität des Apparats der zukünftigen Macht erscheint so lange zweitrangig, wie diese Zukunft nicht angebrochen ist. Vielleicht steht sie deshalb heute nicht im Mittelpunkt der öffentlichen Aufmerksamkeit, aber nach jedem Machtwechsel wird dieses Thema sehr rasch brandaktuell, und es bleibt keine Zeit für seine Behandlung. In der Regel muss die neue Macht dann auf die Hilfe des alten Staatsapparats zurückgreifen. Um das zu vermeiden, ist es sinnvoll, sich schon vorher auf die Grundsätze der Behandlung des Problems zu einigen.

Das Problem der Effektivität des Staatsapparats bewegt in oppositionellen Kreisen deshalb so wenige, weil in diesen Kreisen die Überzeugung vorherrscht, die russische Macht kranke nur an zwei Übeln – am Fehlen von Demokratie und an der Korruption. Viele glauben aufrichtig, man müsse nur wenigstens eines der beiden Probleme lösen, schon würde sich der Rest von selbst fügen. In Bezug auf den Staatsaufbau bleibt die russische Opposition der alten russischen Tradition des Treibenlassens treu: Wenn die Demokratie erst einmal triumphiert hat, wird auch die Korruption verschwinden – und alles wird gut.

Die Wurzeln dieser Einstellung sind leicht zu erkennen. Solange die Opposition vor allem gegen ein autoritäres Regime zu kämpfen hat, das zudem dazu neigt, in den Neototalitarismus abzugleiten, ist die Demokratisierung der erste Tagesordnungspunkt. In einem gewissen Sinne stimmt das auch. Doch was heute nicht aktuell ist, wird schon morgen zu einem Hauptproblem, wenn die provisorische Regierung antritt, ihre Pflichten zu erfüllen. Ob die neue Macht ihre Überlebensfähigkeit und ihre Überlegenheit gegenüber der alten beweisen kann, wird auch davon abhängen, wie gut und schnell sie eine neue staatliche Verwaltung aufzubauen vermag.

Leider löst die Demokratisierung an sich das Problem der Effektivität der staatlichen Verwaltung noch nicht. Diese hängt mehr von der Qualität der neuen Bürokratie ab, aber sie erschwert zum Teil auch ihre Lösung. Demokratisierung und Steigerung der Effektivität der Staatsmaschinerie sind entgegen der verbreiteten Meinung nicht einfach nur unterschiedliche Aufgaben, sondern es handelt sich um Aufgaben, deren jeweilige Bewältigung der anderen in die Quere kommen kann. Besonders wenn sie abrupt und spontan erfolgt, kann die Demokratisierung die Disziplin, die eingespielte Balance zwischen den staatlichen Einrichtungen erschüttern. Das ist nicht verwunderlich. Doch es kann sehr gefährlich werden, wenn die neue Regierung nicht als einen der ersten Schritte Maßnahmen ergreift, um die Disziplin wiederherzustellen und die allgemeine Effektivität des bürokratischen Systems zu steigern. Stützt sich die Demokratie auf einen funktionsunfähigen Staatsmechanismus, dann kommt dabei gewöhnlich nichts als die Diskreditierung der Demokratie als solcher heraus.

Zugleich ist das beispiellose Ausmaß der Korruption in Russland entgegen der landläufigen Meinung kein absolutes Hindernis, um im Land einen effektiven und modernen öffentlichen Dienst aufzubauen. Im Gegenteil: Genau mit dem Beginn der Einrichtung eines solchen Dienstes wird der erste Schritt getan, um die Korruption in Russland zu überwinden. Gewiss, die Korruption als solche lässt sich in keiner Gesellschaft vollständig ausrotten. Wir sehen, wie verbreitet sie im Westen ist, und auch, wie aktiv das putinsche Regime diese Tatsache nutzt, um seinen Einfluss auszuweiten. Aber das extreme Niveau der Korruption zu senken, das wir heute in Russland beobachten, dazu ist die provisorische Regierung sehr wohl in der Lage. Deshalb sollte man die Korruption nicht zu einem unüberwindlichen Hindernis und zum Hauptproblem stilisieren.

Die heutige Korruption in Russland ist ein künstlich geschaffenes und mit politischen Mitteln am Leben gehaltenes Phänomen, das von der jetzigen Macht initiiert ist. Ohne äußere Stimuli wird ihr Niveau ziemlich rasch und messbar von allein sinken. Das Problem ist nicht, dass die Beamten anfällig für Bestechung sind, sondern dass das jetzige Regime seine Beständigkeit nicht darauf baut, diese natürliche Neigung zu bekämpfen, sondern sie zu nutzen und zu kultivieren. Im heutigen Russland keine Bestechungsgelder zu zahlen oder anzunehmen, das ist unmöglich, und wer das verweigert, wird für die Machthaber doppelt gefährlich. Die Korruption ist das Schmieröl des putinschen Terrormechanismus, ohne sie ist dieser Typ des Staatsaufbaus einfach nicht funktionsfähig. Beseitigt die politische Motivierung, hört auf, die Korruption als Methode zur Kontrolle der Eliten von oben her zu pflegen – und ihr werdet sehen, wie die berühmte und unnachahmliche »russische Korruption« sehr schnell auf Weltniveau zusammenschrumpft. Ganz verschwinden wird sie natürlich nicht, so wie sie auch in Amerika und Europa trotz aller Erfolge der westlichen Zivilisation nicht verschwunden ist. Doch sie wird von einem Herrschaftsinstrument zu einem kontrollierbaren Übel werden. Wenn die Korruption mehr als zwei Prozent des Staatshaushalts auffrisst, dann wird sie nach meiner Beobachtung zu einer Gefahr für die Existenz dieses Staates. In dem Fall muss nicht so sehr die Korruption, sondern das Herrschaftssystem bekämpft werden, das sie zu derartigen Maßstäben aufgebläht hat; ohne spezielle Stimulierung könnte sie niemals solche Ausmaße erreichen.

Ich kann hier auf meine Erfahrung bei YUKOS verweisen. Als unser Team in das Unternehmen kam, hatte sich die firmeninterne Korruption in alle Führungsebenen gefressen. Und zwar deshalb, weil sie von ganz oben her installiert war. Sobald das Unternehmen einen privaten Eigentümer hatte, der nicht daran interessiert war, sich selbst zu bestehlen, verschwand diese natürliche Motivation zur Ausbreitung der Korruption. Alles Weitere war eine Frage der Technik, und die war ziemlich simpel. Alle bekamen einen Vorschlag, den sie schwerlich ablehnen konnten: entweder ein anständiges Gehalt und Einstellung des Diebstahls, oder Trennung, schlimmstenfalls auf dem Wege der Strafverfolgung. Wenn das kein Spiel ist, sondern eine reale politische Linie, dann geht alles sehr schnell. Wir brauchten dafür nicht mehr als zwei Jahre. Deshalb halte ich die Korruption nicht für ein unüberwindliches Problem. Andererseits reicht die Lösung dieses Problems allein noch nicht aus, um eine effektiven Verwaltung zu sichern. Ein unbestechlicher Idiot und Taugenichts ist manchmal gefährlicher als ein korrupter Schlauberger. Der Staatsaufbau muss von den ersten Tagen an als vollkommen eigenständige Aufgabe gelten, die weder mit der Demokratisierung der Gesellschaft noch mit dem Kampf gegen die Korruption identisch ist. In Russland gibt es jedoch einen zusätzlichen kulturellen Faktor, der die Lösung dieser Aufgabe erschwert. Er besteht in der tief verwurzelten Tradition, den Beamten als Nichtstuer und Dieb zu betrachten, dessen Aufgabe jeder Beliebige übernehmen könnte. Und das Problem ist nicht einmal, dass solche Vorstellungen im Massenbewusstsein verbreitet sind, sondern dass sie von einem großen Teil der gebildeten städtischen Schichten und demokratisch eingestellten Intelligenz geteilt werden. Aus diesem Grund wird der Aufgabe des staatlichen Aufbaus nicht der nötige Respekt entgegengebracht.

Ihren groteskesten Ausdruck fand diese Einstellung zum Beamten in der berühmt gewordenen Redensart der Bolschewiken, jede Köchin könnte und sollte den Staat lenken. Aber schon wenige Jahre nach der Revolution klagte Lenin, dass die Regierung den Großteil der zuvor entlassenen Staatsbeamten wieder einstellen und ihnen Kommissare zur Seite stellen musste. In etwas kleineren Maßstäben wiederholte sich die Situation Anfang der 1990er-Jahre. Im Ergebnis der Perestroika von Gorbatschow und Jelzin kam der Großteil der sowjetischen Nomenklatura in der neuen Machtstruktur unter. Anders konnte es auch gar nicht sein: Gute Verwaltungschefs fallen nicht vom Himmel, sie lassen sich nicht einfach von irgendwoher transplantieren. Wenn es keine anderen gibt, muss man diejenigen einsetzen, die da sind – so unangenehm das auch sein mag.

Ein Grund für die hartnäckig negative Einstellung zum Beamtentum in Russland besteht darin, dass es hier seit Jahrhunderten unüblich ist, die Führung von Menschen für eine Kunst oder Profession zu halten. Dabei ist das eine der schwierigsten beruflichen Tätigkeiten, die eine lange und komplexe Ausbildung, höchste Qualifikation und Übung erfordert; all das kann man nur durch lange Praxis erreichen. Der Philosoph Max Weber hielt die Ausbildung eines tüchtigen Beamten für eine der schwierigsten Aufgaben, die höchsten Einsatz von der Gesellschaft erfordert; er war der Meinung, dass das moderne Beamtentun in Europa lediglich ein Nebenprodukt der Entwicklung des Kapitalismus mit seiner komplexen Verwaltungsstruktur sei. Die Überwindung der russischen Traditionen in diesem Bereich und ein Kurs auf die Schaffung eines professionellen und modernen Staatsdienstes müssen für die provisorische Regierung zum Ausgangspunkt werden, um allgemeine Methoden zur Bildung eines öffentlichen Dienstes im neuen Russland zu entwickeln.

Ich möchte nur ganz kurz und sehr allgemein auf die Prinzipien eingehen, von denen sich die provisorische Regierung in dieser Frage leiten lassen sollte, und dabei vier Punkte hervorheben:

1. Veränderung der Einstellung zum öffentlichen Dienst und zum Beamtentum als sozialer Schicht. Die verständliche und erklärliche Verachtung für die Bürokratie, die bisweilen in Hass übergeht, muss durch eine konstruktive und respektvolle Einstellung ersetzt werden. Der Beamte muss – wie jeder andere Staatsdiener auch –in der Gesellschaft als Person angesehen werden, die eine Mission von prinzipieller Bedeutung erfüllt. Ohne diese Einstellung ist auch ihre Kehrseite nicht denkbar – die Anforderungen an den Beamten, die an ihn gestellten Ansprüche. Das sind zwei Seiten einer Medaille.

2. Die Trennung von Staatsdienst und Politik.
Der Staatsdienst sollte professionell und apolitisch sein. Politiker kommen und gehen, aber das sollte keinen Einfluss auf den öffentlichen Dienst des Staates haben. Letzterer sollte nach seiner eigenen inneren Verfassung arbeiten und einem internen Verhaltenskodex unterliegen, der das Fortkommen ausschließlich von den beruflichen Fähigkeiten abhängig macht, nicht von diesen oder jenen politischen Ansichten. Beamte sollten vorrangig durch öffentliche Ausschreibungen in den Staatsdienst kommen und aufgrund der gezeigten Arbeitsergebnisse befördert werden, auch dies vorrangig in transparenten Verfahren. Mit einem Wort: Russland wird aus dem Nichts einen öffentlichen Dienst als gesonderte Institution erschaffen müssen, die unter jeder politischer Führung arbeitsfähig ist.

3. Trennung von Verwaltungs- und kommerzieller (Dienstleistungs-)Tätigkeit. Die Erfahrung aus der Entwicklung erfolgreicher Staatsdienste auf der ganzen Welt zeigt, dass die Bürokratie umso effektiver wird, je mehr Funktionen der Staat im Outsourcing an kommerzielle und nicht-kommerzielle Organisationen abgibt. Das Ziel muss es sein, die Staatsbediensteten so weit wie möglich von Dienstleistungstätigkeiten für die Bevölkerung zu entlasten und ihre Arbeit auf regulatorische und Kontrollfunktionen zu konzentrieren. Ein großes Problem des Staates ist es,

dass er im Verwaltungsbereich ein Monopolist und nicht dem Markt unterworfen ist. Deshalb ist der Staat, wo immer möglich, diesem Markt zu unterwerfen, um den Gesetzen des Wettbewerbs zu ihrem Recht zu verhelfen.

4. Trennung von regulativen und Kontroll-Funktionen.
Das ist ein ziemlich einfaches Prinzip, Es besteht darin, dass die Menschen, die Regeln entwerfen, sie nicht zugleich auch kontrollieren. Diese beiden Funktionen müssen auf unterschiedliche Institutionen aufgeteilt werden. Im Grunde ist das die Projektion der verfassungsmäßigen Gewaltenteilung auf die Verwaltung, ihr liegt die gleiche Idee zugrunde: Niemand darf – und zwar auf keiner Ebene –auch nur annähernd übermäßige Macht in Händen halten. Dies macht unter anderem die Korruptionsbekämpfung viel effektiver als die strafrechtliche Verfolgung.

Ich habe hier natürlich nur die grundlegenden Ideen einer Verwaltungsreform aufgezählt – sie gehört zu den wichtigsten Aufgaben jeder Regierung, die ein neues Russland aufbauen will. Diese Reform duldet keinen Aufschub. Ein effektiv arbeitender Apparat mit genau abgegrenzten Funktionen und strenger Disziplin ist Voraussetzung für den Erfolg in allen anderen Richtungen. Allerdings gibt es da noch ein »technisches« Problem: Alles hängt vom Personal ab.

Ohne geeignetes Personal lässt sich ein neues Verwaltungssystem nicht aufbauen. Alle vorhandenen Kader erweisen sich jedoch immer als untauglich – aus unterschiedlichen Gründen. Die einen sind klug, pfiffig, gut ausgebildet, aber ungeeignet, auf die neue Art zu arbeiten; sie wollen nicht umlernen. Andere sind so belastet von der alten Erfahrung, dass kein Talent diese üble Mentalität wettmachen kann. In Russland herrschte immer Personalhunger. Immer war es schwer, einen fähigen Arbeiter für eine beliebige Position, zumal im Staatsdienst, zu finden. Und einen fähigen Arbeiter zu finden, der bereit wäre, im Rahmen eines noch nicht existierenden Systems zu arbeiten, ist fast unmöglich.

Ein weiterer Flaschenhals sind die neuen Verwaltungstechnologien, ohne deren Einführung das System sich nicht ändern lässt. Solange bleibt das Verwaltungssystem zutiefst archaisch und die Funktionen des Beamten beschränken sich darauf, zu registrieren, diese oder jene Genehmigungen auszustellen und zu verteilen, was es zu verteilen gibt; diese Funktionen könnte auch jeder gewitzte Mensch nach einiger Übung ausfüllen. Im Grunde wäre für diesen Zweck auch irgendein Kirchendiener aus dem alten Moskau geeignet, wenn er sich daran gewöhnt, mit Computern zu arbeiten. Da sich die Staatsfunktionen seit jener Zeit nicht wesentlich geändert haben, würde er fast sicher zurechtkommen. Wenn wir aber eine Verwaltungsreform auf die oben beschriebene Art durchführen, werden sich die Aufgaben des Apparats grundlegend ändern. Dann entsteht Bedarf nach einer speziellen Art von Fachleuten, die es in Russland einfach nicht gibt und nie gegeben hat.

Gemeint sind in erster Linie diejenigen, die das Zusammenwirken von staatlichen Regulierungsbehörden, staatlichen Aufsichtsbehörden und dem kommerziellen Sektor sichern, der die Umsetzung eines wesentlichen Teils der staatlichen Funktionen übernehmen wird. Dieses Miteinander prägt die Welt von heute. Ich meine vor allem diverse Public-private-Partnerships, ohne die man sich den modernen Staat nicht mehr vorstellen kann. Ohne hoch qualifizierte Spezialisten mit großer Erfahrung ist diese Entwicklung in Russland undenkbar.

Woher aber nimmt man die hoch qualifizierten Spezialisten für den Staatsdienst? Hier stößt man auf ein bekanntes Dilemma. Man kann die eigenen Leute nehmen, diejenigen, die gerade zur Hand sind, und versuchen, sie im Laufe der Arbeit auszubilden. Oder man überwindet seine Phobien und öffnet den öffentlichen Dienst für Ausländer mit fortschrittlicher Erfahrung. Ein nüchterner Blick auf die Geschichte Russlands zeigt, dass alle umwälzenden, schicksalhaften Reformen auf genau diese Weise durchgesetzt wurden. Der Stolz des jetzigen Regimes, die russische Armee, wurde von ausländischen Spezialisten unter Peter dem Großen aufgebaut. Auf gleiche Weise sind in der Epoche der Industrialisierung jene Betriebe entstanden, die heute die Armee mit Rüstung versorgen. In Umbruchszeiten hat sich die russische Regierung nie gescheut, Ausländer in ihren Dienst zu stellen, wenn das der Sache dienlich war, und dieser Schritt hat sich in der Regel bewährt.

Das legt folgenden einfachen Schluss nahe: Man muss beide Wege gehen. Man muss die eigenen Leute ausbilden, wann und wie immer möglich, aber während sie in der Ausbildung sind, darf man auch die Einstellung fremder Spezialisten nicht scheuen. Wenn wir die Qualität des öffentlichen Dienstes in Russland rasch verbessern wollen, müssen wir die Türen für ausländische Spezialisten öffnen. Selbstverständlich sollte das unter Wahrung vernünftiger Vorsichtsmaßregeln geschehen, doch einen anderen Ausweg sehe ich heute nicht, besonders in den Gebieten, wo es praktisch keine einheimische Erfahrung gibt. Es geht übrigens um gar nicht so viele Leute. Ich denke, wir werden – 3000 bis 5000 Spezialisten im Zentralapparat und die Hälfte davon in den Regionen benötigen. Die Fehler aus der Zeit von Gorbatschow und Jelzin dürfen jedoch nicht wiederholt werden. Eingeladen sollten die tatsächlich besten, professionellen Verwaltungsspezialisten werden, keine »smarten Chicago-Boys«. Man sollte sich die fortschrittlichsten Manager etwas kosten lassen, die nicht nur theoretische, sondern praktische Verwaltungserfahrung haben und aus internationalen Konzernen und Regierungsapparaten aus aller Welt kommen. Ihnen muss man die Möglichkeit geben, bei uns zu arbeiten und diejenigen auszubilden, mit denen sie gemeinsam tätig sind. Ich schätze, dafür wird es fünf, höchstens zehn Jahre brauchen.

Qualität kostet – das gilt für die ausländischen wie auch für die einheimischen Spezialisten. Zahlen muss man so viel, dass man dafür auch etwas fordern darf, unter anderem kristallklare Ehrlichkeit. Die Fremden müssen mehr bekommen. Aber Russland ist reich genug, um vorübergehend nicht nur die Besten von 140 Millionen, sondern von mehreren Milliarden einzustellen und diese individuell auszuwählen. Das ist, nebenbei gesagt, eine hohe Kunst, auch damit müssen Profis beauftragt werden. Ich kann dazu aus eigener Erfahrung schöpfen. Als ich YUKOS in ein führendes Weltunternehmen verwandeln musste, haben die von mir eingeladenen Ausländer mehr verdient als ich. Später konnte ich das mit den Dividenden wieder wettmachen. Aber das war später, erst einmal musste ich sehr viel lernen. Und Lehrgeld zahlen. Einen anderen Weg gibt es nicht.

Zusammenfassend möchte ich wiederholen, dass eine allumfassende Verwaltungsreform im Staatsdienst eine Sache ist, die keinen Aufschub duldet. Sie muss für jede Regierung, die auf das Putin-Regime folgt, zur Priorität werden. Das Ziel dieser Reform (die Putin selbst übrigens zu einer der ersten erklärt und als erste vollständig vermasselt hat) besteht in der Verwandlung des archaischen, halb sowjetischen, halb feudalen Staatsapparats in ein zeitgemäßes Verwaltungssystem. Ein Staatsdienst, der sowohl von der Politik als auch vom Kommerz getrennt ist, muss in Russland im Grunde aus dem Nichts erschaffen werden. Um das zu erreichen, müssen wir, wie schon oft in der Geschichte unseres Landes, Ausländer in den Staatsdienst holen, die über die für uns notwendigen Kenntnisse und Erfahrungen verfügen. Uns wird das übrigens leichter fallen als unseren Vorgängern. Das Putin-Regime hat Zigtausende talentierter Menschen aus Russland vertrieben, die in westlichen Konzernen eine vorzügliche Ausbildung erhalten haben und unter geeigneten Umständen in ihre Heimat zurückkehren könnten.

KAPITEL 10
Was ist unter der »linken Wende« zu verstehen: Sozialstaat oder sozialistischer Staat?

Ich hatte viel Zeit, um über die eigenen und die Fehler der anderen nachzudenken. Den wichtigsten von allen zu finden gelang schnell. Schon 2004 fragte ich mich, wie wir und ich persönlich dorthin gekommen waren, wo wir waren, und schrieb die erste Fassung der »Linken Wende«. Dieser Titel mochte damals merkwürdig erscheinen. Ein Mann, der alle Chancen genutzt hatte, die die Marktwirtschaft unternehmerischen Menschen bietet, hätte eher etwas über die rechte Wende (im wirtschaftlichen Sinne) schreiben sollen. Aber die Sache ist gerade die, dass mir, schon lange bevor mein Konflikt mit dem putinschen Regime in die offene, heiße Phase überging, ganz klar geworden war, dass für Russland mit seiner Geschichte, seiner Mentalität und seinen Traditionen eine rein rechtsliberale Politik die absolute Sackgasse bedeutet. Diesen Standpunkt vertrete ich auch heute, fünfzehn Jahre nach dem Erscheinen jenes ersten Artikels.

Doch aus der besseren Sicht des heutigen Tages sieht vieles anders aus, manche Akzente sind anders zu setzen. Heute glaube ich recht gut zu wissen, womit in Russland die besagte linke Wende beginnen müsste. Was hat sich geändert? Vor allem ist etwas entstanden, was es damals so offensichtlich nicht gegeben hat – der pseudolinke politische Kurs des Kremls, der eine linke Programmatik imitiert und sie in den Schmutz zieht. Welchen Namen hat Putins Regime verdient – links oder rechts? Nach Ansicht einer überwältigenden Mehrheit, da bin ich sicher, realisiert Putin ein linkes politisches Programm: Er entwickelt den Staatssektor, bekämpft das unabhängige Unternehmertum, schafft ein unübersichtliches System von sozialen Erleichterungen und Privilegien usw. In Wirklichkeit ist es genau umgekehrt: Putin setzt direkt die Traditionen der 1990er-Jahre fort und hält einen radikal rechten politischen Kurs. Gerade deshalb ist in diesen Jahren die Notwendigkeit einer linken Wende noch gewachsen.

Um diese Frage zu klären, sollte zunächst einmal definiert werden, wo rechts und wo links ist – keine leichte Aufgabe in unserer heutigen Welt. Wir beobachten, wie rechte Politiker sich überall, nicht nur in Russland, die linke Tagesordnung zu eigen machen. Ein klassisches Beispiel dafür ist Donald Trump mit seiner eklektischen Rhetorik. Die Grenzen zwischen rechts und links sind heute verschwommen, die Kriterien verloren gegangen. Um Klarheit in diese Frage zu bringen, sollte man sich auf die Hauptsache konzentrieren und sich nicht in Einzelheiten verlieren. Und die Hauptsache ist meiner Meinung nach die soziale Ungleichheit. Führt der politische Kurs im Ergebnis zu einem Anwachsen der sozialen Ungleichheit, dann ist es ein rechter Kurs, egal, von welcher linken Rhetorik er orchestriert wird; trägt er dagegen zum Abbau der sozialen Ungleichheit bei, ist es ein linker Kurs.

Schauen wir uns die putinsche Sozial- und Wirtschaftspolitik unter diesem Gesichtspunkt an. Putin ist mit Losungen gegen die Oligarchen aufgestiegen; diese Politik war und bleibt einer der Ecksteine der Kreml-Mythologie. In Wirklichkeit hat sein politischer Kurs jedoch den Abstand zwischen Arm und Reich nicht nur nicht verkleinert, sondern die soziale Ungleichheit bis ins zuvor nicht Gekannte gesteigert. Putin hat eine ungeheure wirtschaftliche und politische Macht in den Händen einer ganz kleinen Schicht aus der höheren Bürokratie, vor allem der Gewaltministerien, und aus kriminellen und halb kriminellen »Kassenwarten« konzentriert, die jene bedienen. Anstelle der Ungleichheit, die auf natürliche Weise aus dem System der Marktwirtschaft hervorgeht und mit der die zeitgenössischen Gesellschaften halbwegs umzugehen gelernt haben, hat der Putinismus eine Ungleichheit geschaffen, deren Ursache die Macht ist, die zwischen Armen und Reichen eine undurchdringliche und unüberwindliche Mauer errichtet.

Im putinschen Russland sind die Reichen immer schneller reich, die Armen schneller arm geworden als im Russland der 1990er-Jahre. Doch dank dem allgemeinen Wohlstandswachstum aufgrund der steigenden Weltmarktpreise für Energieträger verlief dieser Prozess lange Zeit unbemerkt – Geld war so viel vorhanden, dass man den Armen eine »Abfindung« zahlen konnte. Aber auf jeden Rubel sozialer Almosen, die der Präsident Jahr für Jahr mit großem Pomp in seinen Ansprachen an die Nation präsentiert, kommt ein Dollar, der in den Taschen der putinschen Elite verschwindet. Dies lässt den Abstand zwischen den ärmsten und reichsten Schichten der russischen Gesellschaft rasant wachsen. Heute verläuft dieser Prozess nicht mehr verdeckt, denn dem Regime ist das Geld auch für den sozialen Bereich ausgegangen. In den letzten Jahren beobachten wir in Russland ein Anwachsen nicht nur der relativen, sondern auch der absoluten Armut. Aus dieser Sicht hat Putin in den vergangenen 20 Jahren einen radikalen rechten politischen Kurs verfolgt, dessen objektive Folge die wachsende soziale Spaltung war. Dieser Kurs führt meines Erachtens in eine Sackgasse und gefährdet die nationale Sicherheit, weil er im Land letztendlich rascher den sozialen Konflikt heraufbeschwört als alle imaginierten ausländischen Agenten.

Abgesehen von der allgemeinen Vergrößerung der Einkommenskluft zwischen Arm und Reich, die an sich explosiv genug ist, wird auch das System der Reichtumsverteilung in der Gesellschaft deformiert. Das »Raidertum«, die gewaltsame Übernahme von Unternehmen, gehört zum Kern des von Putin geschaffenen Systems und ist eine der fundamentalen Quellen der Ungleichheit. Die direkte Einmischung des Staates gipfelt in einer latenten, deshalb nicht minder umfassenden Umverteilung des Reichtums an jene, die dem Regime Loyalität bezeigen. Dies beschleunigt den Verfall sowohl der wirtschaftlichen Institutionen als auch der moralischen Grundfesten der Gesellschaft zusätzlich. Amoralisches Verhalten jeder Art – Lüge, Verrat, Denunziation usw. – erhält in diesem System Anreize und ist wirtschaftlich vorteilhaft.

Über die soziale Ungleichheit in der Epoche des Putinismus sollte man vor allem wissen, dass ihr in großem Maße außerökonomische Faktoren zugrunde liegen. Es handelt sich um eine künstlich geschaffene und durch politische Gewalt am Leben gehaltene Ungleichheit. Folglich lässt sich diese Ungleichheit auch nur auf eine einzige Art bekämpfen: Man muss jene politischen Kräfte beseitigen, die sie hervorbringen. Deshalb wirken alle Propagandaversuche des Kremls zur Bekämpfung der Armut wie blanker Hohn. Die Hauptvoraussetzung für den effektiven Kampf gegen die Armut in Russland ist die Beseitigung des Regimes, das diese Armut allein durch seine Existenz hervorbringt und wachsen lässt, es funktioniert wie eine riesige Pumpe, die Geld aus den Taschen von Millionen Menschen in die Taschen der putinschen Millionäre saugt.

Wie ist diese Pumpe gebaut? Woher saugt sie im Wesentlichen die Ressourcen ab? Die Antwort liegt auf der Hand: Das Regime nährt und bereichert sich vor allem auf Kosten der unkontrollierten Ausbeutung des Ressourcenrente: Es kann völlig willkürlich nach eigenem Gutdünken und im Interesse einer engen Personengruppe die Einkünfte aus dem Verkauf von Rohstoffen – Erdöl, Gas, Metall und Holz – umverteilen. Die gesellschaftliche Kontrolle über die Ressourcenrente (das heißt die Renteneinkünfte aus der Förderung und Nutzung der Bodenschätze Russlands) wiederzuerringen ist meines Erachtens die erste Bedingung für einen Sozialstaat in Russland, der von der Verfassung des Landes vorgesehen, im realen Leben aber nicht vorhanden ist.

Die Idee, die gesellschaftliche Kontrolle über die Ressourcenrente wiederherzustellen, ist nicht neu, davon schreiben und reden die Kommunisten gern. Die Frage ist nur, ob wir diese Kontrolle tatsächlich an die Gesellschaft oder doch wieder nur an den Staat zurückgeben, der wiederum von einer kleinen Gruppe Menschen kontrolliert wird – nur eben jetzt anderen. Die von den Kommunisten vorgeschlagene Übertragung in staatliches Eigentum wäre, auch wenn sie erst einmal gerechter wirkt als die heutige Situation, für Russland eine weitere historische Sackgasse. Die Rückkehr in die UdSSR wird uns unweigerlich jene überbürokratisierte, schwer bewegliche, ineffektive Wirtschaft bescheren, an der die Sowjetunion zugrunde gegangen ist. Nichts anderes kann ein gigantisches Staatsmonopol per definitionem sein, zumal in einem Land, in dem die Unternehmenskultur unterentwickelt ist und es fast kein leistungsfähiges und wirtschaftlich gebildetes Beamtentum gibt, dafür aber eine jahrhundertealte Tradition von Korruption und Sabotage.

Doch nicht nur das. Der Hauptdefekt des von den Kommunisten empfohlenen Weges über die Vergangenheit in die Zukunft ist die politisch unlösbare bürokratische Gleichung: Je mehr Ressourcen in den Händen des Staates liegen, desto größer wird seine Umverteilungsrolle, und je größer seine Umverteilungsrolle ist, einen desto größeren Anteil der Ressourcenrente wird die Gesellschaft für diesen gigantischen Umverteilungsmechanismus aufwenden müssen. Daher ergibt diese Rück-Verstaatlichung weder aus Sicht der Gesellschaft noch aus Sicht des einzelnen Bürgers den geringsten Sinn. Ein erheblicher Teil der Ressourcenrente wird ohnehin von dem gigantischen Machtapparat verschlungen, ein anderer Teil geht durch die Ineffektivität des Monopols verloren, und die mickrigen Reste kommen den Bürgern zugute, die dafür auf ihre zivilen Rechte verzichten müssen. Die Frage, wer diese Raub- und Betrugs-Maschinerie verkörpert – die Putinisten, die Sjuganow-Leute oder noch jemand anderes –, hat für Russlands Schicksal keine besondere Bedeutung.

Wie lässt sich dieser Teufelskreis durchbrechen? Wie kann man einer kriminellen Bürokratie die Rente aus der Nutzung der Naturschätze Russlands entreißen? Es gibt meiner Meinung nach eine Lösung, und sie liegt gewissermaßen auf der Hand. Nur gereicht sie weder denen zum Vorteil, die bereits an der Macht sind, noch denen, die von der Ergreifung dieser Macht träumen. Sie nutzt denjenigen, die im heutigen Russland keine reale politische Vertretung haben und deren Stimme deshalb ungehört bleibt. Für die einzig mögliche Lösung des Problems der Ressourcenrente halte ich ihre direkte Verwendung für die sozialen Bedürfnisse der Bevölkerung ohne vermittelnde Umverteilung des Staates. Und eine solche Möglichkeit besteht in Russland ganz real.

Vergleicht man die Einnahmen, die das putinsche Regime heute aus der Ressourcenrente bezieht, sehr grob mit den Ausgaben für die Altersrenten, die der Staat zu sichern nicht in der Lage ist, so sind beide ungefähr gleich. Der Ausgabenseite lassen sich noch die Kosten der Krankenversicherung zuschlagen, die zu decken der Staat ebenfalls Schwierigkeiten hat, weshalb er die Leistungen ständig kürzt. Wenn das so ist, wäre es dann nicht einfacher, unter Umgehung der Zwischenstadien, die Einnahmen aus der Ressourcenrente – das heißt den Übergewinn aus dem Verkauf von Rohstoffen, vor allem Öl und Gas – direkt auf die Renten- und Krankenversicherungskonten der Bürger zu überweisen, von denen im Versicherungsfall (Renteneintritt oder Krankheit) die Leistungen für die Betroffenen bezahlt werden? Und zwar angemessene Leistungen, keine Brosamen, die gerade einmal vor dem Hungertod bewahren.

Technisch ist das nicht schwierig zu organisieren. Der Übergewinn der Unternehmen, die eine Ressourcenrente aus dem Verkauf von Rohstoffen erzielen, wird heute auf besondere Weise markiert und fließt als eigener Titel in den Staatshaushalt; er dürfte also recht einfach zu identifizieren zu sein (Frage der Ineffektivität der putinschen Verwaltungsleute). Heute aber geht dieser Titel im allgemeinen Haushalt auf, über den die Regierung nach ihrem Gutdünken verfügt, den sie für ihre wahnsinnigen Kreml-Projekte verwendet oder einfach ausplündert. Nötig ist es, dass diese Gewinne jeden Monat zu gleichen Anteilen auf Sparkonten aller Bürger des Landes fließen.

Diese Sparkonten für die Renten- und Krankenversicherung müssen bei der Geburt eröffnet und bis zum Tod des Versicherten geführt werden. Das wäre dann ein wirkliches Privileg der russischen Staatsbürgerschaft und kein scheinbares Symbol der Teilhabe an den Taten eines großen Landes. Russischer Staatsangehöriger zu sein muss künftig das Privileg bedeuten, nicht in zahllosen und sinnlosen Kriegen für »Rotenbergs Paläste« zu sterben, sondern auch im Alter würdevoll zu leben. Heute verschwindet die Ressourcenrente in einer »Black box«, in der sie dann auf empörendste Art und Weise an die Nutznießer des Putin-Regimes verteilt wird. Wir müssen diese Box transparent machen, damit jeder Bürger sieht und versteht, was mit dem Nationalvermögen geschieht, das von den Vorfahren auf uns gekommen ist.

Die Mittel auf den Sparkonten summieren sich zu beträchtlichen Beträgen. Auf aller Welt sind die Mittel der Pensionsfonds ein wichtiges Investitionsinstrument, und ich gehe davon aus, dass das in Russland nicht anders sein wird. Einen Teil der vorübergehend freien Mittel wird man in den russischen Index investieren (ein konsolidiertes Paket von russischen börsengehandelten Wertpapieren) und so die einheimische Produktion unterstützen können. Auf diese Weise wird ein Sicherheitskissen geschaffen werden, das Russland nicht zu einem sozialistischen Staat macht, in dem der Rohstoffreichtum des Landes der Bürokratie gehört, sondern zu einem wahrhaft sozialen Staat, wo die Ressourcenrente dem Volk zukommt und der direkten Kontrolle der Gesellschaft untersteht.

Ich möchte noch einmal betonen, worin meines Erachtens der Unterschied zwischen dem zukunftslosen Modell des sozialistischen Staates und dem Sozialstaat besteht, der nicht nur in unserer Verfassung definiert ist, sondern auch tatsächlich das einzige für Russland annehmbare Wirtschaftssystem zum heutigen Tage ist. Der sozialistische Staat konzentriert in seinen Händen sowohl die Produktion als auch die Verteilung und wird zu einem ineffektiven Monopol im Interesse des bürokratischen Clans. Der Sozialstaat nimmt weder die Produktion noch die Verteilung auf sich, er fördert die Konkurrenz in allen Bereichen. Er setzt lediglich die Regeln, aber auf eine Weise, dass die soziale Ungleichheit abnimmt.

Äußerlich stimmen diese Vorschläge mit den Losungen der linken Opposition gegen das putinsche Regime überein, unter anderem den Losungen der russischen Kommunisten. Auch Letztere fordern die Wiederherstellung der gesellschaftlichen Kontrolle über die Ressourcenrente, aber sie verstehen darunter, wie ich oben sagte, das Format der bolschewistischen Nationalisierung und die Übergabe der Kontrolle über die Ressourcen in Staatshand. Während ich den Linken darin zustimme, dass die gesellschaftliche Kontrolle über die Nutzung der Rohstoffe wiederhergestellt werden muss, kann ich mit der von ihnen vorgeschlagenen Methode nicht einverstanden sein. Sie beseitigt meines Erachtens die Ungleichheit nicht, sondern überführt sie von der ökonomischen Form in eine Nomenklatur- und Clanherrschaft.

Der Sozialstaat strebt, anders als der sozialistische Staat, nicht danach, alle gleichzumachen, um danach jene auszuzeichnen, die »gleicher« sind als die anderen. Sein Ziel ist es, jedem gleiche Chancen für Entwicklung und Erfolg zu gewähren. Hätte ich diesen Text vor 15 oder 20 Jahren geschrieben, hätte ich an dieser Stelle gewiss einen Punkt gesetzt. Nach all meiner späteren Erfahrung möchte ich stattdessen ein Komma setzen. Gleiche Chancen sollten all diejenigen bekommen, die auch bereit sind, sie zu nutzen. Wer das nicht tun kann oder will, der sollte Mindestgarantien erhalten. Ohne diese humanitäre Komponente kann kein Sozialstaat, besonders in Russland, auf Dauer bestehen.

Zusammengefasst will ich kurz sagen, worin ich den Sinn einer linken Wende im gegenwärtigen Entwicklungsstadium der russischen Staatlichkeit sehe. Sie ist nötig, um politische Faktoren abzuwenden, die ein explosives Wachstum der sozialen Ungleichheit begünstigen, und um einen konsequenten Kurs zu ihrer Begrenzung durchzuführen. Der wichtigste Faktor, den es zu beseitigen gilt, ist meiner Meinung nach natürlich das putinsche System selbst mit seinem »gewaltgestützten Raidertum«, das es erlaubt, das Nationalvermögen auf nicht-ökonomische Weise zwischen den regimetreuen Gruppen der Bevölkerung umzuverteilen und es schließlich in den Händen einer kleinen Clique zu konzentrieren, die den Staat kontrolliert.

Unmittelbar nachdem diese erste Bedingung erfüllt ist, wird die Regierung der Übergangszeit die Wiederherstellung der gesellschaftlichen Kontrolle über die Ressourcenrente durchsetzen müssen. Wie oben beschrieben, besteht die vernünftigste und effektivste Methode dafür in der Anlage von lebenslangen Sparkonten der Bürger, auf die der Hypergewinn aus den Rohstoffen direkt in gleichen Anteilen überwiesen wird. Die Lösung dieser Frage kommt in ihrer Bedeutung der Lösung der Eigentumsfrage im Zuge der sozialen Revolution in Russland am Anfang des 20. Jahrhunderts gleich. Diesmal aber muss sie tatsächlich im Interesse des ganzen Volkes entschieden werden, nicht nur ihrer »führenden Kräfte«. Nur das wird der provisorischen Regierung die tatsächliche Unterstützung des ganzen Volkes sichern und jenes politische Sicherheitskissen schaffen, unter dessen Schutz man alle anderen überfälligen wirtschaftlichen und politischen Reformen wird durchführen können.

KAPITEL 11
Wie erreicht man wirtschaftliche Gerechtigkeit: Nationalisierung oder ehrliche Privatisierung?

Ohne wirtschaftliche Gerechtigkeit lässt sich soziale Gerechtigkeit nicht in vollem Umfang wiederherstellen.

Wirtschaftliche Gerechtigkeit im weiteren Sinne ist das wichtigste Element der sozialen Gerechtigkeit. Im engeren Sinne bedeutet sie nicht so sehr Gleichheit bei der Verteilung des nationalen Reichtums als vielmehr gleichen Zugang zu den wichtigsten Mitteln seiner Produktion. Wirtschaftliche Gerechtigkeit ist also das, was den Menschen gleiche Chancen gibt, reich zu werden.

Die Logik dabei ist einfach: Derjenige, bei dem die wichtigsten Produktionsmittel des Reichtums konzentriert sind, erhält auf natürliche Weise so gewaltige Vorteile bei ihrer Verteilung, dass sie durch keine späteren korrigierenden Maßnahmen (Steuern, Subventionen und dergleichen) ausgeglichen werden können.

Deshalb war und ist die Eigentumsfrage, das heißt die Frage, in wessen Händen und auf welcher Grundlage die grundlegenden Produktionsmittel des nationalen Reichtums liegen, immer von elementarer Bedeutung für die Gesellschaft. Keine Regierung, die auf das Putin-Regime folgt, wird diese Frage ignorieren können.

Es bedarf keiner Erklärung, dass die Privatisierung, die in den 1990er-Jahren in Russland begann und in Wahrheit bis heute nicht abgeschlossen ist, die wirtschaftliche Gerechtigkeit beschädigt hat, indem sie auf einen Schlag eine tiefgreifende und schwer zu beseitigende Ungleichheit für den Zugang unterschiedlicher Gesellschaftsschichten zu den wichtigsten Produktionsmitteln geschaffen hat.

Dies ist erstens ein objektiver Faktor, mit dem jede künftige Regierung (ebenso wie die jetzige) zu rechnen hat, und zweitens eine Herausforderung, mit der sie es aufnehmen muss.

Nach meinen Beobachtungen, das füge ich hinzu, war und bleibt die Privatisierung für mehrere postsowjetische Generationen ein schweres psychologisches Trauma, das eine tiefe Spur im gesellschaftlichen Bewusstsein hinterlassen hat. Deshalb wird in jeder Krisensituation die Frage, wem der Großteil des nationalen Reichtums von Russland gehört und warum er gerade diesen Leuten gehört, akut werden. Einer Antwort darauf auszuweichen ist unmöglich und zwecklos.

Im Rückblick auf die Ereignisse vor mehr als einem Vierteljahrhundert kann ich sagen, dass ich die Privatisierung – genauer gesagt, die Entstaatlichung – der sowjetischen Wirtschaft für eine unvermeidliche und gerechtfertigte Maßnahme halte. Ich bin jedoch der Meinung, dass sie in einer für die Gesellschaft unannehmbaren, ökonomisch ungerechten und für die wirtschaftliche und historische Entwicklung des Landes schädlichen Form erfolgt ist.

Die postsowjetische Privatisierung hat de facto einem sehr engen Personenkreis, der aus unterschiedlichen Gründen im Vorteil war (durch administrative Ressourcen, Zugang zu freien Geldmitteln, Bildung, Alter usw.), Zugang zu den Aktiva verschafft. Und umgekehrt: Der großen Masse der Bevölkerung blieb bekanntlich jede reale Beteiligung an der Verteilung dieser Aktiva verwehrt. Die Rolle des gewöhnlichen Menschen war auf die eines zeitweiligen Voucher-Besitzers reduziert. Er konnte diesen Gutschein entweder zu einem extrem niedrigen Preis, der den realen ökonomischen Wert nicht widerspiegelte, an Spekulanten-Zwischenhändler verkaufen oder ihn als Wertgegenstand verlieren und ihn als Artefakt der Epoche für seine Enkel aufheben. Individuelle Anteile an Investitionsfonds waren auf Luft gebaut, wie spätestens die Krise von 1998 gezeigt hat.

Dabei hätte es eine Alternative zu der gewählten Privatisierungsmethode gegeben: Das beweist die Erfahrung der weitaus erfolgreicheren Privatisierungen in Osteuropa. Aber die damals in Russland getroffene Entscheidung war weniger ein Irrtum, sie war vielmehr eine bewusste ideologische Wahl. Die Regierung gab der Lösung politischer Fragen die Priorität vor der Lösung sozialer und ökonomischer Fragen. Das Ziel war, den Kommunisten den Boden unter den Füßen wegzuziehen, deren Stütze die sogenannten »roten Direktoren« waren, und an ihrer Stelle auf beschleunigte Art eine »Klasse von Eigentümern« zu schaffen.

Ich gehe davon aus, dass die damalige russische Führung ganz bewusst eine Privatisierungsmethode gewählt hat, die diesen Prioritäten am ehesten entsprach. Dass im Ergebnis die wirtschaftliche und in der Folge auch die soziale Gerechtigkeit beschädigt wurde und die Voraussetzungen für das Entstehen einer kriminellen Wirtschaft und eines Mafia-Staates geschaffen wurden, interessierte damals niemanden. Die Früchte reiften wenig später, nach anderthalb Jahrzehnten, im Wesentlichen schon unter Putin.

Schon weit vor ihm hatten die Machthaber geschickt den Privatisierungsprozess dafür genutzt, um ihren Einfluss auf die Gesellschaft auszuweiten. Die Privatisierung der strategisch wichtigen Objekte war überhaupt Gegenstand eines politischen Handels, mit dem die Regierung ganz eigene Aufgaben zu lösen versuchte, die mit Wirtschaft nicht viel zu tun hatten. Keine Ausnahme waren auch die Pfand-Auktionen, deren Erlös für den Wahlkampf 1996 verwendet wurde.

Bereits Anfang der 2000er-Jahre wurde mir als jemandem, der direkt und indirekt auf Unternehmerseite an diesem Spiel mit dem Staat beteiligt war, klar, dass das Land in eine soziale und politische Sackgasse geraten war, aus der man nur herauskam, wenn man die Ergebnisse der mehr oder weniger spontanen Privatisierung korrigierte. Damals sprach ich davon, dass unbedingt kurzfristige außergewöhnliche Maßnahmen zur Wiederherstellung der wirtschaftlichen Gerechtigkeit ergriffen werden müssten.

Bald nach dem Machtantritt Putins schlug ich der damaligen

Führung des Landes vor, die Frage der Privatisierung wieder aufzugreifen – in erster Linie natürlich die Frage der Pfand-Auktionen. Damals war ich der Meinung, dass man das Problem durch die Einführung einer einmaligen Ausgleichssteuer für die Hauptnutznießer des Privatisierungsprozesses lösen könne. Dabei hätte es sich um Beiträge für einen Sonderfonds zur wirtschaftlichen Entwicklung handeln können, der einige Dutzend Milliarden Dollar groß sein konnte.

Leider wurde meine Initiative nicht nur nicht aufgegriffen, sie trug neben anderen Faktoren auch zu meiner Verhaftung bei. Später wurde mir ebenso wie anderen klar, dass Putins Regime nicht vorhatte, die Privatisierungsergebnisse zu korrigieren, sondern dass man sie im Gegenteil zum eigenen Vorteil nutzen wollte. Das bestärkte meine Vorahnungen und bewog mich letztlich zu den Schlüssen, die ich in dem schon in der Haft verfassten Artikel »Linke Wende« dargelegt habe.

In den mehr als 15 Jahren, die seit dem Erscheinen der »Linken Wende« vergangen sind, hat sich die Situation in Russland qualitativ verändert; was als politischer Fehler begann, ist als vollwertige politische und sozial-ökonomische Katastrophe geendet. Deshalb reichen die Maßnahmen, die ich Anfang der 2000er-Jahre vorgeschlagen habe, heute nicht mehr aus. Nötig sind harte, nicht triviale Beschlüsse, deren Umsetzung politischen Willen und Mut erfordert.

Hauptprofiteur der Anfang der Neunzigerjahre begonnenen Privatisierung ist nach den 20 Jahren seiner Herrschaft Putin. Als sie an die Macht kamen, haben er und ein enger Kreis von Vertrauten, die zum Teil direkt mit dem kriminellen Milieu verbunden waren, nicht einzelne Objekte, ja nicht einmal die Wirtschaft, sondern den Staat als Ganzes privatisiert. Sie machten ihn zum kollektiven Werkzeug ihrer persönlichen Bereicherung.

Heute gibt es in Russland streng genommen keinen Staat im engeren Sinne des Wortes mehr. Er ist zu einem gigantischen privaten und militarisierten Konzern entartet, der in erster Linie der Problemlösung seiner Hauptanteileigner dient. Die heute allseits bekannte Söldnertruppe von Prigoschin ist nichts anderes als eine exakte Kopie des putinschen Staates im Kleinen, sie ist sein Mikromodell. Der Staat in Russland schützt nicht die allgemeinnationalen Interessen, sondern bedient die Interessen des ihn beherrschenden Clans.

Von den ersten Tagen seiner Existenz an hat dieser staatsähnliche Konzern das ihm wichtigste Anliegen betrieben – die Umverteilung des Eigentums zugunsten seiner Hauptanteilseigner. Dieser Prozess, der sich über gut zwei Jahrzehnte hinzog, hat dazu geführt, dass das wichtigste nationale Vermögen Russlands unter der faktischen Kontrolle einer sehr kleinen Gruppe ist (nicht mehr als wenige Hundert Familien), die den Kern der berüchtigten Machtvertikale Putins bilden.

In wenigen Jahren ist Russland zu dem Land mit der größten Kapitalkonzentration geworden, wobei das Kapital hier untrennbar von der Macht ist und der Verlust des Machtzugangs unweigerlich den Verlust wirtschaftlichen Einflusses nach sich zieht. Deshalb ist jede machtnahe Geschäftsgruppe in Russland vertikal in alle Unterstrukturen der Macht integriert, besonders in den Gewaltblock. Und umgekehrt: Jede bürokratische Enklave züchtet sich ihre eigene Business-Infrastruktur heran. Geld ist unter dem Putin-Regime nur eine Funktion von Macht.

Dabei kann man mit Gewissheit von einem kollektiven Eigentum des herrschenden Clans an dem von ihm kontrollierten Vermögen sprechen. Die heutige Wirtschaft Russlands wird nach den Grundsätzen der »Gemeinschaftskasse« einer Diebesbande verwaltet – auf wen das Eigentum eingetragen ist, ist unwichtig; wichtig ist, wem es nach den Clanregeln gehört. Das illustriert sehr schön die Geschichte mit dem unseligen Palast in Gelendschik, der, wenn nötig, aus der Hand des einen Putin-Vertrauten in die des nächsten geht, ohne dass irgendjemand daran zweifeln würde, dass er keinem von ihnen gehört.

Putin und seine Mannschaft haben in Russland eine heimliche Zusatz-Privatisierung durchgeführt: die sekundäre Beschlagnahme von Aktiva zu ihren Gunsten. Dieses Ziel haben sie auf zwei Wegen erreicht. Erstens hat Putin die überwiegende Mehrheit der alten »Bojaren« »abgeworben«, die Führer der alten Elite – die Hauptaktionäre der in den 1990er-Jahren entstandenen Finanz- und Industriegruppen. Er hat sie zu einfachen, abhängigen Anteilseignern gemacht, die entweder seine Weisungen befolgen oder ihr Eigentum verlieren. Zweitens hat Putin einen neuen »Adel« geschaffen aus seinen Stiefelknechten wie Setschin, Miller, den Rotenbergs oder Kowaltschuks; unter ihre direkte Kontrolle wanderte ein Teil der Staatsaktiva und jener Aktiva, die den unbotsamen »Bojaren« weggenommen wurden.

Mit der Zeit ist der Unterschied zwischen »Bojaren« und »Adligen« praktisch verwischt und hat nur noch dekorative Bedeutung. Heute befinden sich fast alle, die in Russland über größeres Vermögen verfügen, in direkter und vollständiger Abhängigkeit von dem politischen Clan, sind sein untrennbarer Teil und de facto nur Halter von Vermögen, das dem Clan als Ganzem gehört.

Diese mafiöse Eigentumsstruktur ist unvereinbar mit jedem Anspruch, in Russland so etwas wie eine normale Staatlichkeit aufzubauen, der das Prinzip der Gerechtigkeit zugrunde läge. Sie wird jeden derartigen Versuch verhindern und alle Anstrengungen jedweder Regierung zunichtemachen, selbst wenn sie absolut aufrichtig gemeint sind.

Das parasitäre kollektive Eigentum des herrschenden Clans wird immer mehr zu einer untragbaren Belastung für die Gesellschaft. Es liegt im Interesse der russischen Gesellschaft, im Interesse des künftigen Russlands, diese parasitäre Geschwulst, die die weitere Entwicklung behindert, zu beseitigen. Das verstehen heute viele, davon spricht man in den Küchen und in den Raucherzimmern der Universitäten. Das ist der ganz offensichtliche, wenn auch noch unausgesprochene politische Imperativ der Epoche.

Die Aufhebung des Eigentums der verbrecherischen Gruppierung, die den russischen Staat kontrolliert – dies vor allem wird das Volk von jeder provisorischen Regierung verlangen, sobald die Gesellschaft erwacht. Und die Regierung wird das zu tun gezwungen sein, ob sie will oder nicht. Wie aber schafft man das, ohne die Fehler der Privatisierer aus den 1990er-Jahren zu wiederholen, die möglicherweise auch nur das Beste wollten?

Der meisterörterte und quasi auf der Hand liegende Weg ist die Nationalisierung. Eine einfache Entscheidung, scheint es: wegnehmen und dem Staat übergeben. Aber wohin kommen wir im Ergebnis? Dorthin, wo wir herkommen – in die UdSSR Mitte des vergangenen Jahrhunderts (im besten Falle). Wieder werden wir es mit einer riesenhaften, unbeweglichen Wirtschaft zu tun haben, gelenkt von einem schwerfälligen Apparat von Beamten, die Privilegien für sich selbst herausschlagen.

Nach der Nationalisierung werden die Beamten wieder zu Nomenklatura-Oligarchen werden, die nur formal nicht als Eigentümer des Vermögens gelten, das sie verwalten. Enden kann das nur auf eine Art: in der gleichen Krise, in der die Epoche der Sowjetunion endete.

Es gibt bessere Lösungen, die einfach noch nicht erprobt worden sind. Russland braucht keine Nationalisierung, sondern eine ehrliche und gerechte neue Privatisierung. Die Aufgabe der provisorischen Regierung besteht darin, die Plattform für eine solche künftige Privatisierung zu schaffen.

Das gesamte Vermögen der kriminellen Vereinigung, die sich in Russland Regierung nennt, muss unter dem neuen Regime enteignet werden. Alternativen zu einem solch harten Schritt sehe ich persönlich nicht. Die Grenzen und Grundlagen einer solchen Enteignung wird man in der Zukunft detailliert erörtern können und müssen, aber sie werden weit reichen. Das gesamte Vermögen muss vorübergehend in einem Fonds unter gesellschaftlicher Kontrolle konzentriert werden.

Dorthin gehört auch das »erbenlose« Vermögen – die Unternehmen, die von den staatsabhängigen Clans kontrolliert werden, im Grunde seit Langem bankrott sind und sich nur dank der direkten und indirekten Subventionen aus dem Staatshaushalt halten können. Nach meinen Schätzungen summiert sich beides zu einem erheblichen Betrag – bis zur Hälfte des konsolidierten Nationalvermögens zum heutigen Datum.

Das Schwierigste ist nicht das Wegnehmen, sondern das sinnvolle Verfügen über das Weggenommene. Ich bin dafür, das konfiszierte Vermögen nicht direkt an den Staat zurückzugeben, das heißt in die Verwaltung der Beamten, sondern es in unabhängigen Fonds zu konzentrieren, die unter direkter Kontrolle der Gesellschaft stehen. Von diesen Fonds sollte es mehrere geben – etwa ein Dutzend. Einige von ihnen können nach Branchengesichtspunkten gestaltet werden. Hauptkriterium muss die wirtschaftliche Zweckmäßigkeit sein. Anteilseigner dieser Fonds werden alle volljährigen Bürger des Landes sein.

Die Bildung von nationalen Fonds aus konfiszierten Aktiva ist eine vorübergehende, eine Notfall-Maßnahme. Sie ist ein einmaliger Akt, um die wirtschaftliche Gerechtigkeit wiederherzustellen. Nutznießer dieser Maßnahmen müssen deshalb die heute lebenden Generationen sein. Jeder Bürger muss seinen Anteil an allen Fonds erhalten (analog zum Voucher). Verfügen kann der Bürger über seinen Anteil zunächst nicht; es wird ein Moratorium für die Veräußerung geben, um die Situation und dementsprechend den Wert der Anteile zu stabilisieren. Die Geschichte vor 30 Jahren darf sich nicht wiederholen.

Nach Ablauf des Moratoriums erhalten die Menschen die Möglichkeit, ihren Anteil zu verkaufen und eine angemessene Kompensation zu erzielen. Wer diesen Zeitpunkt nicht mehr erlebt, sollte das Recht haben, seine Anteile zu vererben – so wird das Gerechtigkeitsprinzip auch bei ihnen nicht verletzt. Der Verkauf eines Anteils während des Moratoriums darf nur in Ausnahmefällen nach besonderen gesetzlichen Regelungen gestattet sein (in der Regel beim Eintritt höherer Gewalt).

Bis zum Ablauf des Moratoriums werden solche Fonds wie normale gewinnorientierte Unternehmen arbeiten. Der erzielte Gewinn wird in die Fonds reinvestiert. Ein Teil von ihm aber kann als zusätzliche Sozialversicherung für die Anteilseigner verwendet werden. Die Versicherungsbedingungen und die Höhe der Zahlungen im Versicherungsfall werden jährlich gesetzlich zu regeln sein, abhängig auch von der Finanzlage der Fonds. Es wird dabei vermutlich um Ausgaben wie kostspielige Heilbehandlungen gehen, die Staat und Gesellschaft nur schwer tragen können, obwohl ja für Paläste und Raketen immer genug Geld da ist.

Die Verwaltungsstruktur der Fonds sollte zweistufig aufgebaut sein. Jeder Fonds sollte einen Aufsichtsrat haben, dessen Mitglieder direkt vom Parlament ernannt werden. Die Funktionen des Aufsichtsrats werden begrenzt sein und sich auf die Ernennung des Führungsunternehmens sowie Beschlüsse zum Erwerb oder der Veräußerung von grundlegenden Aktiva beschränken. Die Veräußerung von Aktiva wird in einer bestimmten Etappe eine wichtige Quelle für die Auffüllung des Fonds-Haushalts werden; das wird aber nur geschehen, sobald sich normale wirtschaftliche Verhältnisse gebildet haben.

Die gesamte operative Leitung sollte in den Händen der Führungsunternehmen liegen, die auf dem Wege der Ausschreibung im Einklang mit einem besonderen Gesetz ernannt werden. Die Führungsunternehmen haben nur ein Ziel: die effektive Verwaltung und Maximierung des Gewinns, aus dem die Anteilseigner ihre Dividende beziehen. Außerdem sollen sie, wenn erforderlich, das Vermögen der Fonds für die künftige normale, wirtschaftlich begründete, transparente und gesellschaftlich gebilligte Privatisierung vorbereiten.

Ein sofortiger Verkauf der enteigneten Aktiva durch die Fonds ist nicht wünschenswert und unzweckmäßig, weil ein Verkauf von

Vermögen unter den Krisenbedingungen der Übergangszeit nur zu unangemessen niedrigen Preisen möglich ist, wie wir das in den 1990er-Jahren gesehen haben, deshalb muss das Vermögen der Anteilsfonds eingefroren werden und ein Austritt mit Entschädigung wird nur unter extremen Ausnahmebedingungen möglich sein. Später, nicht früher als nach 5 bis 10 Jahren, wird dann eine neue, ehrliche Privatisierung derjenigen Aktiva zu erfolgen haben, deren Privatisierung für sinnvoll erachtet wird. Diese soll dann den Schlusspunkt unter den langen Streit über das Schicksal der Privatisierung der 1990er-Jahre setzen.

Die Aufgabe der provisorischen Regierung besteht darin, der Gesellschaft die direkte, unmittelbare Kontrolle über ihr nationales Vermögen zurückzugeben und das parasitäre Eigentum der kriminellen Vereinigung zu vernichten. Bewältigt sie diese Aufgabe nicht, dann wird sie von der Gesellschaft auch kaum das Mandat für alles Übrige erhalten.

TEIL II
Wie vermeidet man es, einen neuen Drachen heranzuzüchten?

Bei näherem Hinsehen handelt es sich bei dem Drachen gar nicht um eine bösartige Persönlichkeit, sondern um eine Allegorie des Staates. Eines Staates, bei dem drei Köpfe – Legislative, Exekutive und Judikative – fest am fetten, korrupten Rumpf des allmächtigen bürokratischen Apparats sitzen, der dank der Einigkeit seiner Köpfe die zersplitterte Gesellschaft drangsalieren kann. Um der Gesellschaft wieder die Kontrolle über den Staat zu verschaffen, ist einerseits diese Gesellschaft in der Idee der Zivilbürgerschaft zusammenzuschweißen (das heißt, aus der Masse eine Zivilgesellschaft zu schmieden), andererseits sind alle drei Herrschaftsköpfe vom bürokratischen Rumpf loszureißen, damit sie künftig getrennt existieren.

Das ist keine leichte Aufgabe, denn in den vielen Jahrhunderten der russischen Selbstherrschaft sind die Köpfe so fest am absolutistischen Rumpf angewachsen, dass weder sie selbst noch Umstehende eine Ahnung haben, wie man sie unabhängig machen soll. Die Übergangsperiode soll gerade das Verständnis dafür wecken, wie das zu bewerkstelligen wäre. Andernfalls wird sie kein Übergang sein, sondern lediglich eine Transplantation von Drachenköpfen. Der Wirtsrumpf wird das überleben und nach kurzer Rehabilitation an die Ausübung seiner Pflichten zurückkehren. Damit das nicht geschieht, muss die Gesellschaft die Verantwortung für die Lösung der schwierigsten Dilemmata übernehmen, vor die die russische Geschichte sich je gestellt sah.

KAPITEL 12
Die zivilisatorische Alternative: Imperium oder Nationenstaat?

Das letzte halbe Jahrtausend – schon seit den Zeiten von Iwan dem Schrecklichen – existiert Russland als Imperium, das heißt als ein Land, dessen Bestandteile sich in ihrer Kultur und sozialpolitischen Verfassung unterscheiden und die beileibe nicht vom Wunsch nach dem Zusammenleben, sondern durch militärische Gewalt zusammengehalten werden.

Alle heute lebenden Generationen und Dutzende vor ihnen haben nie etwas anderes gekannt als das Imperium und nie eine andere Form der politischen Existenz in Betracht gezogen. Und wenn das Imperium einmal schwächelte, folgte darauf gewöhnlich eine Zeit der Wirren, der inneren Zerrüttung und des Bürgerkriegs, die mehr Elend brachte als alle Mängel des Imperiums zusammengenommen.

Die Wirren endeten jedes Mal mit der Entstehung neuer, noch geltungssüchtigerer und kriegslüsternerer Imperien. Auf das Moskauer Zarenreich der Rurikiden folgte das Imperium der Romanows, das wiederum vom Imperium der Bolschewiken abgelöst wurde. Dazwischen lagen zwei furchtbare Bürgerkriege. Die Menschen in Russland sind das Imperium gewöhnt, sie vertrauen ihm; in ihm sehen sie die Rettung vor Verfall und Unordnung des gesellschaftlichen Lebens.

Zudem glauben sie nicht an sich selbst, halten sich für unfähig, ohne den »Zaren« zu leben (egal, wie er sich gerade nennt: Imperator, Generalsekretär oder Präsident), mit seiner eisernen Faust, seinen Polizisten, seiner Armee, seinen Beamten. Sie glauben den Verheißungen jener nicht, die sie zu Freiheit und Demokratie rufen, weil ihnen genetisch eingebläut ist: Die Alternative zum Imperium sind Wirren, Zerrüttung, Chaos.

Doch während Russland die Imperien aufbaute und zerstörte, wieder noch mächtigere Imperien baute und auch sie zerstörte, hat sich in der Welt um es herum sehr viel verändert. Das Imperium als Organisationsform der Völker gehörte bald der Vergangenheit an, es wurde von Nationenstaaten abgelöst, einfacher gesagt: Nationalstaaten, das heißt Länder, in denen eine gemeinsame Kultur (Sprache, Literatur und Lebensgewohnheiten) dominiert, dazu der Wunsch, nach einem gemeinsamen Gesetz auf einem Gebiet zu leben (auf die weniger erfolgreichen Ideen der letzten Jahre, etwa den Multikulturalismus, komme ich später).

Ganz überraschend ist Russland heute fast das einzige Imperium auf dem Planeten, eine Art »letzter Mohikaner« des Mittelalters.

Russland ist heute von Völkern umgeben, die ihr Leben nach völlig anderen Grundsätzen organisieren als das Imperium und die trotzdem nicht untergehen, sondern aufblühen. Auch wenn diese Nationalstaaten genug eigene Probleme haben, wächst die Kluft zwischen ihnen und dem »letzten Imperium«, was die ökonomische und technologische Entwicklung, das Bildungs- und Gesundheitswesen, ganz einfach die Lebensqualität und -dauer der Menschen angeht, in gigantischem Tempo. Mit jedem Tag vergrößert sich dieser Abstand; bald kommt der Tag, da die Kluft katastrophal und unüberwindbar für eine oder gar zwei Generationen wird.

Diejenigen, die im jetzigen »Lande der russischen Zivilisation« geboren sind, die dort leben und Verantwortung für ihre Zukunft tragen, werden in den nächsten Jahren eine epochale Entscheidung zwischen Imperium und Nationalstaat treffen müssen. Sie müssen die Frage beantworten: Wollen sie die Tradition wahren und deshalb um jeden Preis ihr sterbendes Imperium wiederaufbauen oder sind sie bereit, auf die Tradition zu verzichten, das Imperium auf den sprichwörtlichen »Müllhaufen der Geschichte« zu werfen und an seiner Stelle einen eigenen Nationalstaat aufzubauen?

Das ist eine Hamletfrage im wahrsten Sinne des Wortes. Es geht schließlich um die Entscheidung zwischen der zwar unvollkommenen und todgeweihten alten Welt, die dafür bis ins kleinste Detail hinein bekannt ist, und dem vielversprechenden und zugleich furchteinflößenden Unbekannten. Das Problem der heutigen Generationen in Russland ist nicht, dass sie diese Entscheidung scheuten (das ist verständlich: Niemand entscheidet sich gern zwischen Untergang und Veränderung), sondern darin, dass sie keine Möglichkeit haben, sie aufzuschieben und die Verantwortung für das Schicksal unserer russischen Zivilisation den Kindern und Enkeln aufzuerlegen.

Russland steht an einem zivilisatorischen Scheideweg. Die Entscheidung zwischen Imperium und Nationalstaat ist eine fundamentale, zivilisatorische; sie wird die Antwort auf Dutzende weiterer, ebenfalls nicht einfacher, nur weniger globaler Fragen vorausnehmen, mit denen sich die russische Gesellschaft am Anfang des 21. Jahrhunderts konfrontiert sieht. Wird diese Entscheidung nicht jetzt und nicht richtig getroffen, dann werden unsere Kinder und Enkel gar keine Wahl mehr haben.

Meine Entscheidung für Russland fällt für den Nationalstaat, für die Zukunft und nicht für die Vergangenheit.

Das Russland meiner Träume ist eine durch innere zivilisatorische Einigkeit gefestigte Verbindung von Menschen (durchaus unterschiedlicher ethnischer Herkunft), denen die Gemeinsamkeiten wichtiger sind als das Trennende; nicht das Imperium, das vom militärisch-bürokratischen Stahlring zusammengehalten wird wie ein morsches altes Fass. Ich schließe nicht aus, dass das Russland unserer Kinder noch mit Mühe und Not in der imperialen Hülle fortdauern könnte. Aber wenn wir das Russland der Enkel sehen wollen, dann brauchen wir einen anderen Staat, der von dem realen, nicht vorgegebenen Wunsch der Menschen getragen wird, innerhalb eines gemeinsamen sprachlichen, kulturellen, rechtlichen und politischen Raums zusammenzuleben.

Ich lehne die Nostalgie nach dem Imperium ab, egal, ob sie offen daherkommt oder pseudodemokratisch und pseudoliberal bemäntelt wird. Die Schaffung der russischen Staatsnation ist eine ungeheure historische Aufgabe, an der sich das russische Volk und andere Völker Russlands schon mehr als ein Jahrhundert hartnäckig, aber nicht folgerichtig genug versuchen und die mit den Kräften der heute lebenden Generationen endgültig gelöst werden muss. Die historischen Rahmenbedingungen sind so, dass wir diese Aufgabe nicht mehr weiter aufschieben können – heute oder nie. Wir oder niemand.

Russland braucht mehr als ein Imperium, das die Bevölkerung mithilfe von Armee, Polizei und Bürokratie, alles der Gesellschaft außenstehende Kräfte, in Zucht hält und im Land den Anschein von Ordnung herstellt.

Je stärker das Imperium, desto universaler und desto einheitlicher sein politischer Raum. Je schwächer es ist, desto mehr Ausnahmen gibt es von der allgemeinen Regel: die einen Gesetze für Moskau, andere für Tschetschenien, wieder andere für die Krim usw. Die Einheit des Imperiums ist illusorisch und verkörpert sich nur symbolisch in der Figur seines obersten Herrschers, die unweigerlich sakrale Bedeutung annimmt: »Solange Putin lebt, gibt es Russland«, und umgekehrt.

Die symbolische Einheit eines »politischen Volkstums«, die unabwählbaren »nationalen Führern« übertragen wird, muss von der realen Einheit der Nation abgelöst werden, die keines »obersten Gendarmen« und Zaren zur absoluten Kontrolle der »Untertanen« bedarf. Die Einheit der politischen (zivilbürgerlichen) Nation wird nicht von außen, sondern von innen gewährleistet, nicht durch eine Armee von Beamten, Gendarmen und der eigentlichen Armee, sondern durch die direkten politischen Verbindungen, die sich in einer ungegängelten Gesellschaft herausbilden.

Die Einheit der politischen Nation ist, im Unterschied zur Einheit des »politischen Volkstums«, primär: Nicht sie wird vom Staat erschaffen, sondern sie bildet den Staat, sie konstituiert ihn. Genau aus diesem Grunde ist ein von der Nation gebildeter Staat (anders als ein Staat, der das Volk kontrolliert) ein real verfassungsmäßiger. Damit ein solcher Staat entsteht, ist ein Konsens (eine Einigung) der Mehrheit über die elementaren Werte und Prinzipien des gesellschaftlichen Aufbaus nötig. Ein Mensch, der die Grundprinzipien der Verfassung als seine eigenen Überzeugungen übernommen hat und bereit ist, sie notfalls mit dem Gewehr in der Hand zu verteidigen, wird zum Bürger, und ein aus Bürgern bestehendes Volk wird zur Nation.

Die Völker Russlands sind auf dem Wege, eine russländische Nation zu bilden, sie sind es aber noch nicht geworden. Die UdSSR hat sich bemüht, ein neues Subjekt der Geschichte zu schaffen – das sowjetische Volk. Da dieses Projekt aber Teil des totalitären kommunistischen Projekts war, das die elementaren Verfassungsnormen negierte, um die herum sich die Nation erst bilden kann, war es zum Scheitern verurteilt. Die Menschen lehnten es einfach ab, die Prinzipien des kommunistischen Totalitarismus zu übernehmen.

Heute steht diese Aufgabe erneut zur Lösung an, aber im Rahmen einer Verfassung und nicht mithilfe des Terrors.

Der Nationalstaat kann nur infolge einer freien Selbstbestimmung der Völker Russlands entstehen. Den Menschen muss die Möglichkeit gegeben werden, eine Entscheidung zu treffen, nicht zum Schein wie 1993 und nicht in Verhöhnung ihrer Rechte wie in den letzten Jahren, sondern die bewusste und auf allseitiger Information basierende Entscheidung, ob sie bereit sind, in einem einheitlichen Staat nach den Regeln zu leben, die die gemeinsame Verfassung aufstellt, oder ob sie ihre Geschichte künftig eigenständig machen und alle damit verbundenen Vorteile und Lasten auf sich nehmen wollen. Das bedeutet eine schwere Prüfung und einen enormen politischen Stress, aber daran führt kein Weg vorbei: Ein festes Haus baut man nicht ohne Fundament.

Und so erfordert die Schaffung eines nationalen Staates in Russland drei wichtige historische Schritte:

» Erster Schritt: Dezidierte Abkehr vom imperialen Paradigma und Gewährung der freien Entscheidung für die Völker Russlands.

» Zweiter Schritt: Im Grunde der Gründungsakt des neuen Russland – die Annahme jenes Beschlusses, den die von den Bolschewiki auseinandergejagte konstituierende Versammlung vor hundert Jahren nicht hat fassen können. Womöglich ist dafür eine neue konstituierende Versammlung einzuberufen, indem man eine »ruhende Norm« der geltenden Verfassung anwendet.

» Dritter Schritt: Durchführung einer radikalen Verfassungs- und Gerichtsreform mit dem Ziel, die politische und rechtliche Infrastruktur für den russischen (oder russländischen) Nationalstaat zu schaffen.

Der Nationenstaat ist der Staat aller Völker Russlands, die den Wunsch und Willen äußern, ihn mitzubegründen. Er hat nichts mit einem Staat gemein, der bestimmte Abstammungen oder Konfessionen privilegiert. Er kann aber auch die einfache Tatsache nicht ignorieren, dass der politische Raum, auf dem er entstand, unter tätiger Beteiligung des russischen Volkes und auf der Grundlage seiner Kultur gebildet worden ist.

Diesen »historischen Umstand« verschämt zu verschweigen wäre genauso falsch und inakzeptabel wie der Versuch, politischen Vorteil und unberechtigte Privilegien für die »Titularnation« aus ihm zu ziehen.

Fast ein halbes Jahrhundert versuchte man, derartige Probleme in Europa unter der Losung des Multikulturalismus zu lösen. Diese Praxis spielte eine große Rolle beim Kampf gegen die Xenophobie und bei der allgemeinen Erhöhung der Toleranzschwelle. Aber wie die Ereignisse der letzten Jahre (insbesondere die Migrationskrise) zeigen, ist die Multikulti-Politik kein Allheilmittel. Sie ignoriert nämlich häufig den objektiven Umstand, dass die zeitgenössischen Gesellschaften sich nicht in einem kulturellen Vakuum, sondern im Rahmen bestimmter kultureller, historisch gewachsener Traditionen entwickeln. Diese Traditionen, die alle übrigen Elemente der Kultur zementieren, müssen respektiert werden. Für Russland ist es deshalb wichtig, die Philosophie des Multikulturalismus um das Prinzip der kulturellen Integration zu ergänzen, das es gestattet, die Beziehungen der Ethnien und Konfessionen auf der Basis ihres elastischen Einschlusses in den allgemeinen Raum der russischen Kultur harmonischer zu gestalten.

Für die Erlangung der russischen Staatsangehörigkeit muss es weiterhin zwingende Voraussetzungen geben: die fließende Beherrschung der russischen Sprache und Kenntnisse der Grundlagen der russischen Geschichte und Kultur, außerdem elementare ökonomische, politische und rechtliche Kenntnisse sowie die Bereitschaft, in der Praxis den Rechtsnormen der russischen Gesellschaft und ihren Traditionen zu folgen.

Derartige Forderungen schmälern keineswegs die Würde und die Interessen anderer Völker Russlands. Jedem von ihnen wird die Möglichkeit zur freien Entfaltung der Sprache seiner Vorfahren, seiner ethnischen Kultur und der Selbstverwaltung auf lokaler Ebene garantiert werden.

Zu den wichtigsten Funktionen der Schule und überhaupt des ganzen Bildungssystems gehört die Bürgererziehung. Wohlgemerkt, die Erziehung zum Bürger und nicht zum gehorsamen Untertanen eines weiteren »Selbstherrschers«.

Der nationale Staat ist vom Imperium mit seiner durch Zuckerbrot und Peitsche erzwungenen Ergebenheit gegenüber dem obersten Herrscher ebenso weit entfernt wie von der »Kosakenfreiheit«, dem, was man auch »failed state« nennt, wo jeder Mann sich selbst Gesetz ist. Er sorgt in erster Linie für Ordnung und den Schutz der

Persönlichkeit auf einer höheren Ebene, als das Imperium es tut, wo hinter der Fassade der Gesetzmäßigkeit die Willkür herrscht, häufig von Korruption motiviert.

Im wahren Nationalstaat identifiziert sich der Bürger stolz zuerst mit seinem Land, erst dann mit seinem Ethnos, der Abstammung, Region oder Profession.

Ich habe in der Zelle einen Monat mit Oberst Kwatschkow verbracht – einem militärischen Aufklärer und Kriegsveteran in Afghanistan, der im ganzen Land berühmt wurde, nachdem ihm Attentatsversuche auf Anatoli Tschubais und sogar ein versuchter Militärputsch nachgesagt worden waren.

Wir sind Menschen unterschiedlicher Welten und Anschauungen, rigorose Gegner, um das Mindeste zu sagen, aber als wir die Frage erörterten, warum unsere Machthaber und die Gesellschaft die Sondereinsatzkräfte so sehr fürchten, die Amerikaner dagegen nicht, sagte er etwas, was ich auch heute, anderthalb Jahrzehnte später, nicht vergessen habe: »Der amerikanische Sondereinsatzsoldat betrachtet sich zuallererst als Staatsbürger der USA und erst in zweiter Linie als Soldat. Und das ist verständlich: Wenn ihm etwas passiert, genießt er Schutz als amerikanischer Staatsbürger. Der russische Sondereinsatzsoldat denkt genau umgekehrt: Wenn mir etwas zustößt, habe ich vom Staat keine Hilfe zu erwarten, bestenfalls Freunde und Kampfgefährten helfen mir. Deshalb ist unser Offizier zuerst Sondereinsatzsoldat und erst dann Staatsbürger, der Amerikaner – umgekehrt.«

Das Russland meiner Träume werden Bürger neu begründen, die ihr Leben selbst und gemeinsam in die Hand nehmen wollen. Menschen, denen die nationalen Belange wichtiger sind als ihre standesmäßigen, korporativen oder abstammungsmäßigen Interessen. Menschen, die lieber gemeinsam als getrennt leben.

KAPITEL 13
Die geopolitische Alternative: Supermacht oder nationale Interessen?

Wenn man über den Moskauer Ring hinauskommt, findet man sich in der Regel sehr bald in einem völlig anderen Land. Während Moskau in Bezug auf Wohlstand und Komfort mit jeder beliebigen europäischen Hauptstadt mithalten kann, wirkt dieses andere Russland, in dem 120 Millionen Russländer leben, wie die Kulisse eines Nachkriegsfilms über das zerstörte Europa. Man will gar nicht glauben, dass man das Siegerland eines Krieges vor sich hat, des schrecklichsten und blutigsten Krieges in der Geschichte der Menschheit.

Wie sind wir so weit gekommen? Warum liegt dieses andere Russland heute in Ruinen, 30 Jahre nach dem »Sieg« über den Kommunismus und nach 20 Jahren kontinuierlicher Herrschaft der neuen »Elite« mit den »kühlen Köpfen und sauberen Händen«, Jahren eines ununterbrochenen und ganz unvorstellbaren Erdölüberflusses (die Preise lagen dreimal höher als die mittleren sowjetischen und die frühen russischen!)? Dabei hatte Deutschland (die BRD) trotz seiner Kriegsniederlage schon 1965, ungeachtet der Besatzung durch die »schrecklichen« Amerikaner, mit seinem Lebensstandard den größten Teil Europas übertroffen, und seine Industrie hatte die verlorenen Positionen im Großen und Ganzen zurückerobert. Warum hat sich das Leben der russischen Provinz, die doch wohl von niemandem besetzt war, nicht verbessert?

Ursachen dafür gibt es viele. Da sind zu nennen: die Verwaltungsinkompetenz, der grassierende Diebstahl, der Monopolismus, aber auch die grundsätzlich falschen politischen Prioritäten, das Beharren auf dem messianistischen Ziel der Wiederherstellung der »Supermacht«.

Diese neue »Selbstherrschaftlichkeit« entstand nicht aus dem Nichts. Bei dem Versuch, den geopolitischen Transit der Ukraine mit allen Mitteln zu verhindern, entdeckte der herrschende russische Clan so ganz nebenbei einen Schatz, der einträglicher war als Erdöl oder Gas – und dieser Schatz hieß »Russlands Größe«. Seit der Zeit wird dieser, wie die Herrschenden glauben, unversiegbare »Energieträger« in Russland in industriellen Maßstäben gefördert. Er ist der ideale Treibstoff für den Motor der russischen autoritären Macht.

Im Grunde wurde 2014 in Russland ein Gesellschaftsvertrag durch einen anderen abgelöst. Die alte Vereinbarung »Stabilität im Tausch gegen Freiheit«, die in Russland seit 2003 galt, ergänzte der Kreml entscheidend durch »Größe im Tausch gegen Gerechtigkeit und Wohlstand«. Der neue Gesellschaftsvertrag lautet jetzt folgendermaßen: Größe und Stabilität im Tausch für Freiheit, Gerechtigkeit und Wohlstand. Die Größe Russlands muss heute alle scheußlichen Züge des Regimes rechtfertigen: Willkür, Korruption, Kulturverfall, Rückständigkeit. All das kann und muss man ertragen für die Möglichkeit, straflos die Ukraine zu »drangsalieren«, den »Amis« in Syrien und Libyen eins reinzuwürgen, »unsere« Wagner-Söldner in ganz Afrika und, wie man hört, auch in Venezuela zu stationieren.

Warum hat die russische Gesellschaft sich so leicht darauf eingelassen? Offensichtlich deshalb, weil sie auf diese Wende vorbereitet war und sie sogar ungeduldig herbeigesehnt hat. Es ist bezeichnend, dass die Mehrheit der Bewohner Russlands geradezu euphorisch auf die »Heimholung« der Krim reagierte. Das war eine echte und ungespielte Freude. Der Grund dafür war aber nicht nur, dass die Menschen im Anschluss der Krim eine Wiederherstellung historischer Gerechtigkeit sahen, sondern auch, dass sie die Niederlagen leid waren und sich nach »Siegen« sehnten. Nicht die Krim, sondern ganz Russland schien wiederhergestellt zu sein, so wie sie es von früher kannten. Dieses Gefühl wiedergewonnener Kraft war vielen wichtiger als die eigentliche Freude über die Eroberung der Krim, an die man vorher nur selten gedacht hatte – im Wesentlichen nur, um dort seinen Urlaub zu verbringen (wenngleich viele, wenn sie die Möglichkeit haben, lieber nach Ägypten oder in die Türkei reisen).

Diese Reaktion kann schwerlich verwundern. Viele Jahrhunderte lang war Russland ein Imperium, und seine Untertanen sind in imperialer Tradition aufgewachsen. Bis heute kann sich die Mehrheit überhaupt nur schwer vorstellen, dass es eine Alternative zum imperialen Denken gibt. Das ist nicht nur ein russisches Problem: Andere ehemalige Imperien waren und sind mit vergleichbaren Herausforderungen konfrontiert (ein krasses Beispiel sind die jüngsten Ereignisse in Britannien aus Anlass des Brexit). Doch im heutigen Russland, das vor nicht allzu langer Zeit erst den Zusammenbruch der UdSSR erlebt hat, verliefen diese Prozesse zerstörerischer als irgendwo anders.

Die Geburt der neuen postsowjetischen Welt verlief kompliziert und war begleitet von schmerzhaften Prüfungen sowohl für die Gesellschaft als auch für den Staat. Zu den natürlichen Schwierigkeiten der Übergangsperiode kam der negative Einfluss zahlreicher strategischer und taktischer Irrtümer der Führer des neuen Russland. Das Ergebnis war ein abruptes Schrumpfen der Wirtschaft, gefolgt von einem Verfall der Institutionen und einer Kriminalisierung aller Bereiche des gesellschaftlichen und staatlichen Lebens. Zu dieser Zeit verlor das Land nicht einfach nur einen erheblichen Teil seines Territoriums, sondern hörte auch für lange Zeit auf, eine ernst zu nehmende Rolle in der Weltpolitik zu spielen; es verschwand von der großen Bühne im Parterre.

Das Scheitern der Zentralregierung im Tschetschenien-Feldzug und das Fiasko der russischen Außenpolitik auf dem Balkan waren die zwei Stimuli, die die imperiale Nostalgie am stärksten befeuerten. Das eine wie das andere wurde von der Gesellschaft als nationale Erniedrigung empfunden. So entstand das »Versailles-Syndrom« – eine ähnliche Verfassung der Gesellschaft hat es in Deutschland nach der Niederlage im Ersten Weltkrieg gegeben.

Ganz zu Unrecht war Russland jetzt nicht mehr verdientermaßen stolz darauf, dass es eine grandiose Revolution vollendet und mit dem Kommunismus in ganz Europa Schluss gemacht hatte, sondern es verstand sich als Staat, der den Kalten Krieg verloren hat.

Dabei hätte es aus dieser postimperialen Krise, die kein Einzelfall war, unterschiedliche Auswege gegeben – man konnte alle Ressourcen auf die Imitation von Stärke verwenden, eine Wiederauferstehung vortäuschen, hinter deren Fassaden die gleichen alten Ruinen stehen; oder man konnte eine tiefe geistige, sozialökonomische und politische Transformation durchmachen und tatsächlich erstarken.

Das besagte Deutschland hat beide Varianten durchgespielt: Den einen Weg ist es nach dem Ersten Weltkrieg gegangen; er führte es in die nationale Katastrophe. Den zweiten beschritt es nach dem Zweiten Weltkrieg, er führte zur Wiedergeburt der Nation. Der erste Weg weist in die Vergangenheit, es ist der Weg von Revanche und Militarismus, der gewaltsamen Reanimierung überholter historischer Formen. Der zweite weist in die Zukunft, es ist der Weg der Vergangenheitsbewältigung und der Suche nach neuen Lösungen.

Leider wurde in Russland nicht das konstruktive, sondern das rekonstruktive Szenario umgesetzt. Anfang des 21. Jahrhunderts zwang der herrschende Clan der Gesellschaft den ersten Weg auf und begann, mit dem »Größenelixir« zu handeln. Der Großmachtrausch wirkte: Mehrere Jahre lang befand sich die Gesellschaft im Zustand einer ununterbrochenen Psychose, betrank sich an ihrer vermeintlichen Überlegenheit über andere Völker und am Gefühl einer Stärke, die es in Wirklichkeit nicht gab (besonders nach den berühmten putinschen Animationsfilmen über die russischen Superwaffen). Doch schon zeichnet sich Erschöpfung ab, außerdem wird Russland für all diese Illusionen einen sehr hohen Preis zahlen müssen – und zahlt ihn schon jetzt.

Der Kreml will die Größe Russlands nicht durch die Entwicklung seiner Produktivkräfte erreichen, nicht durch das Aufblühen von Bildung und Wissenschaft, nicht durch einen kulturellen Aufschwung, sondern einzig und allein durch grobe militärische Kraft und nukleare Erpressung. Er ist erfindungsreich und raffiniert in seinem regellosen »skythischen Krieg«, den man als hybrid bezeichnet. Dafür nutzt er gnadenlos das von der UdSSR ererbte militärtechnische Potenzial, das noch für 20 bis 30 Jahre reichen wird, also genau bis zum Lebensende der heutigen Herrscher Russlands. Was danach kommt, interessiert sie nicht. Es sollte aber die Gesellschaft und jenen Teil der Elite interessieren, der fähig ist, über den Tellerrand der eigenen Gier und Eitelkeit hinauszublicken.

Die Kritik dieses neuen, postkommunistischen Militarismus erfolgt heute entweder von allgemein humanistischen (pazifistischen) Positionen aus oder aber wegen der Unrealisierbarkeit (Utopizität) der Kreml-Pläne, das heißt, Russland kann keinen Krieg gegen die gesamte Menschheit überstehen und wird sich selbst umbringen, so wie die UdSSR es getan hat.

Das ist richtig (langfristig gesehen) und falsch zugleich (kurz- und sogar mittelfristig gesehen). Im Grunde kommen die Kriegsabenteuer Russland nicht sehr teuer zu stehen. Ich kann mit Zahlen überzeugend nachweisen, dass die militärischen Provokationen (mit Ausnahme der Ukraine) bislang nicht sehr belastend für Russland waren, dass die »Investitionen« in Syrien zum Beispiel für russische Maßstäbe relativ bescheiden ausfielen, dass auch Venezuela finanziell tragbar war und die afrikanischen Experimente erst recht die »Sparvariante« darstellten. Die Ukraine natürlich ist nicht nur ein Verbrechen, sondern auch ein Fehler.

All das kann sich Russland quasi erlauben, ohne die Grundfesten seiner Ökonomie zu gefährden, zumal das »Erdöl steigt«. Etwas anderes ist es, dass dieser »kleine Dritte Weltkrieg«, in den der herrschende Clan das Land zu drängen versucht, nicht durch die laufenden Ausgaben gefährlich ist, sondern dadurch, dass er Russland die Chance nimmt, sich in die Wirtschaft des 21. Jahrhunderts einzuschreiben, und es zu einem langsamen Zivilisationstod in der technologischen und sozialen Sackgasse der Geschichte verdammt.

Die westlichen Länder haben uns aus der weltweiten Arbeitsteilung als gleichberechtigten Verbündeten und ungefährlichen Partner ausgeschlossen. China braucht uns als Konkurrent auf dem Technologiemarkt, auf den es selbst drängt, überhaupt nicht. Und auf uns allein gestellt, bringen wir natürlich nicht einmal ein Minimum der notwendigen Technologien zustande. Wir sind einfach viel zu wenige!

In diesem Sinne ist der Großmachtstatus ein gefährlicher Mythos, der die realen Interessen der sich herausbildenden Nation gefährdet. Jedoch, ich wiederhole es, in der nächsten Zukunft werden diese Probleme die Stabilität des Regimes nicht gefährden.

Die Hauptfrage ist überhaupt nicht die des Preises, sondern die des Sinnes. Ein alter sowjetischer Witz lautete: »Frage an Radio Eriwan: Lässt sich in Amerika der Sozialismus aufbauen? Antwort: Ja, aber wozu?« So ist es auch mit dem Kreml-Krieg. Kann Russland den Westen taktisch überspielen, sich in eine von äußeren Einflüssen völlig freie Autarkie nach dem Vorbild von Nordkorea verwandeln und dabei die Kontrolle auf die umliegenden Territorien ausdehnen? Schon, vielleicht – aber wozu? Die Frage ist nicht, was passiert, wenn der Plan des Kremls scheitert, sondern was sein wird, wenn ihm plötzlich alles gelingt. Das wird dann erst die wahre Katastrophe, denn ein Sieg des Kremls in dieser Logik bedeutet das Scheitern Russlands, und umgekehrt.

Ziel des Kremls ist somit, seine Einflusszonen vom Westen (und dann auch von China) abzugrenzen und seine politische und militärische Kontrolle auf die entsprechenden Gebiete auszudehnen, also im Endeffekt einen neuen Eisernen Vorhang zu errichten. Frage: Wozu braucht das Land mit der größten (und praktisch unbewohnten) Fläche der Welt sowie einem drohenden demografischen Kollaps neue Gebiete, die es kontrollieren soll? Kontrolle ist untrennbar von Verantwortung und Aufwendungen an Material und Menschen. Benötigt es vielleicht Bodenschätze? Russland soll um Gottes willen erst einmal herausfinden, was es selbst schon besitzt. Braucht es vielleicht Absatzmärkte für Hochtechnologie? Solche Produkte (selbst militärische) kann es ohne Kooperation mit dem Westen gar nicht herstellen, von dem es sich doch zugleich durch einen Eisernen Vorhang abgrenzen will; und die Abgrenzung mit militärischen Mitteln schließt eine derartige Kooperation aus.

Eine erste, annäherungsweise Antwort lautet: Russland wird heute von Leuten mit einem archaischen Denken regiert, die mental im letzten, wenn nicht gar vorletzten Jahrhundert stehen geblieben sind. Sie haben ein ziemlich primitives, »bäuerliches« Verständnis von Politik, das auf den drei Säulen der traditionellen politischen Mentalität ruht.

Erstens die Vorstellung, dass alle Beziehungen mit der Außenwelt ein »Nullsummenspiel« seien: Immer gibt es »wir« und »sie«, und wenn »sie« etwas gewonnen haben, dann verlieren »wir« exakt genauso viel, und umgekehrt. In einem solchen Spiel gibt es keine Schattierungen, es gibt entweder Schwarz oder Weiß. Kompromisse sind taktischer Hinterhalt, Bündnisse – eine Kriegslist, und überhaupt hat Russland nur zwei Verbündete: Armee und Flotte.

Zweitens die Vorstellung, am wichtigsten sei das Territorium. Das Territorium sei die Basis von Stärke, Reichtum und Einfluss. Je mehr Territorium, desto besser. Das Ziel jedes Politikers müsse es sein, das Territorium zu mehren. Aus der Sicht dieser politischen Philosophie ist ein Gebietsverlust eine Tragödie, ein Gebietsgewinn dagegen unbestreitbar positiv. Der historische Rang eines Herrschers wird bis heute nach seinen Gebietsgewinnen oder -verlusten beurteilt.

Drittens ist die ganze Welt in der Vorstellung der Kreml-Strategen in klare Einflusssphären aufgeteilt. Einflusssphären, das sind so eine Art Verlängerung des Territoriums, ein Raum, auf den sich, wenn auch eingeschränkt, die Souveränität der Metropole erstreckt. Die Ausweitung der Einflusssphären ist ein unbedingter Imperativ der Außen- und Innenpolitik des Staates. All seine Funktionen haben auf dieses Ziel ausgerichtet zu sein.

In der Epoche der Postmoderne sind derartige traditionelle Ansichten grundlegend korrigiert worden. Bis zum Kreml ist das allerdings noch nicht vorgedrungen.

Die wichtigsten Akteure in der Politik und Wirtschaft von heute spielen schon längst nach anderen Regeln. Ihnen liegt nicht die Theorie des »Nullsummenspiels« zugrunde, sondern die Win-win-Strategie, die Theorie des Nash-Gleichgewichts, nach der in komplexen Systemen keiner der Spieler eine erfolgreiche Strategie entwickeln kann, wenn die anderen Spieler nicht bereit sind, ihre Strategien zu ändern. Mit anderen Worten: In der heutigen Welt vermag niemand als Einzelner einen bedeutsamen Erfolg zu erzielen, wenn er gegen alle spielt. Im Gegenteil: Nur wenn man lernt, mit allen zu interagieren und nach gemeinsam gewählten Regeln zu spielen, kann man seine eigene Lage spürbar verbessern. Die Welt von heute bedeutet Wettstreit innerhalb festgelegter Grenzen im Interesse aller Spieler. Wer ohne Regeln spielen will, fliegt raus.

Zudem bietet im 21. Jahrhundert mit seinen digitalen Technologien die Eroberung von Territorien keineswegs zwangsläufig einen Vorteil. Der Geländezuwachs kann sich auch als schwerwiegender Nachteil erweisen und zur untragbaren Last werden. Die Kosten für die Aufrechterhaltung der Ordnung und der Daseinsfürsorge, der sozialen und sonstigen Infrastruktur in dem besetzten Gebiet können die Vorteile der Eroberung bei Weitem übersteigen.

Seit Langem werden auch Technologien genutzt, die es erlauben, die »ökonomische Ernte« von »fremden Feldern« einzufahren, ohne diese mit militärischer Gewalt zu erobern. Größe, Anzahl und Bildungsstandard der Bevölkerung in den Agglomerationen sind wichtigere Indikatoren der ökonomischen und wirtschaftlichen Macht, denn sie zeugen vom großen Potenzial eines Landes. Damit steht es aber bei den heutigen russischen Strategen ganz schlecht. Russland entvölkert sich in rasantem Tempo und baut intellektuell dadurch ab, dass die besten Köpfe aus dem Lande vertrieben werden; je mehr »kleinere Kriege«, desto mehr wird sich dieser Prozess beschleunigen.

In der heutigen postmodernen Welt gibt es keine klaren Trennlinien und demzufolge auch keine eindeutigen Einflusszonen mehr. Ein und dasselbe Territorium kann sich in der Einflusszone mehrerer Länder befinden und umgekehrt selbst Einfluss ausüben. Alles ist relativ, die Grenzen zerfließen. Innerhalb dieser »Grauzonen« verläuft ein ständiger Kampf und Wettbewerb. In der Regel führt der Versuch, die ausschließliche Kontrolle über eine Zone zu gewinnen, zum vollständigen Verlust des dortigen Einflusses.

Die eindrücklichste Illustration dieser Verluststrategie ist die russische Politik in Bezug auf die Ukraine seit 2014. Russland mit seinem kolossalen historischen Vorsprung lehnte es ab, mit dem Westen um Einfluss in der Ukraine zu wetteifern, und verwandelte diese stattdessen mit eigener Hand für Jahrzehnte, wenn nicht für immer in einen feindseligen Staat, eine Sperrzone zwischen sich selbst und Europa.

Heißt das, dass Dummheit die treibende Kraft der Kreml-Politik ist? Nur zum Teil: Eine noch größere Rolle spielt die Gier. In Wahrheit will die herrschende Klasse Russlands gar nicht Krieg führen. In den 20 Jahren ihrer Macht haben ihre Vertreter sich in das europäische Leben integriert wie niemand vor ihnen. Sie haben ihre Kinder, Frauen und Geliebten nach Europa gebracht, haben sich Immobilien und Bankkonten zugelegt, sind zu den Lieblingskunden europäischer Banker und zu großzügigen Förderern europäischer Politiker geworden. Nach ihnen sind die Campi von Dutzenden europäischer Universitäten benannt, sie besitzen Modegalerien und Kaufhäuser. Sie scheuen keine Innovationen, besonders in sicherer Entfernung zu den russischen Grenzen. Sie wollen keine Freiheit für Russland, richtig, aber sie nutzen die Freiheit der anderen im Westen (und seine Sicherheit). Das ist der Haken an der Sache.

Der Magnitski Act hat vielleicht als Auslöser für den »Kreuzzug« Russlands gegen den Westen eine größere Rolle gespielt als die Ereignisse in der Ukraine. Der sogenannte Krieg mit dem Westen, den Russland angeblich führte, war ein Krieg der herrschenden Klasse Russlands für ihre Privilegien, vor allem für das Recht, ihr Geld in Westen ungehindert ausgeben zu können. Es war so etwas wie ein primitiver Erpressungsversuch. Russland war nicht bestrebt, den Westen zu erobern (der Kreml kennt dann ja doch seine Grenzen), sondern ihn zu zwingen, die eigenen Bedingungen anzunehmen. Die wichtigste davon war: Ihr mischt euch nicht in unsere Angelegenheiten ein, drückt die Augen davor zu, was bei uns mit den Menschenrechten und der Korruption los ist, lasst uns unsere imperialen Gelüste in den Grenzen der Einflusszone der UdSSR seligen Angedenkens austoben und den Komfort eures europäischen Lebens genießen. Heute hat sich alles geändert. Putin hat Russland in einen Krieg hineingezogen, der die russische herrschende Klasse für lange Jahre aus ihrer gewohnten Position in der Weltgemeinschaft herauskatapultiert hat. Heute gehören sie dorthin, wo die nordkoreanische, iranische und andere marginale Eliten sind. Doch das war ein Fehler, genauer gesagt, die Folge der Entwicklung Putins vom kleinen Dieb zum Fanatiker. Die Interessen der Eliten spielten dabei keine Rolle.

Und wie verhält sich das zu den nationalen Interessen Russlands? Antwort: gar nicht. Worin bestehen diese? Lassen Sie uns fragen: Was wollen wir tun – Woronesch bombardieren oder Woronesch wiederaufbauen? Wenn wir es bombardieren wollen, braucht man dort nicht viel zu tun, es reicht der Krieg gegen den Westen. Will man die Stadt aber nicht zu einem Stalingrad 1943 machen, sondern zu so etwas wie Montreal, dann braucht es sehr viel – und all dem steht der Widerstreit mit dem Westen im Wege. Man braucht neue Technologien, gewaltige Investitionen, Know-how und ein kluges Management; man benötigt qualitativ höhere Bildung und Medizin, eine normale Konkurrenz, ohne die man überhaupt nicht aus der Stagnation herauskommt. All das ist nur durch Integration in die Weltwirtschaft zu erreichen, aber Integration und Krieg sind unvereinbar.

Viele Kritiker des jetzigen Regimes verfallen in das andere Extrem und meinen, bei den nationalen Interessen Russlands handele es sich um eine Art Propaganda-Chimäre und schon der bloße Ausdruck sei »unanständig«. Aber es gibt objektiv nationale Interessen Russlands, und sie müssen geschützt werden. Nur haben sie nichts mit den Clan-Interessen der »Leningrad-Gruppe« zu tun, die die Macht in Russland ergriffen hat und das Land total militarisiert. Russlands wahres nationales Interesse ist die möglichst rasche Integration in das System der Weltwirtschaft und der Umbau des inneren (ökonomischen und politischen) Lebens derart, dass das Land in diesem System den gebürtigen Platz einnehmen kann.

Alles, was heute diesem Ziel förderlich ist, entspricht Russlands nationalen Interessen. Alles, was dieses Ziel behindert und die überfälligen Veränderungen verzögert, widerspricht ihnen. Die Jagd nach der vermeintlichen Größe des Großkotzes ist erniedrigend für das wahrhaft große Russland, das allen Grund hat, auf mehr als die Atombombe stolz zu sein.

Der Kreml und seine Helfershelfer wollen Russland vom Westen isolieren, sich aber persönlich weiterhin im westlichen Leben integrieren. Dafür benötigen sie den Status einer militärischen Supermacht. Die nationalen Interessen Russlands sind genau entgegengesetzt: Beseitigung der Isolierung des Landes und im Gegenteil die Isolierung all jener, die durch Kriegsdrohungen versuchen, ihre feudalen Privilegien zu retten, darunter das Privileg, zu Hause ungestraft Geld zu stehlen, um es im Westen auszugeben. Sie wollen Russland dichtmachen, um ewig zu stehlen und zu betrügen; wir dagegen wollen Russland öffnen, damit das künftig nie wieder passiert.

KAPITEL 14
Die historische Alternative: Moskowien oder Gardariki?

Unabhängig davon, ob Russland ein Imperium oder ein Nationalstaat sein wird, ob es sich in Zukunft auf die Verbesserung des eigenen Lebens konzentriert oder sinnlos einer weiteren Utopie plane-
taren Maßstabs nachjagt – die kommenden Generationen werden
auf jeden Fall nicht um die Frage nach dem Zentralismus der russischen Macht herumkommen. Soll das russische politische System
ein streng zentralisiertes bleiben, mit maximaler Konzentration fast
aller Vollmachten an einem Punkt, das heißt in der Hand der Moskauer Föderationsregierung, oder soll sie dezentralisiert werden
(womöglich sogar auf künstliche Weise) und an ihrer Stelle eine
Vielzahl von Entscheidungsinstanzen gemäß der Kompetenzen auf
den einzelnen Ebenen geschaffen werden, auch wenn das viel Mühe
kostet?

Beides ist im Rahmen des liberalen und demokratischen Modells möglich, sodass die Frage durch die Abwendung vom autoritären System nicht automatisch obsolet wird. In Theorie und Praxis
kann ein demokratischer Staat sowohl stark zentralisiert (Großbritannien, Frankreich) als auch weitgehend dezentralisiert sein
(USA, Deutschland). Wir müssen also entscheiden, was für Russland besser geeignet ist, ausgehend von seinem kulturellen Erbe
und der Spezifik der unikalen historischen Aufgabe, die zu lösen
ihm bevorsteht. Die Entscheidung ist weder einfach noch eindeutig, nicht zuletzt deshalb, weil sie der tief verwurzelten Tradition
zuwiderläuft.

Es erschwert die Sache, dass der Zentralismus die heilige Kuh der russischen politischen Mentalität ist. Jeder Angriff auf ihn ist riskant. Russland war in allen bisherigen zivilisatorischen Inkarnationen (Moskowien, Imperium und UdSSR) ein hyperzentralisierter Staat. Die Tradition wurde von Moskowien begründet, vom Imperium Peters des Großen verstärkt und vom kommunistischen Imperium bis ins Extrem getrieben. Weder in den 1990er-Jahren noch Anfang der 2000er hat sich hieran etwas Wesentliches geändert. Das heißt, die historische Tendenz ging in den letzten 500 Jahren immer nur in Richtung einer stärkeren Zentralisierung, nicht davon zurück. In diesem Sinne ist Russland trotz vielfacher Epochenwechsel immer noch das alte Moskowien geblieben.

Der im Massenbewusstsein verwurzelte Zentralismus eint als politisches Prinzip paradoxerweise die Anhänger und Gegner des heutigen russischen Regimes. Unter den Letztgenannten finden sich nicht weniger fanatische Anhänger einer maximalen Zentralisierung der Macht, ihrer Konzentration in den Händen einer nationalen Regierung (das heißt Moskaus) als unter den Apologeten des Regimes. Auch wenn die beiden politischen Kräfte ganz unterschiedliche Motive dafür haben, stehen sie der Idee einer Dezentralisierung gleichermaßen skeptisch und argwöhnisch gegenüber.

Für den Russland beherrschenden Clan ist der Zentralismus eine Frage der Kontrolle über die Situation, eine Frage der Wahrung des politischen und ökonomischen Status quo. Für ihn ist die Hyperzentralisierung ein Instrument, um beliebige Herausforderungen wie etwa lokalen Aufruhr, die das etablierte politische System bedrohen könnten, zu unterdrücken. Es ist verständlich, dass für ihn der Zentralismus die Hauptvoraussetzung bildet, um die Stabilität des Regimes zu erhalten, das absolut und vollständig vom effektiven Wirken des zentralisierten Unterdrückungs- und Propagandaapparats abhängig ist. Dies ist auch eine Frage der Verfügung über die Ressourcen, die für die Unterhaltung des Apparats notwendig sind.

Für die Opposition ist der Zentralismus ein Schutz der Bürger vor der Willkür der lokalen Eliten, die sie als Bollwerk der reaktionären Politik versteht. Noch sind im historischen Gedächtnis die Experimente des jungen Zaren Iwans IV. (später des Schrecklichen) zur Einführung einer lokalen Selbstverwaltung nicht verblasst. Damals ergriffen anstelle der Wojewoden kräftige »Schreihälse« die Macht vor Ort, deren Willkür schlimmer war als alles, was das Volk von den zaristischen Wojewoden gewohnt war. Im Endeffekt musste das Experiment noch in der Anfangsphase abgebrochen werden.

Vielleicht waren deshalb viele Ideologen des russischen Liberalismus der Meinung, dass eine Dezentralisierung der Macht Russland zwangsläufig in ein einziges großes »Gemetzel von Kruschtschowka« verwandeln würde, so etwas wie eine Konföderation halbkrimineller Fürstentümer, wobei in jedem ein autoritäres Banditen-Mikroregime entstehen würde. Ihrer Ansicht nach kann diese verderblichen Prozesse nur eine »progressive«, dominierende Rolle der Zentralmacht aufhalten, verkörpert von einer Föderationsregierung, die unter Kontrolle der »richtigen« politischen Kräfte ist, das heißt der siegreichen liberalen Westler.

Deshalb tritt eine Reihe russischer Liberale ebenso wie die Reaktionäre für die Beibehaltung einer strengen Zentralisierung ein. Uneinig sind sie sich vor allem darin, wer das Einheitszentrum kontrollieren und welche Signale dieses Zentrum in die Regionen senden soll. Nach Meinung der Loyalisten soll die zentralisierte Macht die Stabilität garantieren und Veränderungen hemmen, nach Meinung der Liberalen und Demokraten soll sie die für das Land notwendigen Reformen von oben nach unten durchsetzen.

Die Argumente der liberalen Anhänger des Zentralismus könnte man für äußerst überzeugend halten, wäre da nicht ein gewichtiger Punkt: In einem so riesigen Land wie Russland gebiert der Zentralismus früher oder später, jedoch unausweichlich, den Autoritarismus.

Bei einem hohen Grad von Machtzentralisierung wird es nicht gelingen, im Land ein funktionsfähiges Demokratiemodell auf Dauer aufrechtzuerhalten. Wie liberal die zentralisierte Macht der siegreichen »progressiven Kräfte« am Anfang auch sein mag, nach kurzer Zeit hört wird sie damit aufhören und wieder autoritär werden.

Der Grund, aus dem die Beibehaltung der Hyperzentralisierung in Russland die Reproduktion des autoritären Modells erzeugt, ist ziemlich einfach. Der Zentralismus macht die ständige Umverteilung der Ressourcen in den Grenzen des riesigen Landes notwendig (ohne sie hätte er einfach keine materielle Grundlage). Dies bedeutet, ungeheure Finanzströme zu bedienen, und dafür ist ein riesiger bürokratischer Apparat notwendig. Der wiederum hängt drohend über der Gesellschaft, die keine Mittel hat, ihn zu kontrollieren oder sich gegen ihn zu wehren.

Die Ursachenkette ist einfach: Zentralisierung – Umverteilung der Ressourcen – aufgeblähter Verwaltungsapparat – Unterdrückung der Zivilgesellschaft.

Mit anderen Worten (und das ist sehr wichtig): Unter russischen Verhältnissen gebiert der Zentralismus unweigerlich die Selbstherrschaft, und umgekehrt.

Wie innovativ die Ideen auch sein mögen, mit denen die »revolutionären Zentralisten« in Russland an die Macht kommen, sie sind doch immer in ein und dieselbe eingefahrene historische Fahrspur abgerutscht und werden es immer wieder tun: Aufzwingung der Veränderungen von oben – Schaffung eines mächtigen zentralen Machtapparats – zwangsläufige Konzentration von Ressourcen zur Versorgung dieses Apparats – Verwandlung des Apparats in eine Kraft, die die Gesellschaft drangsaliert – Bildung eines (im besten Falle) autoritären Regimes – Notwendigkeit einer neuen Revolution.

Es stellt sich die Frage: Wie kommt man aus diesem Teufelskreis heraus, wie befreit man sich vom Autoritarismus der zentralisierten Macht, ohne dabei zur Geisel von lokalen Banditenclans zu werden?

Die Antwort sollte auf der Hand liegen: die Macht dezentralisieren, die Kontrolle durch die Gesellschaft stärken, somit Gewaltenteilung und Balance, starke Opposition mit garantierter Möglichkeit zur Kontrolle der Regierung, unabhängige Medien.

Wie aber erreicht man das in einem Land, in dem es in den letzten 500 Jahren keine vergleichbare politische Erfahrung gegeben hat?

Die Dezentralisierung des politischen Systems ist wohl die wichtigste aller politischen Aufgaben, vor denen die Koalition jener Kräfte steht, die den demokratischen Wandel in Russland nicht nur in Worten, sondern in Taten erstrebt.

Es ist jedoch eine ungemein schwierige Aufgabe: Ein einziger Sprung über den Abgrund hinein in das »dezentralisierte Paradies« reicht dafür nicht aus. Im russischen politischen System hat sich zu viel an archaischen Ablagerungen gesammelt, allzu schwer sind sie auf einen Nenner zu bringen, und groß ist das Risiko, dass man auf der Jagd nach dem Ideal den Kontakt zur Realität verliert und in den Abgrund stürzt. Dennoch muss der Sprung gewagt werden, denn früher oder später wird diese ganze Archaik das Land in seinen Nähten bersten lassen.

Man muss deshalb in zwei Reihen zugleich vorgehen: den Boden für den tektonischen Ruck bereiten und vorübergehende Kompromissmaßnahmen ergreifen, die – selbst wenn sie unvollkommen sind – das Problem zum Teil lösen helfen.

Aber was kann Vorbild für dieses neue System sein? Eine Antwort findet man, wie seltsam das auch klingen mag, in der fernsten Vergangenheit Russlands, noch weiter zurück als zu dem Punkt, an dem man das russische Staatswesen gewöhnlich beginnen lässt – dem Zarentum Moskau.

Heute drängen die Kräfte der Reaktion uns vereint in die Vergangenheit und sehen ihr Ideal in dem Staat, den die Moskauer Fürsten geschaffen hatten. Unsere Geschichte erschöpft sich jedoch nicht im »Tatarensturm« und dem daraus entstandenen Moskowien. Es gab auch eine andere Rus. Das war ein Land von selbst verwalteten und unabhängigen Städten – Gardariki (so nannten das in grauer Vorzeit die aus dem Norden kommenden Wikinger). Und auch wenn diese Städte sich dann in den endlosen Weiten der russischen Zivilisation verloren, müssen wir heute genau dieses Gardariki an die Stelle Moskowiens setzen, als ein prinzipiell anderes System des staatlichen Aufbaus und als Alternative zur starren Zentralisierung.

Städte waren immer die Ecksteine der Entwicklung der europäischen Zivilisation. Sie sind bis in unsere Zeit die Impulsgeber für das Wachstum einer neuen, universalen Zivilisation. Nur ist heute nicht einfach von Städten, sondern von Megapolen die Rede, in denen Millionen von Menschen dicht gedrängt zusammenleben. Diese Megapolen als prinzipiell neues Format der sozialen Organisation sind heute zum Motor der technologischen, ökonomischen und insgesamt kulturellen Veränderungen in der Welt geworden.

Strategisch muss Moskowien mit seinem einzig dominierenden politischen Entscheidungszentrum schon in mittelfristiger historischer Sicht in einen politischen Multizentrismus der Megapolen umgewandelt werden. Dem Staatsaufbau Russlands sollte idealerweise ein politischer Verband von Megapolen zugrunde liegen. Das wird den Horizont der politischen Klasse erheblich erweitern und sie über die Moskauer Ringautobahn hinausblicken lassen.

Ein wesentlicher Unterschied zwischen der Welt von heute und vergangenen Jahrhunderten ist die Verringerung der Zahl der Wachstumspunkte und ihre Konzentration auf die größten Megapolen, die die nötige Bevölkerungskonzentration und Infrastruktur aufweisen (Megapolis als relativ kompakt bewohnter Raum, dessen Zentrum in weniger als einer Stunde zu erreichen ist).

Der umliegende Raum verwandelt sich dabei in ein Servicefeld, das diese Wachstumspunkte versorgt. Im Blick auf die Entwicklung in Russland sollte dabei der Nachdruck auf Megapolen mit einer Bevölkerung zwischen 3–5 und 15–20 Millionen Einwohnern gelegt werden.

Eine nicht allein technische, sondern eher politische Frage lautet: Wie viele solcher Zentren können und sollten wir uns erlauben? (Vorausgesetzt, wir lassen uns nicht einfach vom Strom der Zeit treiben, sondern wollen die Dinge in unsere eigene Hand nehmen.)

Meiner Meinung nach sollte es in Russland höchstens 20 solcher Zentren geben. Für mehr reicht einfach die Bevölkerung nicht. In Zukunft werden die Megapolen zu Gebietszentren werden: zu Hauptstädten neuer Struktureinheiten – der Länder.

Gemeint ist die Bildung neuer ökonomischer und politischer Zentren: Bausteine des neuen Russland, das von unten nach oben, und nicht wie bisher von oben nach unten aufgebaut wird. Dieses neue Netzwerk wird irgendwann die bestehende Teilung in Gebiete (Republiken) ablösen.

Ich bin überzeugt davon, dass wir in einer bestimmten Etappe der historischen Entwicklung ohnehin die territoriale Aufteilung Russlands, die mit ihren Wurzeln zum Teil in die älteste Geschichte zurückreicht, zum anderen Teil das Ergebnis von Willkürentscheidungen und ephemeren Interessen ist, radikal werden ändern müssen.

Möglicherweise werden wir völlig von der Teilung in Gouvernements und Gebiete abgehen müssen, wie wir sie seit fast drei Jahrhunderten kennen. Diese Teilung ist historisch und spontan gewachsen, im Prozess der unaufhörlichen russischen Kolonialexpansion. Sie festigt die Entwicklungsungleichheit, fixiert die friedliche Koexistenz zwischen reichen Regionen, von denen jede ein eigener europäischer Staat sein könnte, und den armen Regionen, die nur auf Kosten von Subventionen der Zentralregierung überleben und absolut nicht auf eine selbstständige Existenz vorbereitet sind, weder im wirtschaftlichen noch im ganz allgemeinen kulturellen Sinne des Wortes.

Zugegeben, in keinem Land der Welt passen alle Regionen wie maßgeschneidert zueinander. Überall existiert der Kontrast zwischen Leadern und Outsidern. Doch alles hat seine Grenzen. Lange lässt sich die Kutsche des modernen Nationalstaates nicht mit dem postindustriellen »Gaul« und dem zittrigen Rasse-»Damhirsch« bespannen. Die Entwicklungsniveaus der Regionen auszugleichen und Nachhilfe für die Outsider sind absolute politische Notwendigkeiten. Die rückständigsten Regionen, die bislang nicht in der Lage sind, ihre politischen Funktionen als Subjekte der Föderation auszuüben und die de facto auch keine solchen sind, müssen auf das allgemeine Niveau gehoben werden. Das ist eine schwere, aber unvermeidliche Aufgabe.

Aus dem Sprung ist das nicht zu schaffen. Die Situation muss vorbereitet werden, indem die Megapolen zu potenziellen (perspektivischen) politischen und ökonomischen Verwaltungszentren entwickelt und auf ihre neue Rolle vorbereitet werden (der Anfang sollte mit einer richtigen, guten Universität gemacht werden, die das Niveau der künftigen Megapole prägt und bestimmt). Für diese Aufgabe braucht es viel Zeit.

Doch was ist jetzt zu tun? Wenn wir uns allein auf das perspektivische Wachstum der Megapolen verlassen, könnte es sein, dass wir die lichte Zukunft ganz einfach nicht mehr erleben. Das Programm einer tiefgreifenden Restrukturierung der staatlichen Gliederung Russlands könnte Jahrzehnte oder gar mehr in Anspruch nehmen. Wenn die Macht in diesem Jahr weiterhin so zentralisiert bleibt wie heute, dann hat Russland keine Aussicht, sich aus der Geiselhaft von Autoritarismus und wirtschaftlicher Rückständig zu befreien. Das bedeutet, parallel zur Errichtung eines völlig neuen Systems muss das existierende reformiert werden – nach einem »provisorischen Schema«.

Wie geht man mit der vorgefundenen Realität um? Die Geschichte kennt zwei Hauptinstrumente einer wirksamen Dezentralisierung der Macht: Selbstverwaltung und Föderalismus. Beide sind bislang in Russland wenig erforscht. Obwohl sie formal in der Verfassung erwähnt sind, finden sie in der Wirklichkeit keine Anwendung und dienen lediglich als Attrappen zur Verzierung des politischen Systems. Und wir können nur erraten, wie in Russland eine wirkliche Selbstverwaltung und ein wirklicher Föderalismus funktionieren würden.

Russland war nie ein tatsächlich föderaler Staat. Die Föderation war die politische Legitimationsform für die Teilautonomie der Kolonien im Verhältnis zur Metropole. Das föderative Modell hat in Russland nie funktioniert, und niemand hat eine Ahnung, ob es im Prinzip überhaupt funktioniert. In der UdSSR war die Föderation nur insoweit effektiv, als die Sowjetmacht sich parallel zum föderativen Scheinmodell durch die streng zentralisierte Maschinerie der Parteimacht (real deep state) absicherte, für die das föderative Prinzip nicht galt.

Die Selbstverwaltung in Russland ist wohl auch in der vorsowjetischen Zeit tief verwurzelt und spielte eine wichtige unterstützende Rolle auf der unteren Ebene der Verwaltung des Imperiums (in den dörflichen Siedlungen). Seit Mitte des 19. Jahrhunderts entwickelten sich komplexere Formen der Selbstverwaltung (die Landstände). In der Sowjetperiode jedoch wurden alle Formen der Selbstverwaltung zerstört. Diese Tradition kann als abgebrochen gelten. In der postsowjetischen Zeit wurde nichts Vergleichbares neu geschaffen. Deshalb muss auch der Übergang zur Selbstverwaltung auf einer ganz elementaren Ebene beginnen.

Trotzdem muss es eine Basis geben, von der man ausgeht, und etwas, das Gegenstand der politischen Feineinstellung (der weichen Regulierung) ist. Die maßgeblichen Bedingungen, um ein erneutes Abgleiten in die Spurrinne des Autoritarismus zu verhindern, ist meines Erachtens die Entwicklung der lokalen Selbstverwaltung. Die Entwicklung des Föderalismus wird zum ergänzenden, unterstützenden Faktor. Der Grund dafür ist, dass es relativ leicht ist, die gesellschaftliche Kontrolle über Machtstrukturen in »Reichweite« zu errichten und auf dieser Basis eine demokratische Tradition zu schaffen.

Die Entwicklung der lokalen Selbstverwaltung muss sich vor allem auf einen gesicherten Haushalt und Zuständigkeiten stützen.

Der Begriff »gemeinsame (oder gemischte) Zuständigkeit« ist Teufelszeug. Er umschreibt eine Grauzone, in der immer nur das Zentrum gewinnt. Selbstverwaltung setzt selbstverständlich auch Verantwortung voraus. Das ist die Polittechnologie des geschlossenen Kreises: exakt umrissene Zuständigkeit, eigene Einnahmequellen, Verwaltung durch gewählte Amtspersonen, die sich für die Resultate ihrer Arbeit vor den Wählern verantworten, und die Haftung der Wähler gegenüber sich selbst für eigene Fehler, die man nicht auf höhere Instanzen abwälzen kann.

Natürlich sind Regionen so unterschiedlich wie Menschen, und in einem so riesigen Land wie Russland geht es nicht ohne Umverteilung der Ressourcen ab. Doch das darf nicht insgeheim geschehen, nicht aus verworrenen Titeln des gemeinsamen Föderationshaushalts, sondern es muss über einen absolut transparenten einheitlichen Entwicklungsfonds der Regionen laufen. Deshalb ist die Frage seiner Transparenz auch gesondert zu behandeln.

Der Zugang zu Subventionen muss gerecht sein und die eigene Entwicklung stimulieren. Subventionen sind nicht Gegenstand politischer Kuhhandel, keine Belohnung für »richtiges Abstimmungsverhalten«.

Mithilfe einer vorauseilenden Entwicklung der lokalen Selbstverwaltung wird der morsche Knüppel der Macht zur Pyramide – und die Selbstverwaltung zu ihrem Fundament. Das heißt, das gesamte heutige System wird vom Kopf auf die Füße gestellt.

Die Menschen müssen lernen, die Probleme auf der Ebene zu lösen, wo sie entstehen. Keine einzige Demokratie der Welt existiert ohne diese Basis. Das Prinzip ist einfach: eigene Zuständigkeit, eigener Haushalt, eigene, selbst gewählte Führung.

Der andere Pol ist die Spitze der Pyramide, die Zentralmacht. Sie muss funktional subsidiär (ergänzend) sein im Verhältnis zur lokalen Selbstverwaltung, nicht umgekehrt: Nicht sie löst die Probleme vor Ort anstelle der Organe der lokalen Selbstverwaltung, sondern sie setzt die Spielregeln und achtet auf ihre genaue Einhaltung. Andernfalls zeigt das Fundament Risse, in denen sich die altbekannten kriminellen Enklaven einnisten können.

Abgesehen davon, löst die Zentralmacht nationale (allgemeine) Probleme und hat dafür eine eigene, gesicherte Zuständigkeit und ausreichende Ressourcen, wozu der zentralisierte Haushalt zählt. Die Zentralmacht in Russland muss stark genug sein, um »vor Ort« für die Einhaltung der Regeln und für Ordnung zu sorgen, aber gleichzeitig so gezügelt, dass sie nicht in Versuchung gerät, die Regionen zu »privatisieren« und sich die Zuständigkeiten der lokalen Selbstverwaltung »einzuverleiben«.

Und hier kommt es zu einem zusätzlichen Problem. Ist die Zentralmacht zu schwach, kann sie das Land nicht zusammenhalten. Ist sie aber zu stark, unterdrückt und erdrückt sie die lokale Selbstverwaltung.

Um die Stärke der Zentralmacht so zu regulieren, dass sie das Gleichgewicht nicht zerbrechen und den Organen der lokalen Selbstverwaltung ihre Vollmachten rauben kann, muss sie im Inneren durch eine zusätzliche (horizontale) Machtteilung künstlich ausgewogen werden. Dieser in der Zentralmacht eingebaute, zusätzliche Regulator ist nun eben der Föderalismus. In einem so riesigen Land wie Russland ist er unverzichtbar dafür, um die Balance zwischen Zentralmacht und Selbstverwaltung besser zu wahren.

Die Bedeutung des Wortes »Föderalismus« ist heute durch jahrelange Ablagerungen der sowjetischen Propaganda stark verworren. Der Föderalismus ist ein spezieller Mechanismus zur Organisation der staatlichen Macht, bei dem es neben dem vertikalen Schnitt (klassische Gewaltenteilung) einen ergänzenden horizontalen Schnitt gibt, das sogenannte konstitutionelle Rechtsgeschäft, das beiden Ebenen der staatlichen Macht die Möglichkeit gibt, auf ein und demselben Territorium, jedoch vollständig autonom (das heißt unter Setzung je eigener Regeln) in einem oder mehreren Kompetenzbereichen tätig zu sein.

Der Föderalismus, von dem hier die Rede ist, hat nichts mit dem heutigen Fake-Föderalismus gemein. In der Zukunft wird er an die Megapolen als Zentren der neuen Subjekte gebunden sein. Begonnen aber werden muss mit der Reformierung der Beziehungen im Rahmen der bestehenden staatlich-territorialen Teilung.

In der Zukunft werden die Megapolen die Hauptstädte der »Länder« werden, die mit den unabdingbaren administrativen und politischen Attributen einer regionalen Subhauptstadt und dem dazugehörigen Gerichtssystem, Wehrkreisen usw. ausgestattet sind. Die Länder werden im Rahmen ihrer Zuständigkeit ihre eigene Gesetzgebung haben. Eine annähernde Aufzählung der Länder und ihrer Hauptstädte lässt sich heute schon prognostizieren, ausgehend von den Entwicklungstendenzen der Regionen. Diese kann man auf ihre neue Rolle vorbereiten, indem man unter anderem die existierenden Subjekte der Föderation ganz gezielt und systematisch vergrößert.

Lebensfähig kann in Russland nur ein dreidimensionales System sein: starke Zentralregierung, die Megapolis als regionales Subzentrum und eine starke lokale Selbstverwaltung. Fällt eines dieser Glieder und das System wird von einem dreidimensionalen zu einem ebenen, dann bricht es unweigerlich zusammen und gleitet in den traditionellen Autoritarismus oder in eine Zeit der politischen Wirren ab mit der Gefahr, dass die Staatlichkeit atomisiert wird. Die Basis aller drei Elemente ist die Selbstverwaltung. Grundlage der Selbstverwaltung müssen ein geschütztes lokales Budget und lokale Zuständigkeit sein.

Das überkommene Verwaltungsmodell Russlands ist nun eben Moskowien – das Land eines einzigen Stadtstaates. Das neue Modell, das Russland braucht, um zu einem modernen Staat zu werden, ist Gardariki, ein Land vieler Städte, die ihre Regierung in die eigene Hand nehmen. Gardariki gegen Moskowien – das ist die Frage, die am Ende in vielerlei Hinsicht über Russlands Schicksal entscheiden wird.

KAPITEL 15
Die politische Alternative: Demokratie oder Opritschnina?

Wozu braucht man eigentlich, genau genommen, die Demokratie, das heißt ein Regierungssystem, das auf regelmäßigen allgemeinen Wahlen und der Gewaltenteilung basiert? Wozu braucht insbesondere Russland es?

Die Antwort liegt keineswegs auf der Hand. Oder jedenfalls nicht für alle. In liberal gestimmten oppositionellen Kreisen Russlands denken viele: Alle verstehen doch ohnehin sehr gut, dass die Demokratie gut ist, und wer das nicht tut, der ist unaufrichtig. Doch das ist ein schwerer Irrtum.

Sogar in liberalen Kreisen trifft man auf verbissene Antidemokraten, die davon überzeugt sind, dass die Demokratie nur etwas für Auserwählte sei. In nichtliberalen Kreisen dominieren die Demokratiegegner erst recht, nur äußern sich nicht alle so klar, manche vermeiden das Thema lieber. Deshalb ist die Frage, ob Russland ein wahrhaft demokratischer Staat sein sollte, bis heute nicht entschieden. Der »Demo-Skeptizismus« ließe sich am leichtesten auf geistige Trägheit oder mangelnde Bildung schieben, doch ist alles viel komplizierter.

Erstens finden sich unter den Gegnern der Demokratie nicht wenige hochgebildete Intellektuelle, und nicht nur vom Regime verblödete Bürger.

Zweitens hat die moderne Demokratie mit vielen realen Problemen zu kämpfen, die sie heute in den Augen von Menschen mit den unterschiedlichsten politischen Ansichten diskreditieren.

Drittens (und das ist wohl das wichtigste) hat Russland eine miserable Erfahrung mit der Demokratie, während die entgegengesetzte Erfahrung mit der autoritären Regierung umfassend ist und vielen schon aus Denkfaulheit größeres Vertrauen einflößt.

Man muss dabei im Auge behalten, dass Russland eine »atypische Diktatur« ist. Der russische Autoritarismus ist in seiner Art einzigartig und hat seine Modernisierungsfähigkeit mehr als einmal unter Beweis gestellt. Im Laufe seiner Evolution hat das russische politische System eine originelle eigene Antwort auf die Herausforderungen der Geschichte entwickelt, die man unter Vorbehalt als permanente »Opritschnina« bezeichnen könnte. Dieses System ist nicht so primitiv, wie viele denken.

Das Wesen der Opritschnina besteht in der Teilung der Macht zwischen äußerem und innerem Staat, wobei der innere Staat den äußeren kontrolliert und als latente politische Kraft wirkt.

Noch von Iwan dem Schrecklichen erfunden, hat die Opritschnina seither zahlreiche Wandlungen durchgemacht. Der innere Staat wurde zu verschiedenen Zeiten unterschiedlich genannt (der »Hof«, die KP, die Kooperative »Ozero«), das Wesen aber ist gleich geblieben: Über den regulären Staat mit seinen Gesetzen und Institutionen legt sich das Netz einer informellen, durch keinerlei Gesetze gebundenen Macht, die über den Gesetzen steht und auf Kosten von Privilegien lebt. Das ist das spezifische russische »ewige Mittelalter« – es verändert sich, passt sich den Verhältnissen immer neu an, aber es verschwindet nie vollständig.

Dem historischen Gedächtnis des Volkes ist die Vorstellung von einer magischen Kraft dieses »Mittelalters« eingeschrieben, und die Menschen erinnern sich, dass alle Versuche, vom gewohnten Paradigma abzuweichen, gewöhnlich in einer Zeit der »Wirren« endeten.

Hier ist keinerlei Propaganda notwendig, das ist die erste Assoziation, die das politische Massenbewusstsein der Russen zeigt. Deshalb darf auch das Phänomen der erneuten Begeisterung für den Stalinismus, über den heute viele diskutieren, nicht lediglich als

Folge der Verdummung durch das Fernsehen simplifiziert werden. Sie hat ziemlich tiefe Wurzeln, ganz zu schweigen davon, dass ein beträchtlicher Teil der Gesellschaft sogar zur Hochzeit der »ausufernden Demokratie« Sympathien für Stalin und seine Regierungsmethoden hegte. Gewiss, dieser Teil der Bevölkerung benahm sich beileibe nicht immer so aggressiv und unverschämt wie heute, aber von seinen Prinzipien ist er kein Jota abgewichen.

Diesen stabilen Sympathien liegt ein Glaube an die Wirksamkeit der stalinschen Regierungsmethoden zugrunde, besonders wenn es darum geht, begrenzte Ressourcen in kurzer Zeit für ein konkretes Ziel zu mobilisieren. Ein gewichtiger Teil der Gesellschaft in Russland sieht auch heute im Stalinismus ein Modernisierungspotenzial; das ist eine Realität, mit der man rechnen muss. Von Stalin und sogar von Iwan dem Schrecklichen als effektiven Managern hörte man Russland schon reden, lange bevor Putin kam; nur tat man das damals ab und nahm es nicht ernst. Wie man sieht, war das voreilig. Was nötig ist, sind Argumente, nicht Emotionen. Bislang überwiegen letztere.

Die inhaltlichen Einwände, die der liberale Teil der Gesellschaft gegen den Stalinismus – und das heißt für die Demokratie – erhebt, bestehen im Wesentlichen aus zwei Teilen: einem ethischen und einem ökonomischen. Die ethische Position erinnert an die humanen »Kosten« – Millionen Menschen, mit denen der stalinsche »Sieg« erkauft wurde. Die ökonomische Position stellt fest: Schon ein halbes Jahrhundert später ist das Land in Teile zerfallen, nicht zuletzt deshalb, weil es in seiner Wirtschaftsentwicklung deutlich hinter den demokratischen Ländern zurückgeblieben ist.

Die ethischen Argumente parieren die Stalinisten gewöhnlich damit, dass auch die Demokratie längst nicht immer in Samthandschuhen auf die Welt gekommen ist: Auch demokratische Revolutionen forderten massenhaft Opfer. Gegen die ökonomischen Argumente wenden die Stalinisten ein, die fatale Rückständigkeit sei erst später, in der Zeit nach Stalin, entstanden. Manch einer könnte meinen, sie haben recht, und das Modernisierungspotenzial der totalitären Gesellschaft sei wirklich unbegrenzt. Aber dieser Eindruck verfliegt sofort, wenn man die langen historischen Zyklen in Betracht zieht.

In der Tat, sowohl Peter der Große als auch Stalin haben ökonomische Erfolge erzielt, indem sie das Land an die Kandare nahmen. Aber schon gegen Ende ihres Lebens, ein bis zwei Generationen nach dem Beginn der Reformen (das heißt nach 20 bis 40 Jahren), setzte eine unaufhaltsame Stagnation ein, die ihre Wurzeln in genau der »Epoche der großen Siege« hatte. Letztlich waren dann auch diese »Siege« – als Folge der Revolution – die Ursache des Systemrückstands. Aufgrund der autoritären Art der Modernisierung entwickelte sich Russland von Revolution zu Revolution, nach dem Algorithmus »ein Schritt voran, zwei Schritte zurück«. Und im Laufe der Jahrhunderte schlug das Pendel der Erschütterungen immer weiter aus. Verglichen werden muss nicht die autoritäre Modernisierung mit der Archaik, wie das bei uns gewöhnlich geschieht, sondern die Effektivität von autoritärer und nicht-autoritärer Modernisierung in langen Zeitläuften.

Dort, wo Demokratie herrschte, verlief die Entwicklung gleichmäßiger, mit geringeren Ausschlägen des historischen Pendels, was der Gesellschaft über die langen Zeitläufte einen Riesenvorsprung verschaffte. Die Geduld der Menschen wurde nicht vom Druck der Autokratie erschöpft. Sie eskalierte nicht in einem blutigen Bürgerkrieg, verdorrte nicht in erschöpfender Apathie unter der Herrschaft der immer gleichen gerontokratischen Führer, sondern die Politiker wechselten einander friedlich ab, ein politischer Kurs folgte auf den anderen, und die Gesellschaft segelte in Halsen gegen den Wind diverser Widrigkeiten des Lebens.

Im Ergebnis fand sich Russland trotz aller Opfer, die auf dem Altar der autoritären Modernisierung gebracht wurden, jedes Mal und immer wieder in der Lage dessen, der hinterherjagt. In dieser Position ist es auch heute. Strategisch gibt es, wenn man nicht nur auf die eigenen Füße, sondern in die Ferne schaut, in der langen historischen Perspektive für Russland keine Alternative zur Demokratie. Sonst wird irgendwann ein Ausschlagen des revolutionären Pendels Russland einfach als Staat zerstören. Die Amplitude dieses Pendels lässt sich nur mithilfe der Demokratie dämpfen. Doch die Frage ist: Welche Art von Demokratie braucht unser Land, und wie ist sie mit geringstem Aufwand zu errichten?

Die Aufgabe ist auf zwei Ebenen gleichzeitig zu lösen. Erstens muss Russland das demokratische Fundament gießen – das, was im westlichen Teil Europas schon längst geschehen ist. Es darf dabei nicht nur Versäumtes nachholen, sondern muss auch die neuen Herausforderungen berücksichtigen, auf die die modernen westlichen Gesellschaften, die heute in erheblichen Schwierigkeiten sind, Antworten suchen. Es geht nicht an, erst eine Demokratie nach dem Muster des 19. Jahrhunderts zu errichten (und genau das versuchen alle) und sie dann sogleich wieder umzumodeln.

Die demokratische Klassik funktioniert nirgends mehr so richtig: Ihre Zeit ist vorbei. In der Informationsgesellschaft sind die Mitte des 19. Jahrhunderts erfundenen Mechanismen der politischen Mobilisierung sinnlos und unnütz. Wir sehen jeden Tag, wie das Parteiensystem stagniert, weil es seine Funktionen nicht mehr erfüllen kann. In Russland muss von Anfang an eine Demokratie des 21. Jahrhunderts errichtet werden, müssen zwei Stufen auf einmal genommen und dadurch das Wort des Evangeliums von den Letzten bewiesen werden, die die Ersten sein werden.

Was bedeutet das – »das Fundament der Demokratie« in Russland gießen? Es gibt Hunderte von Definitionen für Demokratie und Dutzende ihrer Theorien in der Welt. Ich werde nicht versuchen, eine prinzipiell neue Sichtweise zu formulieren oder Banalitäten zu wiederholen. Als demokratisch wird jedenfalls die Ordnung gelten, in der das letzte Wort bei politischen Entscheidungen der Gesellschaft gebührt, ihre Minderheiten eingeschlossen. Nicht nur eines Teils der Gesellschaft, der nach irgendeinem Zensus stimmberechtigt wäre (materiell, bildungsmäßig, ethnisch oder sonst wie), sondern der gesamten erwachsenen und geschäftsfähigen Bevölkerung des Landes.

In dieser Hinsicht wird der Demokratismus von Ländern, in der es allzu viele »Nichtbürger« gibt, für mich immer fragwürdig bleiben, ungeachtet aller historischen Gründe, die es für diese Situation geben mag.

Ich schicke voraus, dass es nicht um die Wiederherstellung, sondern um die erste Herstellung einer solchen Gesellschaftsordnung in der Geschichte Russlands geht – hier bei uns hatte die Gesellschaft nie ein entscheidendes Mitspracherecht, weder in den »zahmsten« früheren Zeiten (einschließlich der kurzen Periode zwischen Februarrevolution und bolschewistischer Revolution: Die Anarchie sollte nicht mit der Demokratie als organisiertem Prozess verwechselt werden), noch in so umstrittenen Jahren der jüngsten Geschichte wie den Neunzigerjahren.

Das Fehlen krasser politischer Repressionen ist eine notwendige, aber keineswegs hinreichende Bedingung der Demokratie.

Das russische politische System wurde Ende 1993 (nach dem bewaffneten Konflikt mit den Anhängern des Obersten Sowjets) ganz bewusst so konstruiert, dass die Figur des Präsidenten aus dem Rahmen der deklarierten, aber ohnehin nie realisierten Gewaltenteilung herausgehoben wurde. In dieser Hinsicht ist die Verfassung des postkommunistischen Russland nicht weit über die Verfassungsgesetze des autokratischen Imperiums hinausgekommen. Das alles führte im Ergebnis zum totalen Niedergang der Staatlichkeit in Russland: zur Konzentration der Macht in den Händen des Präsidenten und seiner Umgebung, und dann zur Wiederherstellung des neototalitären Regimes.

Die grundlegende Frage bei der Schaffung von Demokratie in Russland lautet daher: Wie fügt man die oberste Macht in das System der Gewaltenteilung hinein, wie unterwirft man es der allgemeinen Balance von Checks und Balances, unterwirft den deep state der Kontrolle der Gesellschaft, wie nimmt man ihm überhaupt den sakralen Nimbus? Das ist eine rein institutionelle Aufgabe, die möglicherweise durch verfassungsrechtliche Methoden im Rahmen einer allgemeinen politischen Reform zu lösen ist.

In der gegenwärtigen Etappe ist die beste Lösung vermutlich der Übergang zur parlamentarischen Demokratie. Auf jeden Fall darf es in Russland künftig keine politische Institution mehr geben (egal wie sie heißen möge), die über allen anderen Zweigen der Regierung steht und Vollmachten besitzt, die nicht durch symmetrische Vollmachten anderer Zweige ausbalanciert ist. Nur in diesem Fall wird die »goldene Aktie« der Demokratie bei der Gesellschaft verbleiben und nicht von einer Gruppierung enteignet werden, die dem obersten Herrscher nahesteht.

Aber selbst wenn eine derart weitreichende institutionelle Reform in der Praxis gelingt, wird Russland dadurch zu einem erfolgreichen und demokratischen Staat werden?

Die Antwort ist nicht einfach: Demokratisch – ja, erfolgreich – nein. Diese Zweideutigkeit hat ihren Grund in jenen Systemausfällen und Schwierigkeiten, mit denen die Demokratie heute allerorten zu kämpfen hat. Nicht nur in Russland, sondern auf der ganzen Welt, auch im Westen – in seiner Alma-mater. Schwächeln tun vor allem die Wahlmechanismen, denen die Arbeit der »Parteiapparate« zugrunde liegt. In der entwickelten Informationsgesellschaft sind die Parteien nicht mehr die einzigen und nicht einmal die wichtigsten Instrumente der politischen Mobilisierung.

In unseren Tagen wurde diese Funktion von kompakten und mobilen Aktivistengruppen übernommen, die keine breite Vertretung in den Massen haben, aber bei Vorhandensein der notwendigen Ressourcen in der Lage sind, diese sehr rasch über moderne Medien herzustellen und die Bewegung der Massen in die von ihnen gewünschten Richtung zu lenken.

Die mögliche Herkunft der Ressourcen ist dabei in der heutigen Welt überaus diversifiziert und entzieht sich oft der öffentlichen

Kontrolle, sogar in Gesellschaften mit stabiler demokratischer Tradition und gefestigten staatlichen Institutionen.

Wie diese Veränderungen in der Funktionsweise der Demokratie einzuschätzen sind, ist nicht klar. Einerseits machen sie das politische System dynamischer, anpassungsfähiger und natürlich offener. Andererseits eröffnen sie breiteste Möglichkeiten zur Manipulation des öffentlichen Bewusstseins, provozieren einen ungesunden Populismus und zerstören dadurch das Wesen des Wahlprozesses. Bislang ist nicht ganz klar, wie die Demokratie unter prinzipiell neuen Bedingungen funktionieren kann. Eines jedoch ist unbestreitbar: Wenn wir in Russland nur die »Demokratie von gestern« errichten, dann wird sie trotz aller Anstrengungen und Opfer nicht funktionieren und das Projekt wird scheitern, noch ehe es begonnen hat. Und die Idee der Demokratie wird noch weiter diskreditiert sein.

Russland hat also gar keine andere Wahl, als eine nicht nur einfach demokratische, sondern eine führende demokratische Gesellschaft werden zu wollen und dafür die neuesten politischen Technologien einzusetzen. Das Problem ist, dass man bei den anderen gar nicht abgucken kann, wie das gemacht wird. Wieder einmal sind wir verdammt dazu, ein Land der sozialen und politischen Kreativität zu werden. Ein weiteres Mal! Und das nicht aus eigenem Willen, sondern deshalb, weil die anderen auf Zeit spielen und ihr vorhandenes politisches Kapital aufzehren können, während Russland diese Möglichkeit nicht hat: So oder so müssen wir das demokratische System von Null aufbauen, das heißt auf ganz neue Art, auf eigenes Risiko. Wir müssen uns mehr auf unsere Intuition verlassen als auf die Erfahrung der anderen. Diese Schwierigkeit wird von einigen russischen liberalen Westlern unterschätzt, die allzu dogmatisch auf die in Europa entwickelten Lösungen schauen.

Abgesehen von dem »Pflichtprogramm« der Demokratie, das in erster Linie in der klugen Durchführung der »institutionellen Reformen« besteht und die russische Autokratie durch eine systemische Gewaltenteilung zerstören soll, steht Russland eine gewaltige demokratische »Kür« bevor, von deren Qualität der Gesamterfolg entscheidend abhängen wird. Dieses Programm wird nicht einfach sein. Die Komplexität des demokratischen Systems muss der Komplexität der modernen Gesellschaft angemessen sein.

Man gestatte mir eine Analogie. In einem kleinen Handelsgeschäft gilt das gleiche Prinzip wie in einem gigantischen internationalen Konzern: Die Aktionäre (Eigentümer) fassen die wichtigsten Entscheidungen mit Stimmenmehrheit. Umgesetzt aber wird das Recht der Mehrheit in diesen Firmen unterschiedlich. Ein gigantischer Multibranchenkonzern kann nicht so geleitet werden wie ein kleiner Laden. In ihm wirkt eine Vielzahl ganz spezieller Mechanismen, die verhindern sollen, dass die Mehrheit Fehler macht (was tatsächlich ziemlich häufig vorkommt), Mechanismen, die die Rechte der Minderheit garantieren, aber zugleich verhindern, dass diese die Arbeit des Unternehmens behindern und ihre Rechte missbrauchen.

So auch im Staat: Die Demokratie ist ein sehr komplexes System (möglicherweise komplexer als die autoritäre Herrschaft) und dabei immer maßgeschneidert auf das konkrete Land und den historischen Moment.

Für ein so riesiges und kulturell, territorial und klimatisch vielfältiges Land wie Russland ist das keine leichte Aufgabe. Daher der Gedanke, man müsse mit den parlamentarischen Formen experimentieren, müsse Asymmetrie zulassen und möglichst viele Entscheidungen nach unten verlagern; alles dezentralisieren, was sich dezentralisieren lässt. Man muss davon ausgehen, dass es in Russland niemals ein reales, klassisches Parteiensystem gegeben hat und auch nie geben wird. Den Wahlmechanismus müssen wir also um etwas ganz anderes herum bauen – etwas, das heute gerade dabei ist, die traditionellen Parteien abzulösen.

Auf all das muss man sich jetzt vorbereiten, muss unverzüglich die Diskussion über die politische Form der künftigen russischen

Demokratie beginnen und darf die Suche nach Lösungen nicht auf die lange Bank schieben – »später« wird dafür keine Zeit mehr sein. Und damit sind keine Beschwörungen der Vorteile der Demokratie gemeint, kein leeres Palaver über ihre allgemeinen Prinzipien.

Dieses Gespräch muss mit Experten und einem möglichst breiten Kreis von »Interessenten« über die Details geführt werden, denn der autoritäre Teufel steckt gerade im demokratischen Detail. Ihn haben wir in der »allerbesten« Verfassung von 1993 übersehen. Dieser Fehler darf sich nicht wiederholen.

KAPITEL 16
Die ökonomische Alternative: Monopol oder Konkurrenz?

Kaum hören sie das Wort »Monopol« und noch mehr »Konkurrenz«, verlieren alle, die keinen Bezug zur Wirtschaft oder zum Business haben, schlagartig das Interesse: wieder die alte Leier! Natürliche Monopole, unnatürliche Privilegien ... Wie oft kann man?! Alle glauben ohnehin (wie immer) zu wissen, dass das Monopol schlecht, Konkurrenz dagegen gut ist. Wozu den Quark breittreten? Dabei gibt es gute Gründe dafür. Monopol und Konkurrenz, das hat erst einmal gar nichts mit Wirtschaft zu tun, jedenfalls nicht allein. Es hat eher mit Lebensweise und Denkungsart zu tun. Im Grunde geht es um zwei unterschiedliche Sichtweisen auf die Gesellschaft als Ganzes, und das heißt auf die Politik, den sozialen Bereich und die Ideologie.

Es gibt ein Gesetz, das die sozialen Sphären verallgemeinert: Haben wir ein Monopol in der Wirtschaft, dann kommt es früher oder später zum Autoritarismus in der Politik, zum Paternalismus im sozialen Bereich und zu einer Art Totalitarismus in der Ideologie. Das rührt daher, dass das Monopol mit all seinen sozialen und politischen Begleiterscheinungen die Folge bestimmter soziokultureller Dominanten ist, die insbesondere der russischen Gesellschaft zu eigen sind. Eine wirkliche Entmonopolisierung ist nur bei Änderung dieser Dominanten möglich, sonst ersetzen wir lediglich ein Monopol durch ein anderes.

Monopol und Konkurrenz sind keine absoluten Gegensätze, keine vollständigen Antagonisten, wie viele sich das vereinfachend vorstellen. Dennoch sind sie dazu verdammt, ewig Widersacher zu bleiben. Weder das Monopol noch die Konkurrenz lässt sich vollständig beseitigen. Sie sind nur Mittel des Kampfes zwischen Ordnung und Chaos. Es sind Instrumente zur Organisation des sozialen Raums. In mancher Hinsicht ist das eine, in anderen das andere gut.

Nehmen wir zum Beispiel das Gewaltmonopol des Staates. Heute ist es anerkannte Rechtsnorm, im historischen Rückblick war das keinesfalls so, und richtet man den Blick in die Zukunft, scheint das angesichts der wachsenden Einflusssphären aller möglichen Wagner-Söldner auch keineswegs gesichert zu sein.

In praktischer Hinsicht gibt es zwei Strategien, um das Chaos zu bekämpfen: die harte Methode durch Einfrieren mithilfe der Machthierarchie (Vertikale) und die weiche Methode durch Organisierung (Glättung) mithilfe von »Verkehrsregeln«.

Gerade deshalb darf Konkurrenz nicht mit einem »Krieg aller gegen alle« verwechselt werden: Die organisierte Konkurrenz ist ebenso wie das Monopol dazu berufen, diesen Krieg zu bekämpfen, nur mit anderen Mitteln.

Monopole sind immer im einen oder anderen Maße natürlich. Die Massierung des Kapitals und die damit verbundene Massierung der Produktion werden in erster Linie durch eine Steigerung der Arbeitsproduktivität hervorgerufen. Jedenfalls ist bis in die letzten Jahre die Arbeitsproduktivität mit der Vergrößerung des Geschäftsumfangs gewachsen. Das hängt mit einer Vielzahl von Gründen zusammen, nicht zuletzt damit, dass sich in einem Großunternehmen die Arbeitsalgorithmen leichter definieren lassen und man ein Kontrollsystem einführen kann, das die Fehler der Akteure korrigiert. Natürlich haben Faktoren wie die Ressourcen-Konzentration und die damit verbundene Stresswiderstandsfähigkeit auch eine Bedeutung.

Selbst die am weitesten entwickelten Start-ups betrachten in der Regel den Verkauf ihres Kindes an einen der transnationalen Giganten als Erfolg. Gleichzeitig aber beginnt mit der Entwicklung der

Monopole auch diese Arbeitsproduktivität zu sinken, sodass die Anreize zu einer Perfektionierung des Produktionsprozesses entfallen: Wozu etwas verändern, was auch so gut ist? Die Folge ist, dass jeder Gigant über kurz oder lang seine Effektivität einbüßt.

Insofern ist die Vergrößerung des Business positiv, solange sie unter Kontrolle bleibt, und sie wird negativ, wenn sie außer Kontrolle gerät. Die einfachste Möglichkeit, ein Monopol unter Kontrolle zu stellen, ist – die Konkurrenz zu fördern, das heißt die Subjekte des großen Business zu zwingen, miteinander zu wetteifern, und zwar im Rahmen strenger Regeln, für deren Beachtung der Staat als Schiedsrichter sorgt.

Das Vorgehen ist hier mehr oder weniger bekannt und universal. Sobald ein Monopol mehr als 30 Prozent des Marktes kontrolliert, wird es Zeit für eine Beobachtung, um Marktmissbrauch zu verhindern. Werden 60 Prozent des Marktanteils erreicht, dann ist die Gewinnträchtigkeit des Monopols zu senken, indem andere Produzenten von Waren und Dienstleistungen stimuliert werden. Das erinnert ein bisschen an den endlosen Kampf gegen die Vereisung – unaufhörlich muss man neue große Eiszapfen abschlagen.

Die Monopolisierung des Marktes ist wie Herpes: Ausgemerzt werden kann sie nicht, unterdrückt für ein gut funktionierendes politisches und ökonomisches Immunsystem aber sehr wohl. Im Unterschied zu Herpes ist die Vergrößerung keine Krankheit, sondern eine natürliche Entwicklung, die genutzt werden muss. Dafür gibt es unterschiedliche Formate, nicht alle so geradlinig wie in Europa und den USA. In Korea zum Beispiel gibt es das Monopol von »Samsung«, das quasi vom Staat gedeckt wird. Derselbe Staat aber setzt »Samsung« strenge Bedingungen, nach denen 60 Prozent der Produktion auf den Außenmarkt gehen müssen. Wenn die Bedingungen nicht erfüllt werden, folgen harte Sanktionen. Eine derartige Politik kann man als Ersatztherapie der Konkurrenz bezeichnen. Das Problem der Kontrolle über das Monopol wird dadurch gelöst, wenn auch mit anderen Mitteln.

Die Situation ändert sich radikal, sobald das private Monopol zum staatlichen wird und in die Hände von Staatskonzernen gerät. In dem Falle ist die Markttherapie ebenso hilflos wie jede Ersatztherapie, und jede Konkurrenz wird mit administrativem Napalm weggebrannt.

Kein einziges Privatunternehmen kann mit der konsolidierten Stärke des Staates als Eigentümer und dem Staat als Kontrolleur konkurrieren. Wer nicht weiß, wie das funktioniert, der sehe sich einmal genau das Müll- und Bau-Geschäft des Generalstaatsanwalts von Russland an. Es kann keine Rede davon sein, dass ein Beamter den anderen Beamten wirksam kontrolliert (und alle Leiter von Staatsunternehmen sind per definitionem hochstehende Beamte). Wie der Wunsch nach einer solchen Kontrolle auch nur im Ansatz endet, haben alle am Beispiel des »Falls Uljukajew« gesehen: Er endet in dem Fleischkombinat, in dem die »Setschin-Würste« hergestellt werden.

In Russland ist der Monopolismus historisch verwurzelt, deshalb hat er hier ziemlich viele Anhänger. So gut wie die gesamte Industrie ist auf Initiative des Staates, mit Beteiligung des Staates und unter Kontrolle des Staates entstanden (selbst wenn diese Initiative auf korrupte Motive des künftigen Eigners zurückging). Es versteht sich, dass das Monopol das wichtigste Instrument der staatlichen Industrialisierung war. Nach der bolschewistischen Revolution wurde sie zu ihrem einzigen Instrument. Der Monopolismus wurde ad absurdum geführt und in einen Rang erhoben, den er in keiner anderen großen Wirtschaft der Welt innegehabt hatte. Letztlich hat dieser Monopolismus die UdSSR zugrunde gerichtet, indem er ihre Wirtschaft ineffektiv und konkurrenzunfähig gemacht hat.

Nach dem Zerfall der UdSSR hat sich Russland für einen historisch kurzen Zeitraum weitgehend vom Monopolismus befreit, ohne jedoch dabei eine normale Konkurrenz organisieren zu können. Die ökonomischen und politischen Institutionen der postkommunistischen Gesellschaft wurden den gewaltigen Herausforderungen der Epoche nicht gerecht.

Infolgedessen geriet die Gesellschaft in einen Abwärtsstrudel – den bekannten Krieg aller gegen aller, den Monopole und Konkurrenz eigentlich abwenden sollten. Anfang der 2000er-Jahre wurde, anstatt die Schaffung von Konkurrenzbedingungen weiter zu fördern, der falsche Entschluss getroffen, die Monopole wiederherzustellen. Das Ergebnis war ein Monopol besonderer Art, das Russland bisher nicht gekannt hatte.

In einem von oben bis unten korrupten autoritären Regime, dem zudem jede reale ideologische Basis fehlte (an deren Stelle müssen irgendwelche verrosteten Leitideen herhalten), wurden die Monopole ausschließlich ein Instrument der Bereicherung jener Clans, die sich an der Macht festgesaugt hatten. Das Monopol ist damit die höchstkonvertible Währung des postkommunistischen Russland. Statt Geld verteilt die Regierung Monopole: zuerst für die Förderung von Öl und Gas, dann für die Mautgebühren, später für alles Weitere. Inzwischen ist man, folgt man den jüngsten Meldungen, bei den Toiletten angelangt. Kein Wunder, dass diese wichtige Branche der Familie des ehemaligen Generalstaatsanwalts Juri Tschaika zugefallen ist: Das passt zum Image.

Der Gerechtigkeit halber muss man sagen, dass es in Russland früher keine guten Voraussetzungen für die Entwicklung der Konkurrenz gab, deshalb wird die Schaffung eines solchen Milieus keiner Regierung leichtfallen, auch der nicht, die auf den Fall des jetzigen Regimes folgt und das neue Russland zu bauen hat. Zu diesen Voraussetzungen zählten normalerweise Kooperationsbereitschaft, ein breiter Vertrauensradius und andere Attribute der bürgerlichen Gesellschaft – all das, was zum ethischen Kodex des weberschen Protestantismus gehört. In Russland hat ein vergleichbarer ethischer Kodex leider nie Fuß fassen können.

Entgegen der verbreiteten Meinung, dass die Russen geborene Kollektivisten wären, haben sogar Forscher mit ganz entgegengesetzter Sicht auf Russlands Schicksal auf den pathologischen Individualismus (nach Iljin Föderalismus) hingewiesen, der den russischen Menschen zu eigen sei.

Um diesen ewigen, überschießenden russischen Individualismus zu ersticken, wurden immer sehr strenge Maßregeln ergriffen, darunter die allgemeine Vertreibung der Monopole. Mit der Zeit wurden die Monopole in Russland in beträchtlichem Maße zu einer historisch bedingten Weise, durch wesentliche Unterdrückung der Initiative zu überleben. Die berühmte, zwangsweise russische »orthodoxe Gemeinschaft« ist lediglich die Reaktion auf die Unfähigkeit, den Individualismus mithilfe von allgemeinen Regeln auf »weiche« Art zu zügeln. Doch diese Art hat ihre historischen Grenzen: Irgendwann wirkt sie einfach nicht mehr.

Als Methode, das Chaos zu überwinden, weichen die Monopole heute praktisch überall der Konkurrenz. In Russland jedoch mit seinem schweren kulturellen Erbe hat sich die Konkurrenz einfach nicht so entwickeln können, um ihrer Mission gerecht zu werden. Immer wieder fand sich noch ein Selbstherrscher, der versuchte, die angesammelten Probleme auf dem Weg der Monopolisierung zu lösen. Das Ergebnis? Niedrige Effektivität und ungeheure Kosten.

Peter der Große schuf eine zentralisierte, fast völlig vom Staat abhängige Industrie. Die Bolschewiken trieben diese Tendenz bis zum logischen Ende und ließen nur die staatliche Planwirtschaft am Leben. Was das gekostet hat und wie es endete, braucht man hier wohl nicht in Erinnerung zu rufen. Immer war das ein grober, harter und unökonomischer Keil, der durch die Jahrhunderte irgendwie funktionierte.

Warum funktioniert er heute nicht? Weil in der Situation der fortgeschrittenen Informationsgesellschaft das Monopol als wichtigste Methode zur Regulierung des sozialen Raums sich praktisch überlebt hat.

In einer Situation, in der alle gesellschaftlichen Beziehungen sich vielfach verkompliziert haben und der Erfolg immer mehr von den

Handlungen eines einzigen Individuums oder kleiner Gruppen abhängt, wird es praktisch unmöglich, die dynamische Entwicklung der Gesellschaft durch den Mechanismus des Monopols aufrechtzuerhalten. In Russland gibt es keinen anderen Weg als den Wechsel von der Monopolwirtschaft zur Konkurrenzwirtschaft. Doch einfach wird das nicht.

Die Vorzüge der Konkurrenz sind nicht so offensichtlich, auch wenn empirisch erwiesen ist, dass die Konkurrenz das Monopol schlägt. Das zeigt die Erfahrung der wirtschaftlichen Entwicklung praktisch aller großen Wirtschaftssysteme: der USA, Russlands, Chinas. Den Untergang des Sowjetsystems haben zum größten Teil diejenigen auf dem Gewissen, die die schädlichen Wirkungen des Monopolismus nicht rechtzeitig erkannten. Ich wage zu behaupten, dass die UdSSR anders hätte enden können, wäre die Evolution des Sowjetsystems auf der Linie von Schelepin–Kossygin und nicht nach Breschnew–Suslow erfolgt und wären die kossyginschen Reformen im vollen Umfang umgesetzt worden.

Aber es geht weniger um die empirische Erfahrung als um das Prinzip selbst. Die Konkurrenz ist eine effektivere Methode, um jeden beliebigen sozialen Raum zu strukturieren; sie schlägt das Monopol von ihrem Potenzial her. Die Konkurrenz ist das individuelle Spiel, das nach allgemeinen und streng zu befolgenden Regeln gespielt wird. In ihr sind gleichsam zwei Seiten derselben Medaille integriert: die Handlungsfreiheit der Spieler, ihre Freiheit der Richtungswahl und gleichzeitig die Gültigkeit von Regeln, die man weder nach Lust und Laune ändern noch ignorieren darf. Das Wichtigste an der Konkurrenz sind also die Regeln, deren Beachtung den Spielern eine weitgehende Entscheidungsfreiheit verschafft.

Beim Monopol sind dagegen die Befehle am wichtigsten. Herrscht das Monopol, dann genießt nur ein Subjekt die Freiheit – nämlich dasjenige, das ganz allein die Regeln und die Marschrichtung vorgibt. Und genau das Zusammenwirken beider Elemente –

der Ordnung und der Entscheidungsfreiheit – macht die Konkurrenz effektiver als das Monopol. Aus psychologischer Sicht ist die Konkurrenz natürlicher als das Monopol: Sie entspricht den natürlichen Instinkten des Menschen besser.

Aus diesem Verständnis von Konkurrenz folgt, dass die Setzung der Regeln und ihre Befolgung die wesentlichen Momente sind. Konkurrenz gibt es nicht, wenn »die einen gleicher sind als die anderen«. Aber das allein genügt nicht.

Nötig ist ein gleicher und gerechter Zugang zum Prozess der Regelsetzung; wenn nämlich die Regeln jemandem einseitig Vorteile verschaffen, dann verwandelt sich die Konkurrenz in ihr Gegenteil – latentes Monopol und Chaos. Somit ist wahre Konkurrenz nur in einer entwickelten Zivilgesellschaft und einem politischen (Rechts-)Staat möglich. Diese Dinge gibt es nur gemeinsam, in einem »Menü«. Hat die Wirtschaft keinen Überbau in Form eines Rechtsstaates, dann kann sie nicht nach dem Konkurrenzprinzip funktionieren.

Und hier kommen wir schließlich zum Allerwichtigsten. Es gibt Länder wie Südkorea, wo das Monopol eines Privatunternehmens unter der Kontrolle des Rechtsstaates effektiv funktioniert. Es gibt Länder wie die Schweiz oder Norwegen, wo Staatskonzerne unter der Kontrolle des demokratischen Staates höchst effektiv arbeiten (zum Beispiel die Schweizer Bahn). Es gibt jedoch kein Land, in dem ein staatliches oder privates Monopol unter der Kontrolle eines autoritären und korrupten Staates effektiv arbeiten würde. Diese Ausgangskombination läuft im Ergebnis fast immer auf ein Venezuela hinaus.

Korrupte, nicht abwählbare Regierung (politisches Monopol) plus ökonomisches Monopol – mit dieser Kombination ist die Katastrophe vorgezeichnet.

Im Grunde ist diese Kombination so etwas wie eine bösartige Neubildung. Zahlreiche »Clan-Zellen« zerreißen das staatliche Gewebe, um sich irgendein Monopol anzueignen. Setschin kam und erhielt Rosneft. Die Rotenbergs kamen und erhielten [das Straßenmautunternehmen] Platon. Und so geht es weiter wie in der Matroschka, bis ganz nach unten, bis zum letzten Kuschtschowka. All diese Monopole haben sich der korrupten Macht zu verdanken und können ohne sie nicht überleben. So entsteht ein geschlossener Korruptionskreis »Macht – Monopol – Macht«, der nur durch eine Revolution aufgebrochen werden kann. So wird es endlos weitergehen, bis ein alternatives Modell der politischen Konkurrenz entsteht, das die ökonomischen und sozialen Monopole in Konkurrenzprozesse verwandelt, die ihrerseits die politische Konkurrenz reproduzieren.

KAPITEL 17
Die soziale Alternative: Linke oder rechte Wende?

Die Differenzierung in Linke und Rechte ist tief verwurzelt in der modernen Politik und zugleich eine ihrer verschwommensten Teilungen. Heute kann sich jeder als links oder rechts bezeichnen, wie es ihm passt; das linke und das rechte Programm werden ununterscheidbar bis zur Verwechslung, wie die Juristen das ausdrücken. Der extrem rechte Trump ist mit einem Programm an die Macht gekommen, das sich in vielem auf linkspopulistische Stereotype stützt.

Putin guckte den Kommunisten erst das »anti-oligarchische Programm« ab und vertrat dann im Grunde eine extrem rechte Politik für die Interessen der Bürokratie und der neuen Oligarchie. Es fällt sehr schwer zu definieren, wer in der heutigen Politik wer ist.

Seit sich die Zugehörigkeit zum linken oder rechten Lager nach der Sitzordnung im französischen Parlament richtete, ist viel Zeit vergangen. Heute gibt es unterschiedliche Definitionen.

Als links gelten gemeinhin die Verfechter des Staatseigentums, die Anhänger einer »starken Regierung« und einer gelenkten Wirtschaft, die Vertreter einer hohen Besteuerung der Reichen und reichlicher Präferenzen für die Armen. Als rechts bezeichnen sich, im Gegensatz dazu, gewöhnlich die Anhänger eines freien Marktes, die Adepten einer »kleinen Regierung«, diejenigen, die lieber eine Angel anstatt Fisch verteilen und überzeugt sind, dass Christus, als er die Menge nährte, auch mit drei Broten statt fünfen ausgekommen wäre und dadurch die Staatsschulen nicht hätte erhöhen müssen.

Im Rahmen meiner Aufgabe beschränke ich mich auf einen Arbeitsbegriff von links und rechts, auch wenn er nicht erschöpfend ist. Mir scheint, der Teilung in links und rechts liegt die Einstellung zur Gleichheit zugrunde. Charakteristisch für eine linke Politik ist das Streben nach Stärkung der Gleichheit und Unterdrückung der Ungleichheit. Der rechten Politik ist die Anerkennung der Ungleichheit zu eigen, vor allem hinsichtlich des Vermögens, aber auch in jeder anderen Hinsicht, und der Versuch, durch Ungleichheit die wirtschaftliche Aktivität zu stimulieren.

Natürlich ist dies eine sehr abstrakte, »ideelle« Trennlinie. Dazwischen gibt es zahlreiche Mischformen von links-rechts und rechts-links, aber das Wesen ist damit wohl getroffen.

Weder in der Gesellschaft als Ganzes noch in der Expertengemeinde herrscht Einigkeit über das Problem der Gleichheit (nicht zu verwechseln mit Gleichberechtigung). Deshalb gibt es auch keine eindeutige Haltung zur linken und rechten Politik – und es kann sie nicht geben. Die Einstellung zur Ungleichheit schwankte saisonal wie die Mode. Wächst der Grad der tatsächlichen Ungleichheit in der Welt wie jetzt gerade, steigt auch die diesbezügliche Besorgnis. Ein Meer von Untersuchungen erscheint, die die erschreckenden ökonomischen, sozialen und politischen Folgen der Ungleichheit illustrieren.

Wenn die Gleichmacherei überall triumphiert und das wirtschaftliche Wachstum sinken lässt, wenn die Armut, zu deren Bekämpfung die Gleichmacherei ja eingeführt wurde, das Land überschwemmt, dann entsteht ein nicht minder großes Meer von Untersuchungen über die Schädlichkeit der Gleichheit und den Nutzen der Ungleichheit. Das heißt, rechte Meinungen werden populärer.

Daraus lässt sich der nicht sehr tiefgründige Schluss ziehen, dass weder die linke noch die rechte Ideologie der Weisheit letzter Schluss sind. Sie sind wie die Fahrt des Segelboots gegen den Wind: um voranzukommen, muss es in Halsen einmal nach rechts, dann nach links segeln. Das wiederum bedeutet, dass der Wechsel zwischen rechtem und linkem Kurs ein zyklischer und insgesamt gesetzmäßiger Prozess ist. Die Kunst der Politik besteht zum Teil darin, rechtzeitig vom Linkskurs zum Rechtskurs umzuschwenken und umgekehrt.

Die Besonderheit der jetzigen historischen Periode besteht darin, dass die Zeit für einen solchen Schwenk erneut gekommen ist. Aufgrund der wachsenden Komplexität von Wirtschaft und Politik, der wachsenden Zahl ihrer Dimensionen ist es sehr schwer geworden zu sagen, von wo nach wo umgeschwenkt werden sollte – von rechts nach links oder von links nach rechts. In einer Situation der Unbestimmtheit tauchen »zeitweilige Führer« mit verschwommenem ideologischem Profil auf, wie Trump, Johnson, Salvini, Putin, ob man sie nun als links oder rechts bezeichnen möchte. Niemand kann genau sagen, in welche Richtung ihr politischer Kurs wirklich geht. Womöglich ist das sogar ihr Ziel, weil sie einer möglichst großen Zahl von Menschen gefallen wollen (was ihnen bislang auch gelingt). Doch ewig kann das nicht so weitergehen: Irgendwann betreten Politiker mit genau definiertem Profil die Bühne.

Wer steht da heute auf der Schwelle und klopft an die Tür der Weltpolitik? Die Linken oder die Rechten? Die Antwort auf diese Frage ist nicht so offensichtlich, wie es scheinen könnte. Auf den ersten Blick verharrt Europa, und nicht nur es allein, in Erwartung des lang ersehnten Sieges der sogenannten Ultrarechten. Das sind Le Pen in Frankreich, die »Alternative für Deutschland«, besser gesagt in Deutschland, die Nordallianz in Italien usw. Das ist so offensichtlich, dass der neuerstandene »russische Zar« beschlossen hat, aus diesen Kräften eine neue »Heilige Allianz« zum Schutz der traditionellen europäischen Werte zu schmieden. Für mich ist es sehr fraglich, ob all diese Kräfte, die sich als rechts positionieren, wirklich der rechten Idee anhängen. Die Mehrheit der sogenannten Rechten hat doch eine linke Tagesordnung im Ärmel versteckt. Und der Grund, aus dem sie im politischen Poker so erfolgreich sind, liegt darin verborgen, dass die wahren Linken sich vorübergehend zurückgezogen, sich im Dickicht der Migrationspolitik verloren und dadurch ihren angestammten Platz den Rechten geräumt haben.

Was erbost die traditionellen Linken so und bewirkt, dass sie kuschen und den Platz auf dem Siegerpodest einer Rechten überlassen, die linke Ideen propagiert? Die Antwort liegt auf der Hand: Die traditionelle linke Tagesordnung ist von der Migrationsfrage überformt und erschüttert worden. Mit seinen Wurzeln reicht das alles in die Spaltung der traditionellen Basis der linken Ideen und die Ausscheidung der »neuen Armen« und der »ungebetenen Armen« aus ihr (der Basis). Die »neuen Armen«, das sind die »relativ Armen«, das heißt Menschen, deren Lebensqualität unvergleichbar höher ist als die von wirklich armen Menschen in der Vergangenheit, die sich aber als arm empfinden vor dem Hintergrund der wachsenden Einkommen der »neuen Reichen« und die deshalb ein Armutsgefühl entwickeln. Die »ungebetenen Armen« sind tatsächlich arm, hauptsächlich Immigranten, zeitweise oder illegal Beschäftigte, die keinen gesetzlichen Schutz genießen. Der Anteil solcher Menschen in den entwickelten Wirtschaften der Welt ist riesengroß. Das heißt, das Problem der Linken mit ihrem traditionellen Programm liegt darin, dass ihnen die soziale Basis unter den Füßen weggleitet. Die Armen verwandeln sich zielstrebig in »neue Arme«, die bereit sind, an zwei Fronten zugleich zu kämpfen – gegen die Reichen und gegen die »ungebetenen Armen«. Und da bekanntlich das Gedränge vor dem Tor am gnadenlosesten ist, beschäftigt der Krieg gegen die »Ungebetenen« die »neuen Armen« inzwischen mehr als der Krieg gegen die Reichen. Das zeigte auf grandiose Weise der »Fall Corbyn« in Großbritannien: Nicht einmal das superradikale Sozialprogramm der Labour Party konnte in den Augen ihrer traditionellen Wähler das Thema Brexit verdrängen, was zur Niederlage von Labour (gemeinsam mit den Konservativen) bei den Wahlen zum Europaparlament führte.

In diese Lücke schwappte dann die rechte Welle. Die Rechten nutzten die Verwirrung der traditionellen Linken, die in der Migrantenfrage keine klare Position bezogen hatten, bewehrten sich mit einem pseudolinken Programm und sicherten sich einen starken Sieg. Es gibt jedoch Grund zu der Annahme, dass dieser Erfolg nur vorübergehend ist. Und zwar keinesfalls deshalb, weil die linke Idee irgendeine besondere sakrale Macht hätte, sondern einfach, weil nach mehreren Jahrzehnten rechter Politik, die eine heftige Zunahme der Ungleichheit und der sozialen Spaltung verursacht hat, linke Forderungen wieder gefragt sind. Der nächste lange Zyklus wird dem Kampf gegen die Ungleichheit gewidmet sein, nicht umgekehrt. Danach kommt etwas anderes, und jemand wird die »rechte Sache« auf seine Fahnen schreiben. Doch jetzt und heute erwartet uns in der westlichen Welt aller Wahrscheinlichkeit nach eine globale »linke Wende«; davon rede ich die letzten 15 Jahre ununterbrochen.

So das allgemeine Bild. Und wie steht es mit Russland? Wie schlägt sich das alles auf seine Zukunftsaussichten nieder? Russland liegt wie immer im Trend, nur dass hier alles noch verworrener ist; die Teilung zwischen links und rechts wird hier weniger durch die Abneigung gegen Migranten überprägt, sondern erstens durch eine Sehnsucht nach dem Sozialismus, der hier generell mit dem Sozialstaat verwechselt wird, und zweitens nach den realen Rudimenten des Sozialismus, die sich im Schichtenaufbau der russischen Gesellschaft niederschlagen.

Die UdSSR wird als Gesellschaft dargestellt, in der es keine Ungleichheit gab. Das stimmt, und stimmt auch wieder nicht. In absoluten Ziffern war der Unterschied zwischen der Situation eines einfachen Arbeiters und eines Politbüromitglieds nicht so groß, besonders wenn man heutige Standards zum Vergleich nimmt. Relativ gesehen, war der Unterschied zwischen den Sozialschichten der Sowjetgesellschaft allerdings kolossal, und er wuchs unaufhörlich. Bis zum allerletzten Moment wurde dieses Wachstum ideologisch gebremst, es zeigte sich nicht in demonstrativem Verbrauch und seiner Verherrlichung. Aber kaum hatte der Kommunismus das Zeitliche gesegnet, geriet die Situation außer Kontrolle, und Russland stand als Land mit einem der höchsten Ungleichheitsniveaus da. Es wäre falsch zu behaupten, dass die Ungleichheit in den Neunzigerjahren entstanden sei, aber in dieser Zeit kam sie infolge ungeschickter Aktionen ans Tageslicht und sprengte den sozialen Frieden.

Das 21. Jahrhundert betrat Russland als das Land mit einem der höchsten Ungleichheitsindizes auf der ganzen Welt (die USA weisen einen ähnlichen auf). Die Kluft der Einkommen und der Lebensweise unterschiedlicher sozialer Schichten wirkt noch anstößiger, wenn man die sowjetische Gewöhnung der Menschen an zumindest äußerliche Gleichheit berücksichtigt. All das führte dazu, dass es seit Anfang der 2000er-Jahre in Russland so gut wie unmöglich geworden ist, die rechte Idee in halbwegs demokratischer Form zu bewerben. Vor dem Hintergrund der stark gewachsenen sozialen Aufspaltung und der unübersehbar zunehmenden Nostalgie nach der Sowjetvergangenheit würde jede Idee, die direkt oder indirekt eine weitere Diversifizierung der Gesellschaft rechtfertigen wollte, von den Massen sofort zurückgewiesen.

Hier tut sich deshalb eine schwierige Alternative auf: entweder die rechte Idee, unter deren Banner die postsowjetischen Wirtschaftsreformen einschließlich der Wiederherstellung des Rechts auf Privateigentum erfolgten, oder die Demokratie, deren Entwicklung ja Sinn und Ziel der politischen Reformen war. In diesem konkreten Moment der historischen Entwicklung waren rechte Idee und Demokratie in Russland nicht mehr miteinander vereinbar.

In einer Situation, die mir die Neubewertung vieler gewohnter Stereotypen ermöglichte und es mir gestattete, die Dinge unter ungewohntem Blickwinkel zu betrachten, schlug ich damals den reformatorischen und demokratischen Kräften – allen, deren Blick nicht in die Vergangenheit, sondern in die Zukunft gerichtet war und die

Russland als modernes, modernisiertes Land sahen – die eindeutige Entscheidung zugunsten der Demokratie und den Wechsel der Fahne vor. Ich verstand, dass die Gesellschaft für die rechte Idee nicht mehr empfänglich war (obwohl ihr Potenzial in Russland längst nicht ausgeschöpft und die Anstrengungen unter ihrer Flagge nicht annähernd zu Ende gebracht worden waren). Das veranlasste mich zu dem Aufruf zu einer »linken Wende«.

Obwohl ich ein solches hartes Manöver vorschlug, wurde ich nicht zu einem Bekenner kommunistischer und linker Ideen. Gemeint war etwas anderes: Ich war zu der Erkenntnis gekommen, dass die soziale Zersplitterung der Gesellschaft bedrohliche Ausmaße angenommen hat und von der Gesellschaft nicht länger hingenommen würde; in einem Land wie Russland war es ohnehin von Anfang an utopisch, sich bei den Reformen von rein libertären Ansichten leiten zu lassen; der Staat kann in dieser Frage nicht weiter unbeteiligter Beobachter bleiben und muss ökonomische und politische Maßnahmen ergreifen, um das sich abzeichnende soziale Ungleichgewicht auszugleichen. Der Traum von einem »kleinen Staat« ist ausgeträumt; Russland muss lernen, mit einem normalen Staat zu leben, ihn normal zu lenken und zu kontrollieren.

Leider haben viele, an die mein Aufruf gerichtet war, ihn nicht vernommen. Ich war ja auch durch von mir unabhängige Gründe daran gehindert, aktiv an der Diskussion teilzunehmen, und verfolgte sie lediglich. Auf jeden Fall hing der harte Kern des Widerstandes gegen den schleichenden Autoritarismus und Neototalitarismus – jene verwegenen, manchmal todesmutigen Menschen, die keinen Kompromiss mit dem Regime eingehen wollten und weiter ideell und politisch für die Menschenrechte, gegen die Willkür der Macht und für demokratische Werte kämpften – weiter rechten, ja sogar libertären Positionen an. Er propagierte den freien Markt, die Vorzüge des Kapitalismus und die Reize des »kleinen Staates«. Mag sein, dass das richtig war, in der gegebenen Situation aber war es wenig sinnvoll und unangebracht.

Die Situation verschärfte sich dadurch, dass es bei allem Fehlen einer real bedeutungsvollen linken Idee in Russland doch weiterhin von linkelnden und pseudolinken Ideen wimmelt. Der ideologisch-politische Raum ist voller Aktivisten, die an der Sowjetnostalgie der älteren Generation parasitieren und die linke Idee als soziales Beruhigungsmittel verkaufen. Kein Wunder, dass ein erheblicher Teil der kritisch eingestellten, gerade entstehenden Zivilgesellschaft eine Abneigung gegen das Wort »links« entwickelte – alles Linke wurde a priori als Element der sowjetischen Archaik abgelehnt. Die Folge war, dass diese Leerstelle unbesetzt blieb.

Da aber die Natur kein Vakuum duldet, fand die linke Idee doch noch einen ganz überraschenden »Abnehmer« – das herrschende Regime. Wenn diejenigen, an die ich mich wandte, mich nicht vernommen haben – der Kreml wusste den Wert der linken Idee sehr wohl zu schätzen. Während ich jedoch die linke mit der demokratischen Idee verbinden wollte, benutzte der Kreml sie als Instrument zur Abwicklung der Demokratie und zum Aufbau des postsowjetischen Autoritarismus. Unter der populären Losung des Kampfes gegen die Finanzoligarchie entfaltete der Kreml ein falsch-linkes Programm, strebte vorgeblich eine Verkleinerung der Kluft zwischen Arm und Reich an, versprach vielfältige Sozialprogramme und reklamierte sein Modell des Sozialstaates. Der Höhepunkt dieses Populismus fiel auf die Jahre 2007–2008, als das Konzept der nationalen Programme im Bereich Gesundheitswesen, Bildung, Kultur usw. beworben wurde.

Zunächst brachte diese undemokratische »linke Wende« ganz ordentliche politische Früchte ein. Bei reichen Einnahmen aus dem Verkauf von Rohstoffen zu superhohen Preisen und dem Anschein von weiter stabilen Beziehungen zum Westen (mit dem Nebeneffekt von Kredit- und Investitionsmöglichkeiten) konnte einiges Geld in den sozialen Bereich gepumpt und so der Lebensstandard einer beträchtlichen Bevölkerungsgruppe beinahe auf ein Niveau gehoben werden, wie es vor der Krise geherrscht hatte; mancherorts wurden sogar die Sowjetstandards übertroffen. Das sicherte dem Regime starke Unterstützung durch die Gesellschaft und führte zu dem berühmten Pakt »Brot im Tausch für Demokratie«, der im Ergebnis zu dem geschlossenen, autoritären System führte.

Doch dem putinschen Sozialparadies war kein langes Leben beschieden. Diese Politik führte zu keiner neuen Gleichheit. Immerhin, im Vergleich zu den Neunzigern hatten sich die Einkünfte und das Lebensniveau eines gewichtigen Teils der Bevölkerung erheblich verbessert. Aber die Einkünfte der Hauptnutznießer der putinschen Politik – der neuen Bürokratie und des an ihr haftenden halbkriminellen Business – wuchsen noch viel schneller, in fast kosmischem Tempo. Die soziale Zersplitterung ging nicht nur nicht zurück, sie nahm noch deutlich zu. Putins neue Oligarchenklasse entstand, sie setzte sich aus seinen Opritschniks zusammen; die Einkünfte eines überwiegenden Teils der alten Superreichenschicht wuchsen. Was in Moskau auf nationaler Ebene geschah, wurde vielfach in der Provinz kopiert, wo die Kluft zwischen den sozialen Schichten sich ebenso vergrößerte. So ergab sich ein fantastisches Bild: Während das Regime eine dem Namen nach linke Politik verfolgte, förderte es de facto die weitere Zersplitterung der Gesellschaft und eine Zunahme der Ungleichheit in allen Bereichen, und zwar in der allerprimitivsten, praktisch feudal-standesmäßigen Form.

Solange das Geld nicht nur reichlich, sondern im Überfluss vorhanden war, bekam das Regime keine Dissonanz durch seine pseudolinke Tagesordnung zu spüren. Die Hypereinnahmen machten es möglich, die Massen schmerzlos mit Zahlungen »ruhigzustellen«, ohne dass das Tempo der Reichtumsakkumulation durch den machtnahen Clan nachließ. Diese »Leichtigkeit des Seins« raubte ihm den gesunden Verstand. Sozialistische Ideen gingen immer häufiger in nationalistische und sogar militaristische Vorstellungen über. Sozialismus und Nationalismus zusammen ergeben bekanntlich oft ein explosives Gemisch. Die Wende zu nationalen sozialen Programmen war eigentlich bereits durch Putins »Münchener

Rede« (2007) orchestriert. Den Anfang machte die Aktion, mit der Georgien zwei autonome Gebiete entrissen wurden – Südossetien und Abchasien (2008), und in der Blütezeit des »putinschen Sozialismus«, auf dem Höhepunkt des Wohlstandes des »postsowjetischen Volkes«, begann der Krieg gegen die Ukraine (2014). Und hier hakte es plötzlich: Im Krieg reichte das Geld nicht mehr, um die sozialen Illusionen aufrechtzuerhalten.

Was geschah mit dem putinschen Sozialstaat seit Beginn der hybriden Kriege? Kurz gesagt – er ist »untergegangen«.

Nach der Krise von 2008 hat sich die Weltkonjunktur verändert, und die Rohstoffpreise sind ganz von allein nach unten gegangen.

Die Kriegsvorbereitung, der Wiederaufbau eines autonomen militärisch-industriellen Komplexes (selbst wenn es nur zur Schau wäre) kosten Geld, und sie sind in einem korrupten Staat auch für den stärksten Haushalt ein unverzeihlicher Luxus.

Der Verlust des Zugangs zu den internationalen Kreditmärkten und die Handelsbeschränkungen durch die Sanktionen sind keineswegs so lachhaft, wie man das im Ersten Fernsehkanal darstellt. In diesem sind es wohl allein die Iskander-Raketen, die lachen – alle anderen weinen.

Der Teil der Gesellschaft, der am weitesten entwickelt und wirtschaftlich erfolgreich war, hat begonnen, das Land zu verlassen – nicht nur wirtschaftlich, sondern ganz körperlich. Jeder hat nur ein Leben, nicht jeder möchte es unbedingt in einem Narrenkäfig verbringen. Es geschah also etwas ganz Simples: Die Einnahmen sanken und die Ausgaben stiegen abrupt. Der Kuchen reichte nicht mehr für alle, und der Staat musste entscheiden, wer das »Aufstehen von den Knien« künftig finanzieren sollte.

Welche Position soll der demokratisch orientierte Bürger in dieser Frage beziehen? Soll er ein rechtes oder linkes Programm vertreten? Die Frage an sich ist schon falsch gestellt. Wie oben gesagt, verfehlt die Gegenüberstellung von rechter und linker Bewegung, rechten und linken Ideen in der Welt von heute und besonders in

Russland den Kern der Sache. Links und rechts sind heute lediglich taktische Züge, keine langfristigen politischen Strategien mehr wie früher. Es gibt keinen linken Putin und keinen rechten Trump – das ist nur Mythologie und Anpässlerei. Hinzu kommt, dass links und rechts in Russland etwas ganz anderes sind als in Europa.

Was bedeutet das klassische rechte Programm im Westen? Es bedeutet die Möglichkeit, maximal viel zu verdienen und nicht mit anderen zu teilen, in erster Linie über staatliche Steuern. Deshalb müssen sowohl der Staat als auch die Steuern klein sein. Ein anderes Merkmal (Indikator) des rechten Programms ist sein Verhältnis zum exzessiven Konsum. In Europa ist der exzessive Konsum nirgendwo gern gesehen, er wird mit kulturellen und fiskalischen Mitteln eingedämmt. So besehen, ist die russische Regierung im Grunde eine rechte, denn sie erklärt sich durch einmalig flache Steuertarife und durch einen staatlich und gesellschaftlich ermunterten exzessiven Konsum direkt und ohne Umschweife für die rechte Tagesordnung.

Aufgrund der Popularität des Antikorruptionsthemas ist hier gesondert auf den exzessiven Konsum einzugehen. Ganz gleich, was für Paläste sich die Staatsbediensteten bei uns bauen, die Gesellschaft duldet alles. Russland ist nicht das Land der Elefanten, sondern der Räuberhöhlen. Prunk in jeder Hinsicht: arabische Dimensionen, afrikanische Qualität, asiatischer Pomp. Und das alles mit Ambitionen auf ein Versailles! Wenige Länder der Welt weisen einen derart demonstrativ exzessiven Konsum aus. Hier geht es gar nicht um die Frage, ob Gestohlenes oder Eigenes verbraucht wird. Es geht darum, dass so etwas in einer normalen Gesellschaft einfach unanständig ist. In Russland dagegen nicht. Anders als im Westen stört sich bei uns die Gesellschaft weder an der Einheitssteuer noch am barbarisch exzessiven Konsum. Es gibt zwar Neid, aber einen Klassenhass gibt es nicht. Mehr noch, viele regen sich über einen minimalen Vorteil des Nachbarn viel mehr auf als über den Luxus des ihnen unbekannten Reichen. Die eisenbeschlagene Tür des

Nachbarn ärgert mehr als der schmiedeeiserne Zaun von Setschins Datscha. Das ist erklärungsbedürftig. Die Antwort liegt nicht auf der Hand. Sie ist eher historischer und philosophischer als politischer Art. In Russland hat sich eine rudimentäre Schichtenstruktur des Verbrauchs und dementsprechend auch eine Skala der sozialen Ansprüche erhalten. Deshalb haben die sozialpolitischen Forderungen der Russen an ihre Regierung bis heute einen standesmäßig begrenzten Charakter. Die Menschen verlangen wenig, aber das Wenige geben sie niemals her. Sie halten am Status quo und an ihren bescheidenen sozialen Wohltaten fest und wollen sie niemals verlieren, auch wenn der praktische Wert dieser Wohltaten rein symbolisch ist. Die Privilegien der höheren Kaste erregen die Menschen weit weniger, als viele meinen.

Die Geschichte mit der Rentenreform wirkt nur auf den ersten Blick irrational. Die Menschen sind von der Erhöhung des Rentenalters emotional sehr berührt – einer Maßnahme der Regierung, die die Mehrheit von ihnen, wenn überhaupt, erst in ferner Zukunft praktisch treffen wird. Doch wichtig ist hier weniger die praktische Auswirkung als vielmehr die Störung des Gleichgewichts: Was da weggenommen wird, mögen nur künftige, aber psychologisch doch bedeutungsvolle Privilegien der unteren Schicht sein.

Im Unterschied zum Westen akzeptieren die Russen in ihrer Masse die Standesgrenzen und versuchen nicht, sie zu zerbrechen (sie im Einzelfall überschreiten, das schon, aber zerbrechen nicht). Dabei fordern sie jedoch, den Lebensstandard innerhalb dieser Standesgrenzen zu erhalten und sogar zu erhöhen. Und sie reagieren extrem empfindlich auf jede relative Senkung dieses Standards, wie lächerlich gering sie in absoluten Zahlen auch ausfällt. Die Frage, ob man diese Standesgrenzen in näherer historischer Zukunft wird aufheben können – und vor allem, ob man es müsste –, bleibt offen. Dies ist ganz gewiss keine vorrangige Aufgabe, verlangt sie doch eine wahrhaftige Revolution des Bewusstseins.

Die Standesnatur der russischen Gesellschaft behindert die Entfaltung einer wahren linken Idee im Land. Worin besteht, abgesehen von der Verstaatlichung der Wirtschaft, die typische linke Programmatik in Europa? In der progressiven Einkommensteuer. In Russland funktioniert dieses Thema nicht. Die Menschen sehen keinen Zusammenhang zwischen der Verschlechterung der Situation in einem anderen Stand und der Verbesserung innerhalb ihres eigenen Standes. Die 13-prozentige Steuer wird nicht ernsthaft diskutiert. In Wirklichkeit gibt es in Russland deshalb keine strukturierte linke Programmatik, weil man bei ihr die Standesspezifik berücksichtigen müsste.

Eine klug ausgerichtete Sozialpolitik ist ein mächtiger Hebel für den Sturz der Machtpyramide. Warum ist das so wichtig? Putin ist kein gemischter Politiker – er ist radikal rechts. Alles Linke ist für ihn nur Aushängeschild. Er ahmt die Technologien der Führer des faschistischen Typus nach und wechselt, ähnlich wie Solaris, je nach Situation seine Masken. Seit 2003 bemäntelt er seinen Kurs mit linken Losungen, aber wie alles unter seinem Regime ist auch das linke Programm nur Simulacrum. Im Grunde ist das nichts Neues. So wie es keine echte Selbstverwaltung gibt, keinen echten Föderalismus, so gibt es auch kein echtes linkes Programm bei Putin. Selbst wenn diese Maske, je altersschwächer das Regime wird, situationsweise immer wieder einmal aufgesetzt werden wird.

Dabei wird sich die Situation nur weiter verschlechtern, denn für Russland als industriellen Produzenten ist kein Platz in der internationalen Arbeitsteilung. Fließband ist nicht unsere Sache, außerdem ist diese Position schon besetzt. Retten kann uns nur hochqualifizierte Arbeit, aber wir beschädigen leider das Ansehen der Bildung und kürzen die Ausgaben dafür. Die Schichtenbildung der Gesellschaft nimmt zu. Die Kinder sehen keinen Wert in einer höheren Bildung und kommen später als Erwachsene nirgendwo unter. Es ist die programmierte Verarmung der Massen.

Dabei gibt es womöglich auch eine übersehene politische Komponente: Eine arme Gesellschaft lässt sich leichter regieren. Arme Menschen haben geringere Erwartungen. Dadurch konserviert Putin die Schichtenteilung auf Jahrzehnte im Voraus. In einem derart zementierten Modell hat der größere Teil der Bevölkerung aufgrund des faktischen Bildungszensus keine Aufstiegsmöglichkeiten. Diese Matrix ist unfähig zur evolutionären Entwicklung und muss daher durchbrochen werden. An diesem Punkt bekommt man das Regime zu packen. Die demokratische Bewegung muss dem linken Simulacrum des Regimes eine reale linke taktische Programmatik entgegensetzen. Und zwar keine abstrakte, allgemeineuropäische (das funktioniert in Russland nicht), sondern eine, die an die russische Ständerealität angepasst ist. Was heißt das – eine taktische linke Programmatik unter den heutigen russischen Bedingungen? Kein Zauberwerk, sondern die Verbindung zweier Positionen: konsequente Bekämpfung des exzessiven Konsums und harte Garantien der Beibehaltung, nach Möglichkeit sogar Erhöhung von Nischenmaßnahmen sozialer Unterstützung für die breite Masse der Bevölkerung.

Der exzessive Konsum wird in Russland wohl nicht zu bekämpfen sein, denn die Gesellschaft äußert keinen deutlichen Bedarf danach, ungeachtet der krassen Antikorruptionskampagne der Opposition. Die Menschen empfinden Empörung, die jedoch eher etwas mit Neugier auf die Sitten der anderen zu tun hat und sich nicht in politische Aktionsenergie verwandeln lässt. Infolgedessen verläuft alles im Sande.

Allerdings gibt es ein kleines, aber wesentliches Detail: Die Menschen mögen sich mit dem exzessiven Konsum der Väter abfinden, aber den Kindern wollen sie das Recht auf exzessiven Konsum nicht zugestehen. Es ist eine große Frage, ob die Vererbung großer Vermögen in Russland, sei es durch Oligarchenfamilien oder Beamtendynastien, als legitim anerkannt wird. Die Schichtentoleranz wird nicht auf die nachfolgende Generation übertragen. Hier öffnet sich ein Fenster, um das Problem durch die Einführung expropriativer

Steuersätze auf das Erbe supergroßer Vermögen auf evolutionäre Weise zu lösen.

Was die sozialen Garantien für breite Schichten der Bevölkerung angeht, ist Russland dazu verdammt, ein Sozialstaat zu bleiben, in dem Rudimente des Sowjetsozialismus noch lange beibehalten werden. Experimente wie die Monetarisierung sozialer Vergünstigungen und die Erhöhung des Rentenalters, die das Regime anfallsweise immer wieder mal versucht, sind unter den Verhältnissen Russlands politisch nicht annehmbar. Die demokratische Bewegung wird nur dann die Unterstützung der Massen bekommen, wenn sie in dieser Frage klar und eindeutig Position bezieht. Alle Finanz- und Fiskalprobleme sind durch ein beschleunigtes Wirtschaftswachstum, die Senkung korruptionsverursachter Kosten und eine Erbschaftssteuer zu lösen, nicht auf Kosten der unantastbaren sozialen Erleichterungen aus der Sowjetzeit.

Zusammengefasst bedeutet das, dass die linke Tagesordnung der demokratischen Bewegung im jetzigen Stadium taktisch auf zwei Beinen stehen muss: einerseits schrittweise Beschränkung des exzessiven Konsums durch eine Erbschaftssteuer mit Konfiskationscharakter auf supergroße Vermögen und andererseits Garantien auf die Beibehaltung (und sogar gleitende Erhöhung) der grundlegenden sozialen Beihilfen, vor allem in der Gesundheitsversorgung, der Bildung und der sozialen Absicherung.

In den letzten Jahren ist die Verlogenheit der Sozialpolitik des Regimes in ganzem Umfang zutage getreten. Die linke Programmatik ist zu einer rituellen Ausrede geworden. Während es seine nationalen Projekte ab und zu verbal noch hervorkehrt, hat die Regierung de facto einen regelrechten Krieg mit der eigenen Bevölkerung um die »Optimierung« der Sozialausgaben begonnen. Fast ein Drittel der Bildungs- und Gesundheitseinrichtung sind »unters Messer« geraten, im allgemeinen Fervor hat man sogar die »heilige Kuh« der sozialistischen Vergangenheit geschlachtet, das heißt das niedrige Rentenalter. Das Mutterschaftskapital hat sich im Wertverlust des

Rubels aufgelöst und ist zu einer weiteren, wenig entscheidenden putinschen Beihilfe geworden usw.

Eine andere »heilige Kuh« hat überlebt, nämlich die exzessiven Einkünfte des herrschenden Clans, der sämtliche Maßnahmen gegen die Offshore-Finanzen überlebt hat und sein Kapital sowohl bei der Ausfuhr aus dem Land als auch bei der Wiedereinfuhr mehren konnte. Den Gipfel des Zynismus bildeten der massenhafte Aufkauf illiquider Aktiva der regimenahen Unternehmer zu überhöhten Preisen und staatliche Ausgleichszahlungen für Sanktionsbetroffene.

Letzteres ist besonders widerwärtig vor dem Hintergrund des »Parmesan-Kriegs«, der Gegensanktionen, indem man – »zur Rache bombardieren wir Woronesch« – der Mittelklasse den Zugang zu hochwertigen Nahrungsmitteln verwehrte. Somit ging das Regime in der Krise und im unerklärten Krieg mit dem Westen praktisch zu einer typisch rechten Politprogrammatik über: Optimierung im Interesse der Reichen auf Kosten der Armen. Die »Krim« war nicht mehr so sehr »unser« als vielmehr »auf unsere Kosten«.

Wenn die sich abzeichnende Tendenz beibehalten wird (und es gibt keinen Grund zu der Annahme, dass sie bald geändert würde), dann wird das Thema der »linken Wende« wieder genauso aktuell wie vor 15 Jahren. Die soziale Aufsplitterung wird in verdreifachtem Tempo zunehmen, nunmehr nicht nur auf Kosten der »neuen Reichen«, sondern auch auf Kosten der »neuen Armen«, die es jetzt plötzlich gibt, weil ihr Wohlstand durch die kriegsprovozierte Krisenoptimierung extrem gesunken ist. Und die Themen Armut, soziale Ungleichheit und ungerechte Verteilung der Ressourcenrente kehren ganz nach oben auf die politische Tagesordnung zurück. Das Regime, das sich um der Sammlung einiger Imperiensplitter wegen in den Krieg verstrickt hat, wird keine Möglichkeit mehr haben, diese Tagesordnung wieder in seine Hände zu nehmen.

Man darf davon ausgehen, dass die Widerstandsbewegung wieder vor dem gleichen Dilemma stehen wird wie Anfang der 2000er-

Jahre: »Linke Wende« und demokratische Machtübernahme oder rechte Idee und erneute politische Isolation?

Angesichts der galoppierenden Ungleichheit, da linke Ideen sich in der Gesellschaft immer stärker verbreiten, ist es völlig utopisch, auf demokratische Art zur Macht kommen zu wollen, indem man eine rechte und extrem rechte, teilweise libertäre Programmatik vertritt und womöglich noch die Vorzüge des »kleinen Staates« und das Potenzial des »freien Marktes« anpreist. Wenn er so vorgeht, riskiert der kampfstärkste Teil der Zivilgesellschaft, für immer von der politischen Bühne zu verschwinden und im Parterre, wenn nicht gar auf der Galerie zu landen. Die Bühne wird dann von Komödianten und Abenteurern gestürmt.

Heute bestehen wieder die gleichen Bedingungen wie seinerzeit, als ich meine »Linke Wende« schrieb. Es wäre für die Opposition ein unverzeihlicher Luxus, sich diese Chance einer Rückkehr aus der Facebook-Blase in die reale Politik entgehen zu lassen.

Kommt eine demokratische Koalition mit linker Tagesordnung nicht zustande, dann sind die Chancen auf einen friedlichen Machtwechsel auf demokratischem Wege gering. Das Regime wird so lange an einem Haar hängen, bis eine Revolution von unten dieses Haar durchschneidet, und auf der Woge dieser Revolution werden neue Bolschewiki an die Macht kommen. Dann besteht die Gefahr, dass die russische Geschichte eine weitere Strafrunde dreht und Russland für immer aus der aktuellen Weltgeschichte herausfällt.

KAPITEL 18
Die intellektuelle Alternative: Freies Wort oder Glasnost im Reservat?

Kommt die Rede auf das politische Regime im heutigen Russland, dann erleben die, die es einzuordnen versuchen, unausweichlich eine kognitive Dissonanz. Einerseits scheint dieses Regime zweifellos autoritär, repressiv und sogar totalitär zu sein. Die Regierung ist unabwählbar, die Opposition hat nicht die leiseste Chance, in Wahlen zu siegen. Letztere sind zu einer leeren Formalität geworden. Jeder Bürger kann zu jedem Augenblick Opfer polizeilicher Willkür werden, selbst wenn er sich überhaupt nicht mit Politik befasst oder wenn, dann vor langer Zeit.

Über all das konnte man übrigens im Netz ziemlich klar und offen schreiben, sogar in einzelnen Massenmedien, die relativ frei zugänglich waren. Man konnte die Machthaber kritisieren, konnte private Investigationen durchführen, im schmutzigen Reichtum der höchsten Staatsbeamten wühlen usw. Das alles ging meist durch, auch wenn es vorkam, dass einige hervorragende Journalisten dafür mit ihrem Leben bezahlen mussten. Doch das passiert auch in anderen Ländern – in der Slowakei, in Bulgarien, auf Malta, um nur die letzten Jahre zu erwähnen.

Es ist nicht zu übersehen, dass es bis in die jüngste Zeit hinein mehr Möglichkeiten gab, sich über das putinsche Russland zu äußern, als in der UdSSR sogar in ihren zahmsten Zeiten. Weder *Echo Moskwy* noch die *Nowaja Gazeta*, noch ›Doschd‹, noch das verhältnismäßig offene Internet, noch vieles andere ist für die UdSSR überhaupt vorstellbar. Dort konnte man schon eine längere Haftstrafe dafür bekommen, dass man von so etwas überhaupt nur träumte. Aus dem Grund sprachen und schrieben viele über Russland als ein ziemlich freies Land, in dem zumindest Meinungsfreiheit herrscht. Inwieweit war das berechtigt?

Das Problem ist, dass die Meinungsfreiheit im exakten Sinne dieses Begriffs das höchste rechtliche und verfassungsmäßige Prinzip ist, dem der Staat unterworfen ist. Diese Freiheit wird von der ganzen Macht der Zivilgesellschaft und des in sie eingebauten politischen Staates garantiert. Im heutigen Russland gibt es diese Freiheit nicht. Stattdessen existiert ein Raum, dessen Grenzen von den Machthabern streng gezogen sind und innerhalb derer ein Ausländer namens »Glasnost« sich mit ihrer Erlaubnis und unter ihrem strengen Auge tummeln darf. Dieser in die Jahre gekommene Museumsinsasse lebt in dem Reservat, das ihm am Rande des Polizeistaates zugewiesen wurde, und amüsiert die Touristen und Gaffer der Hauptstadt.

Das Leben im Reservat hängt vollständig und ganz und gar vom guten Willen des Staates ab: Er könnte es zu jeder Zeit vollständig schließen, aus irgendwelchen inneren Erwägungen jedoch tut er das nicht – offenbar überwiegt der von der Schließung des Reservats zu erwartende Schaden (das dadurch verursachte Aufsehen, die Notwendigkeit, die Gaffer mit etwas anderem zu amüsieren usw.) bislang den Schaden, den die transparente Offenheit dem Regime bringt. Diese Situation ist nicht auf einen Schlag entstanden, sie hat sich historisch unter dem Einfluss einer Vielzahl von unterschiedlichen und häufig gegensätzlichen Faktoren herausgebildet. Um zu verstehen, wie man aus dieser Situation herauskommt und vor allem wohin, muss man sich diese Evolution wenigstens kurz einmal vor Augen halten.

In der UdSSR war die Gesellschaft derart geschlossen, wie das im praktischen Leben überhaupt nur möglich war. Diese Abgeschlossenheit gab der staatlichen Propaganda einmalige Hebel, die es dem Regime erlaubten, das Bewusstsein und somit auch das Verhalten der überwältigenden Bevölkerungsmehrheit zu kontrollieren. Darin besteht, kann man sagen, einer der Hauptunterschiede zwischen einem totalitären und einem autoritären Regime: Ersteres verlässt sich nicht allein auf polizeiliche Repressionen, sondern auch auf die aktive Programmierung des menschlichen Bewusstseins und Verhaltens mithilfe einer machtvollen Propagandamaschine. Solche Möglichkeiten hat das jetzige Regime nicht einmal annähernd, und ich glaube nicht, dass es sie jemals wird schaffen können.

Seit Mitte der Fünfzigerjahre, als die Epoche des »großen Terrors« zu Ende ging, ruhte die Hauptlast, um die Stabilität des Sowjetsystems aufrechtzuerhalten, nun eben auf diesem staatlichen Propagandaapparat. Der Repressionsapparat spielte eine unterstützende Rolle; er räumte diejenigen beiseite, die aus irgendwelchen Gründen unempfänglich für die Propaganda waren. Aber das waren verhältnismäßig wenige, deshalb bestand keine Notwendigkeit, die Repressionsmaschinerie ständig gezückt zu halten. Sie wirkte im Stillen, fischte immer mal wieder »verwirrt Denkende« heraus, während die »Meister des Parteiwortes« die Drecksarbeit leisteten.

Die tief gestaffelte, in ihrer Wirksamkeit beispiellose Propagandamaschinerie schirmte die Bevölkerung erfolgreich von jeder wahren Information über die Vorgänge im Land und auf der Welt ab. Das prägte auf natürliche Weise die Kampflinie gegen das Regime sowohl innerhalb als auch außerhalb der UdSSR. Ein Ärgernis für die überwiegende Mehrheit der Bevölkerung gegen Ende der Sowjetherrschaft waren nicht die repressiven Organe, nicht Miliz und KGB (die große Mehrheit der Bürger hatte nie direkt mit ihnen zu tun gehabt), sondern die Propagandisten der Partei, die dem Volk etwas erzählen wollten, was seiner empirischen Erfahrung vollständig widersprach.

Die logische Folge dieser Situation ließ nicht lange auf sich warten: Als Gorbatschow die Macht in der UdSSR ergriff, war die Forderung nach Wahrheit sicherlich die unumstrittenste – sowohl von ganz oben als auch von ganz unten.

Diese klar und deutlich formulierte politische Forderung beantwortete Gorbatschows Führung mit der Losung der Glasnost. Ohne Zweifel war Glasnost ein rein sowjetischer Euphemismus, in dem sich die vage und mythologisierte Vorstellung spiegelte, die die sowjetische Parteielite von dem damit verbundenen Komplex liberaler Werte hatte – wie Meinungsfreiheit, Pressefreiheit, Offenheit usw. Ja, es war eine extrem inkonsequente, beschränkte und innerlich widersprüchliche ideologische Konstruktion. Zugleich muss man aber verstehen, dass dies das fundamentale, primäre und deshalb strengste Paradigma der Perestroika war. Es war das Rückgrat, auf dem danach alles andere ruhte.

Psychologisch wird die Glasnost von Anfang an als Haupterrungenschaft der gorbatschowschen Revolution empfunden. Man sah darin die konzentrierte Antwort auf den sowjetischen Totalitarismus, so wie die letzten Sowjetgenerationen ihn in Erinnerung hatten. Und eben aus diesem Grunde erwies die Glasnost sich, als das Regime seinen Angriff auf die Demokratie begann und alle Errungenschaft der Revolution von Gorbatschow und Jelzin dem Ostrazismus anheimfielen, als letztes und unversenkbares Bollwerk des »kommunistischen Liberalismus«.

Das erweckt bei vielen Menschen die Illusion, es gäbe in Russland weiterhin eine Art von Meinungsfreiheit. In Wirklichkeit ist alles viel komplizierter: Eine Meinungsfreiheit hat es in Russland auch vor dem Krieg nicht gegeben, aber das seiner Natur nach autoritäre und sogar neototalitäre Regime hatte es gelernt, bis zu einem gewissen Grad mit den Überresten der gorbatschowschen Glasnost zu koexistieren, nicht ohne Nutzen für sich selbst.

Natürlich mussten der Kriegsbeginn und der Übergang zur totalitären Mobilisierung sich auch in diesem Bereich niederschlagen. Alle einflussreichen unabhängigen und halbunabhängigen Medien, Journalisten und Blogger gerieten unter einen beispiellosen Druck und waren bald gezwungen, entweder ihre Tätigkeit einzustellen, das Land zu verlassen oder aber sich in den Dienst des Regimes zu stellen.

Dies ist jedoch bereits das Endstadium in der Entwicklung der Diktatur. Wir müssen verstehen lernen, wie wir bereits den Anfängen einer solchen Entwicklung wehren können.

Um die Strategie der Demokratisierung der russischen Gesellschaft für die Zukunft richtig auszurichten, müssen wir das Geheimnis der seltsamen und zum Teil widersprüchlichen Koexistenz dieser zwei einander ausschließenden Prinzipien des öffentlichen Lebens verstehen: des Prinzips der Wahrheit und des Prinzips der Lüge. Diesem Phänomen liegt die Fähigkeit des Regimes zugrunde, die Kommandohöhen der Informationspolitik besetzt zu halten. Es begann mit der Konzentration der wichtigsten Informationskanäle in den Händen des Staates und mit dem Staat verbändelter Personen und Strukturen. Wendepunkte dieser Entwicklung waren die Zerschlagung des alten Senders *NTV* und die Übernahme der vollständigen Kontrolle über den *Ersten Fernsehkanal* durch die Administration des Präsidenten; dieser Kanal war danach nur noch auf dem Papier ein öffentlicher Sender. Heute gehört der Informationsmarkt zu den am stärksten monopolisierten in Russland.

Dabei beherrscht der Staat direkt oder indirekt nicht nur die regimetreuen, sondern auch die Mehrheit der als oppositionell geltenden Medien.

Die Expansion des Staates beschränkte sich nicht auf den klassischen Medienbereich. Als das Internet einflussreicher wurde, fand der Staat durch seine Agenten auch dort hinein. Der wichtigste Schritt dazu war die Übernahme der Kontrolle über das größte soziale Netz in Russland: VKontakte. Über zahlreiche Mittler und Auftragnehmer werden kolossale staatliche Mittel hineingepumpt, es wird aber auch in andere Internetprojekte investiert. Obwohl das russische Netz weithin einen oppositionellen Ruf genießt, hat in Wirklichkeit der Staat auch hier eine dominierende Position.

Noch größere Bedeutung als die quantitativen haben die qualitativen Indikatoren. Wichtig ist nicht nur, über welche Ressourcen der Staat im Informationsbereich verfügt, sondern auch, auf welche Art und Weise er sie nutzt. Im Ergebnis langjähriger und ununterbrochener Bemühungen konnte der Kreml in Russland einen gewissermaßen dominierenden Informationsstrom schaffen. Diese Methode einer extrem aggressiven, totalen Informationsverbreitung imitiert den permanenten Informationskrieg.

Der Generator dieses dominierenden Informationsflusses befindet sich im Kreml, Antriebsriemen sind die Schwärme von Kreml-Agenten, die die einzelnen Informationsressourcen kontrollieren, und zwar auf mehreren Ebenen gleichzeitig. Es handelt sich um ein äußerst komplexes System, das ein verzweigtes und dezentralisiertes Netz von Thinktanks beinhaltet – Analysefabriken, die Ideen in den Fluss einspeisen. Da gibt es zahlreiche eigene Produktionskapazitäten, überwiegend im Outsourcing, es gibt eigene »Stars« und eigenes »Kanonenfutter«. Dieses System ist viel subtiler und raffinierter aufgebaut als der polizeiliche Unterdrückungsapparat, und das hat einen guten Grund: Bis in die letzte Zeit hinein spielte es eine Schlüsselrolle bei der Stabilisierung des Systems.

Die Existenz dieses starken, vom Staat kontrollierten Informationsstroms erlaubte es dem Regime, nebenan im Reservat ein schwaches und beschränktes alternatives Informationsrinnsal plätschern zu lassen, dessen Rauschen die Massen fast überhörten, weil es vom Donnern des Stroms übertönt wurde. Ließ es die Glasnost sich im medialen »Sandkasten« austoben, dosierte das Regime den »Jahrmarkt« und wog geradezu mit Apothekerwaage ab, was noch zulässig war. Dazu braucht es die indirekte Kontrolle über die oppositionellen Medien, die es unaufhaltsam ausweitet. Jeder Versuch, aus dem »Sandkasten« hinauszukommen, hatte Skandale und strengste Zurechtweisungen zur Folge.

Doch jedes komplexe System ist auch zerbrechlich. Was bei kleinen Umdrehungen des Protests noch gut funktioniert, zeigt bei höheren Aussetzer und Vibrationen. Wächst die politische Belastung des Systems, wird es immer schwieriger, einen ausreichend starken Strom zu generieren. Und auch die durch alternative Informationsrichtungen aus dem Reservat verursachten Störungen werden immer spürbarer und gefährlicher für das System. Schließlich war dieses gezwungen, das Schema zu ändern und den dominierenden Strom durch einen totalen zu ersetzen. Das bedeutete das Ende der Epoche einer beschnittenen, postmodernen Glasnost und die Rückkehr zum ganzheitlichen und einfachen sowjetischen Vorbild.

Ihre sekundäre Natur als etwas von der Macht Abhängiges macht die Glasnost äußerst verletzlich. Seit dem Jahr 1999, also im Laufe der gesamten postkommunistischen Reaktion, wurden wir Zeugen, wie das Regime die Glasnost angriff und ihren Spielraum einschränkte – sowohl direkt als auch indirekt. Die Gefahr einer völligen Abkehr von der Glasnost hing ständig in der Luft, und als das Regime sich dazu entschied, konnte nichts und niemand es daran hindern. Das hat unangenehme und unumkehrbare Folgen nicht nur für die Gesellschaft, sondern auch für das Regime selbst – sie zögern sein Ende nicht hinaus, sondern beschleunigen es noch.

Warum sollen sie also nicht die Schrauben anziehen, zum Teufel mit ihnen! Doch die Frage ist nicht nur, wann dieses Regime den Bach hinuntergeht, sondern auch, was an seine Stelle kommt. Und hier ist zweifellos der Kampf um jede Art von Glasnost von ungeheurer Bedeutung für die demokratische Bewegung.

Wie gespenstisch die ins Reservat verbannte Wahrheit auch sei, sie ist immer noch besser als die auf freiem Fuß spazierende Lüge. Um jedes Wort der Wahrheit muss man kämpfen; man muss sich jedem Versuch des Regimes widersetzen, die Glasnost endgültig zu knebeln; die ganze Welt muss jenen Journalisten und Medien helfen, die sich weiter heroisch dem Totalitarismus entgegenstellen, wenn auch jetzt überwiegend aus dem Ausland. Das strategische Ziel jedoch ist ein anderes: nicht die vollständige Wiederherstellung der Glasnost, sondern die Sicherung harter Verfassungsgarantien für die Freiheit des Wortes.

Notwendig ist ein qualitativer Sprung in der Politik der Offenheit. Ein einfaches Zurück in die Zeiten des *Kommersant* von Jakowljew oder des Senders *NTV* von Malaschenkow reicht nicht aus.

Was für die junge postsowjetische Gesellschaft gut war, passt nicht zu einer Gesellschaft, die große und vieldeutige Erfahrung im Kampf um die Demokratie gesammelt hat. Gorbatschows Glasnost, selbst in ihrer von Putin beschnittenen Form, ist nicht mehr das Ideal, nach dem wir streben.

Wir müssen weitergehen – zu einem vollwertigen, freien und offenen Informationsmarkt, der durch klare Rechtsnormen geregelt ist. Nur ein solcher Markt mit echter Konkurrenz kann die Umsetzung des Rechts auf Meinungsfreiheit wirklich garantieren.

Zweifellos schafft der freie Informationsraum, indem er die einen Probleme löst, wieder andere, und deshalb gibt es eine Vielzahl schwieriger Fragen, auf die die Gesellschaft passende Antworten finden muss. Das ändert aber nichts an meiner Einstellung zur Entscheidung für die strategische Richtung – Konkurrenz und Markt sollten der Gesellschaft die wahre Offenheit garantieren.

Natürlich, in gewissem Sinne lässt sich die Freiheit des Wortes nur durch das normale Funktionieren des gesamten demokratischen politischen Systems garantieren: mit einer wirksamen Gewaltenteilung, einer funktionierenden Gerichtsbarkeit und weiter, noch tiefer – mit der Bereitschaft der Gesellschaft, diese Freiheit mit der Waffe zu verteidigen. Wenn die Freiheit des Wortes eine politische Währung ist, dann steht die gesamte demokratische Infrastruktur der Gesellschaft für ihre Sicherung ein. Abgesehen von diesen allgemeinen Garantien, gibt es aber auch spezifische Maßnahmen, darunter institutionelle, ohne die keine Freiheit des Wortes denkbar ist.

Zu diesen spezifischen Maßnahmen gehören wirtschaftliche ebenso wie politische. Beide helfen, das Hauptziel zu erreichen: nicht nur dem Staat die Möglichkeit zu nehmen, die Meinungsfreiheit einzuzuengen, sondern ihm auch die Möglichkeit zur Induzierung jenes dominierenden Informationsstroms zu rauben, durch den es dem Regime gelingt, die Massen mithilfe der Lüge zu lenken, trotz jener im System eingebauten »Inseln der Freiheit«. Die demokratische Bewegung sollte die Erfahrung des postkommunistischen Neototalitarismus beherzigen, um nicht die gleichen Fehler zu wiederholen. Ich beginne mit den wirtschaftlichen Maßnahmen. Das Hauptübel der russischen Presse ist, so paradox das klingen mag, keineswegs die Zensur, sondern die Armut. Der Kampf um die Freiheit des Wortes wurde in den letzten zwei Jahrzehnten nicht an der politischen Front (wie viele meinen), sondern an der wirtschaftlichen Front ausgefochten. Im postkommunistischen Russland hat es nie ökonomisch wirklich unabhängige Medien gegeben. Doch vor dem Staatsbankrott von 1998 hatten die Medien noch eine gewisse Bewegungsfreiheit – sie konnten wählen, »von wem sie abhängig sein wollten« –, und das bedeutete eine bestimmte Art von Freiheit. Danach begann der Prozess der totalen Verstaatlichung der Medien, und irgendwann in den Jahren 2006–2008 blieb der Staat als einziger Geldgeber übrig (direkt oder indirekt). In dieser Zeit bekam die Freiheit der Presse – und folglich auch die Meinungsfreiheit – den entscheidenden und schrecklichsten Schlag, von dem sie sich nie mehr erholt hat.

Statt die unabhängigen Medien systematisch und transparent zu unterstützen und ihnen aus ihren Schwierigkeiten herauszuhelfen, nutzte der Staat die Situation und führte eine umfassende indirekte Nationalisierung der unabhängigen Medien durch, indem er die vorherigen Eigentümer ersetzte – oft auf dem Wege unfreundlicher Übernahmen und mit quasi kriminellem Druck. Die »Beute« fand sich in einer undefinierten Lage zwischen diversen Staatsunternehmen und mit dem Regime verbandelten Finanz- und Industriegruppen wieder. Mit der Zeit bekam der Staat als Eigentümer oder als Sponsor die indirekte Kontrolle über alle halbwegs bedeutenden Informationsressourcen. Das Bild verdüstert sich weiter, wenn man den Blick von den Größen des Medienmarktes auf die Provinzpresse lenkt, die nun wirklich in einer völlig mittellosen Position war.

Die ideale Lösung des Problems bestünde auf den ersten Blick darin, ein normales Marktmilieu sowohl für die Online- als auch für die Offline-Medien herzustellen, wo der Staat ausschließlich als unparteiischer Schiedsrichter und Regulator auftritt. Sieht man sich die internationale Situation an, dann funktioniert ein solches Modell heute fast nirgendwo mehr. Alle großen Medien finanzieren sich entweder durch andere Geschäftszweige, oder sie werden von Sponsoren gestützt, die aus ganz unterschiedlichen Motiven beteiligt sind, darunter politischen.

Aus genau diesen Gründen kommen auch wenige Länder ohne staatlich subventionierte Medien aus, und Russland wird noch lange nicht zu diesen Ländern gehören. Deshalb ist für uns wichtig zu wissen, wie genau die Medien-Subventionierung durch den öffentlichen Haushalt erfolgt und wie die öffentlich geförderten Medien gesteuert werden. Wenn wir diese zwei Fragen gründlich beantworten, wird uns die Neutralisierung der totalitären Ansprüche des Staates auf die Bildung des oben beschriebenen dominierenden Informationsstroms sehr viel leichter fallen.

Wenn die öffentliche Unterstützung der Medien notwendig und unvermeidlich ist, dann muss dafür gesorgt werden, dass sie transparent erfolgt und weder einzelne Beamte noch der gesamte Apparat an diesen Subventionen mitverdienen. Oder, einfacher gesagt, dass sie nicht für jedes »(der Presse) verabreichte Vitamin eine Masse kleiner Gefälligkeiten verlangt«. Alles, was der Staat im Informationsbereich tut, sollte im Interesse der Gesellschaft und unter ihrer Kontrolle geschehen, nicht im Interesse des Beamtenapparats und seiner Kontrolle.

Die Verteilung der Haushaltmittel zur Unterstützung der Medien sollte offen, politisch neutral und im Wege der Ausschreibung unter Beteiligung von Vertretern der Öffentlichkeit erfolgen. Jede verdeckte Finanzierung von Medienprojekten (in der Art der berühmten »Trollfabrik«) durch den Staat sollte gesetzlich untersagt werden, der Einsatz von Sonderjournalisten auf Staatskosten endlich aufhören.

Wenn es gelingt, den Informationsmarkt zu stabilisieren und die Voraussetzungen für die freie Entstehung ganz unterschiedlicher Medien zu schaffen, die entweder aus eigener Kraft (also wirtschaftlich unabhängig) oder aber bei transparenter und öffentlich kontrollierter staatlicher Förderung existieren, kann man sich dem zweiten Aspekt des Problems zuwenden: politische Garantien für die Unabhängigkeit der Medien zu geben. Denn der Staat hat nicht nur den Medienmarkt unterjocht, er mischt sich auch direkt in den Informationsraum ein und missbraucht aktiv seine Position und seine Ressourcen – im gegebenen Falle nicht so sehr ökonomisch wie administrativ.

Genau besehen, steht uns ein begrenztes Arsenal an Instrumenten zur Verfügung, mit deren Hilfe sich die Staatspropaganda effektiv bekämpfen lässt, ohne in die Meinungsfreiheit in Russland einzugreifen. Im Grunde tritt der Staat auf dem Mediamarkt in zwei Rollen auf: als Regulator, der die Spielregeln setzt, und als Spieler selbst. Was wir vom Staat als Regulator erwarten, ist klar: Er soll die Voraussetzungen für einen offenen Wettbewerb schaffen und jedermann die Meinungsfreiheit garantieren. Doch was erwarten wir vom Staat als Akteur? Diese Frage ist etwas schwerer zu beantworten. Als Gründer einer Reihe von Medien gewinnt der Staat automatisch natürliche Einflussmöglichkeiten auf deren Politik. Der Staat ist aber kein Eigentümer wie jeder andere. Letztendlich ist er – wir alle. Der Staat verwaltet nicht sein eigenes, sondern unser aller Geld. Wie geht man damit um?

Eine Lösung ist in Ländern mit entwickeltem demokratischem System längst gefunden. Vom Staat oder mit seiner Hilfe gegründete Informationsressourcen werden Vertretern der Zivilgesellschaft zur treuhänderischen Verwaltung übergeben. Das staatliche Fernsehen und andere mit dem Staat verbundene Informationseinrichtungen werden von Trusts oder öffentlichen Räten verwaltet, die unmittelbar mit Vertretern der Zivilgesellschaft besetzt werden; der Staat kann von Gesetzes wegen nicht auf ihre Zusammensetzung

Einfluss nehmen, auch in der Praxis wird ihm dies auf jede mögliche Weise verwehrt. Die Bildung der Aufsichtsräte ist von maximaler Transparenz und gewährleistet eine vom Staat unabhängige und von der Gesellschaft respektierte Zusammensetzung. Verstöße, geheime Absprachen und Druck gehören in den Bereich der normalen Kriminalität. Die Tätigkeit dieser Gremien wird von speziellen Satzungen geregelt, die es rechtlich unmöglich machen, dass diese Ressourcen zur Manipulierung der öffentlichen Meinung im Interesse einzelner Gruppen oder Personen missbraucht werden.

Und last, but not least: Die Freiheit des Wortes und die Offenheit der Gesellschaft waren und sind die wichtigste Dimension der Demokratie, sie sind ihr Bindegewebe. Ihre Verteidigung gegen Angriffe von Wächtern jeglicher Couleur ist die wichtigste Aufgabe der demokratischen Bewegung. Die Freiheit des Wortes wissen aber auch jene raffiniert zu nutzen, deren Ziel gerade die Vernichtung jeder Art von Freiheit ist. Groß ist die Versuchung, ihnen diese Freiheit vorzuenthalten.

Im Kampf um die Meinungsfreiheit geht es um Nuancen. In diesem Kampf ist es leichter als sonst wo, das Kind mit dem Bade auszuschütten. Wenn man gegen die Staatspropaganda oder ein anderes Übel zu grobschlächtig vorgeht, hat man statt der abstoßenden Propaganda am Ende eine noch abstoßendere Gegenpropaganda. Wie schwer das auch fällt, muss man doch anerkennen, dass die Freiheit für jede Meinung gilt. Einschränkungen dessen, was man sagen, schreiben, zeigen, senden usw. darf, dürfen nur mit größter Behutsamkeit erfolgen. Der Versuch, ein einziges Wort zu verbieten, endet mit dem Verbot des gesamten Wörterbuchs.

Meine persönliche Position ist: Im Zweifel gilt immer die Meinungsfreiheit, so wie es auch im Strafrecht heißt: im Zweifel für den Angeklagten. Lieber darf jemand etwas Unanständiges sagen, als dass jemand die Möglichkeit verliert, etwas Wichtiges und Notwendiges zu erfahren. Die Freiheit hat Priorität vor einschränkenden Maßnahmen – das ist das Hauptprinzip, das beachtet werden muss.

Ich bin zum Beispiel überzeugt, dass der langweilige, menschenverachtende *Mein Kampf* und die gefakten *Protokolle der Weisen von Zion* ebenso jedem Interessierten zugänglich sein sollten wie die geheimen Zusatzabkommen zwischen Hitler und Stalin und dass man kein Staatsgeheimnis aus ihnen machen sollte.

Dieses Prinzip ist in der Praxis schon aus rein psychologischen Gründen oft schwer zu realisieren; aber wir müssen andere als nur verbietende Maßnahmen finden, um Äußerungen von Extremismen jeglicher Art zu unterbinden.

Wir müssen lernen, in einer Welt zu leben, in der wir uns ständig mit etwas abfinden müssen, was uns persönlich inakzeptabel erscheint. Aber nur eine solche Welt ist wahrhaft stabil und komfortabel.

KAPITEL 19
Die Verfassungsalternative: Parlamentarische oder präsidiale Republik?

Wie Herzflimmern flackert die Diskussion über die präsidiale oder parlamentarische Republik in Russland immer wieder auf und erlischt dann wieder. Aus rein praktischer Sicht scheint sie nicht besonders aktuell zu sein, sie wirkt eher wie die Diskussion über ein ungelegtes Ei. Viele sagen deshalb auch: Lasst uns zuerst einmal den demokratischen Inhalt schaffen, bevor wir ihn dann in eine angemessene politische Form gießen, darüber können wir später reden. Das mag sein, aber da ist eine Schwierigkeit: In Russland ist der politische Inhalt mit der politischen Form verwachsen. So fest verwachsen, dass man erst die erstarrte politische Form beseitigen muss, um sie mit einem anderen Inhalt als dem vorhandenen zu füllen.

Die Frage nach der künftigen Form der russischen Demokratie ist daher weder spekulativ noch verfrüht. Die Antwort darauf ist eine Art politischer Lackmustest auf die Ernsthaftigkeit der Absicht, mit der russischen autokratischen Tradition zu brechen. An ihr zeigt sich die Bereitschaft, in dieser Hinsicht bis ans Ende zu gehen und nicht nur eine Form der Selbstherrschaft durch die andere zu ersetzen, oder womöglich den einen Zaren durch einen anderen. Es ist keine Frage der Verfassungsrealität, sondern der politischen Philosophie, und somit eine zutiefst ideologische Frage. Gerade aus diesem Grund muss sie vielleicht zuallererst gelöst werden.

Tatsächlich wird die verfassungsrechtliche Bedeutung der politischen Form in Russland gelegentlich übertrieben. Man kann schwerlich behaupten, dass die parlamentarische Republik demokratischer wäre als die präsidiale oder umgekehrt. Wie die internationale Erfahrung zeigt, kann man in beiden Modellen – dem präsidialen ebenso wie dem parlamentarischen – eine adäquate Form der Volksvertretung mit eingebauter, effektiver Gewaltenteilung schaffen. Gleichzeitig kann man jede beliebige politische Form so entkernen, dass von ihr nur die leere Hülle eines autoritären oder gar totalitären Systems übrig bleibt. Hier genügt der Hinweis, dass die UdSSR formal eine parlamentarische Republik war. In praktischer Hinsicht wichtiger ist die Frage, wie die Exekutive einschließlich des Präsidenten in das System der Gewaltenteilung und -balance integriert ist. Worum also geht es dann?

Es geht um die Besonderheit Russlands, um seine spezifische politische Geschichte, Kultur und Tradition. Bisweilen spricht man ganz mechanisch vom heutigen Russland als einer Präsidialrepublik. Das ist, gelinde gesagt, stark übertrieben. Weder ist diese Republik präsidial (auch wenn es dort einen Präsidenten gibt), noch ist sie im exakten Sinne eine Republik. In den letzten hundert Jahren ist kein einziger russischer Staatsführer durch vollwertige und wirklich freie Wahlen an die Macht gekommen (Jelzins Sieg im Juni 1991 ging auf regionale Wahlen innerhalb des Sowjetischen Imperiums zurück).

Russlands Geschichte im 20. Jahrhundert ähnelt in manchem der Geschichte Roms zu Zeiten der »Soldatenkaiser«: Unabwählbare Diktatoren regierten das Land meist bis an ihr Lebensende oder büßten ihre Macht durch einen Umsturz ein. Manchmal traf beides zusammen. Die Selbstherrschaft war und ist daher die einzige für Russland naturgemäße politische Form. Genauer gesagt, sie ist Form und Inhalt gleichzeitig. Und das ist, wie Russlands erster »Roter Zar« Lenin schrieb, eine objektive Realität, die unseren Sinnen gegeben ist. Wie wir uns zu dieser Realität verhalten, ist die Hauptfrage des künftigen Russland und die politische Wasserscheide.

Die Frage stellt sich folgendermaßen: Sind wir bereit, diese tief

verwurzelte russische Tradition der Selbstherrschaft kompromiss-
los zu brechen, sei es auch übers Knie, oder wollen wir, ungeachtet
aller demokratischen Losungen, in der Tiefe der Seele beim Paradigma der Suche nach einem guten Zaren bleiben, der Russland die
Freiheit schenkt? Die Entscheidung für das präsidiale Modell lässt
den »angeborenen Selbstherrscher-Instinkten« der russischen politischen Kultur für die Zukunft mehr Raum zur Entfaltung, bietet
der Macht viel mehr Möglichkeiten, sich demokratischen Veränderungen abzukehren, als die Entscheidung für das parlamentarische
Modell.

Das ist der einzige und entscheidende Grund, aus dem ich die
parlamentarische Republik für das Russland meiner Träume vorzie-
he. Viel zu oft haben wir mit personalistischen Regierungsmodellen
experimentiert, deshalb braucht es heute »den tiefen Schnitt, bevor
es zur Bauchfellentzündung kommt«. Sooft wir das Lego des russischen politischen Systems aus den Einzelteilen zusammengesetzt
haben, es kam immer wie bei dem alten Witz über den Arbeiter, der
Ersatzteile aus diverser ziviler Produktion aus seinem Betrieb nach
Hause schleppte, aber wenn er sie zusammenbaute, kam immer eine
Kalaschnikow heraus. Will sagen, du kannst dir den Präsidenten
Russlands noch so oft aus den Teilen der Verfassung zusammensetzen, das Ergebnis ist immer ein Zar.

Obwohl die Präsidialrepublik gewöhnlich der parlamentarischen gegenübergestellt wird, ist es angesichts der vielen Über-
gangsformen zwischen beiden schwer, den wesentlichen Unterschied zu erfassen. Letztlich geht es um die Tiefe der Gewaltenteilung
in ihrer konkreten Konfiguration. Die Gewaltenteilung im Rahmen
der parlamentarischen Republik weist eine »zusätzliche Dimension« auf – eine Wasserscheide innerhalb des exekutiven Zweiges der
Macht, die Teilung in Staatsoberhaupt und Chef der Exekutive.

Somit macht sich in der parlamentarischen Republik eine zusätzliche Dimension der Demokratie bemerkbar, wobei diese Teilung
innerhalb der Exekutivvertikale ganz unterschiedlich ausfallen kann.

Das Staatsoberhaupt kann eine rein repräsentative Figur sein (wie die englische Königin, wie in den modernen Verfassungsmonarchien); sie kann trotzdem eine bestimmte politische Schiedsrichterrolle spielen (wie im heutigen Italien); sie kann aber auch einen wichtigen und sogar entscheidenden Teil der Exekutive übernehmen (wie in Frankreich – einer Art parlamentarischer Präsidialrepublik). In dieser Frage gibt es keine allgemeine Regel, keinen Standard. Die Wahl des konkreten Republikmodells ist die entscheidende Frage für die langfristige Gestaltung der Verfassung. Es macht die hohe Kunst des Verfassungsbaus aus, hier ein funktionsfähiges Modell zu finden. Alle erfolgreichen Modelle sind im Grenzbereich zwischen schöpferischer Intuition und tiefer Kenntnis der Besonderheiten der Nationalkultur entstanden.

Gesellschaften besitzen eine noch stärker ausgeprägte Individualität als einzelne Menschen. Dennoch gibt es einige allgemeine Prinzipien, nach denen funktionsfähige Modelle sich in jedem Falle richten. Zu diesen fundamentalen Prinzipien bei der Konstruktion der parlamentarischen Republik gehört das Verhältnis zwischen Parlament und Regierung. Welche Variante der parlamentarischen Republik auch immer, eine Konstante bleibt: Der Regierungschef und die gesamte Regierung sind dem Parlament rechenschaftspflichtig, sie werden von ihm ernannt und von ihm entlassen.

Warum ist das gerade in Russland wichtig? Weil es die Aktien des Parlaments auf dem politischen Markt sofort steigen lässt. Dieselben Aktien, die an der Börse der russischen Institutionen bislang zu den Trash-Titeln zählten. Gekauft wurden sie lediglich, um auf ihren Fall zu wetten. Sobald das Parlament zum einzigen Organ wird, das die Regierung ernennt und entlässt, wird in Russland ein Bullenmarkt anbrechen. Dann steigen die Aktien nicht nur des Parlaments, sondern auch des mit ihm verbundenen demokratischen Clusters.

Wenn das Parlament den zentralen institutionellen Ort im politischen System Russlands einnimmt, steigt automatisch der Wert eines Abgeordnetenmandats und damit auch des gesamten Wahlvorgangs.

Dadurch wird es sehr viel schwieriger werden, die Wahl allein auf das »Charisma« zu stützen, wie das bei der Präsidentenwahl in Russland gewöhnlich der Fall ist. Ganz nebenbei wird der Preis der regionalen Vertretung in beiden Kammern steil ansteigen, denn unter diesen Bedingungen wird von seiner quantitativen und qualitativen Zusammensetzung direkt die Befriedigung der Lebensbedürfnisse der Regionen abhängen. Damit füllt sich das System der föderalen Beziehungen, das heute lediglich zur Dekoration des streng zentralisierten Einheitsstaates dient, mit realem Inhalt. Dies wiederum wird kompensatorisch zu einer Entwicklung der lokalen Selbstverwaltung führen, die eine Feudalisierung Russlands und die Entstehung von Teilfürstentümern verhindern soll.

Somit erweist sich der Übergang zur parlamentarischen Republik als jenes entscheidende Glied, an dem man die ganze demokratische Kette zu packen bekommt.

Selbstverständlich ist der Wechsel von dem selbstherrschaftlichen und streng zentralisierten, personalistischen Regierungssystem, das in Russland seit mehreren Jahrhunderten existiert, zur parlamentarischen Demokratie ein politischer Schock. Doch es ist ein unvermeidlicher und notwendiger Schock.

Einzig und allein der Wechsel zur parlamentarischen Republik bietet die reale Chance für einen Neustart des politischen Systems in Russland, und nur diese Tatsache macht seinen Vorzug gegenüber der präsidialen Republik aus.

»Gut und schön«, sagen darauf die Gegner der parlamentarischen Republik, »aber haben wir das Recht, an Russland herumzuexperimentieren? Es ist ein riesiges Land mit einer ganz spezifischen Lebensart, daran gewohnt, dass die Macht einen streng personifizierten Charakter hat. Die Menschen werden deine guten Absichten nicht verstehen und nicht zu schätzen wissen; sie werden die Vorzüge der parlamentarischen Demokratie nicht nutzen können und wollen, sondern rasch in Anarchie und politische Wirren abgleiten.

Kommt noch hinzu, dass Russland bis heute ein Imperium ist, ein riesiger Tiegel, in dem Vertreter ganz unterschiedlicher Nationalitäten und Konfessionen brodeln, die trotzdem nicht Bürger eines Nationalstaates geworden sind. Nimm die Figur des Führers weg, dieser sichtbaren Verkörperung der Macht (egal, wie er gerade heißen mag) – und das Land wird in seine Teile zerfallen.«

Was könnte man darauf antworten? All diese Risiken sind nicht an den Haaren herbeigezogen, sie existieren wirklich. Das Problem ist, dass sie durch den Austausch eines personalistischen Regimes durch ein anderes keineswegs entschärft werden. Wenn wir das Entwicklungssystem der russischen Staatlichkeit nicht verändern, dann wird jedes folgende Regime, egal, wie vielversprechend es sich anlässt, in wenigen Jahren oder gar Monaten erneut zu einem autokratischen. Und jede neue Autokratie wird schlimmer sein als die vorherige – das steht außer Zweifel. Und am Ende wird kommen, was die Gegner der parlamentarischen Republik befürchten: Das Land zerfällt in seine Teile. Nur diesmal ohne die Chance auf Errettung, ein für alle Mal. Die parlamentarische Republik gibt uns wenigstens eine Chance zu kämpfen.

Im Ergebnis läuft alles auf eine weniger praktisch-politische als vielmehr ideologische Alternative hinaus. Glauben Sie, dass der Versuch, das personalistische Regierungsmodell in Russland zu brechen, inakzeptable Risiken birgt? Wenn ja – dann haben Sie das Recht dazu.

Daraufhin stellt sich jedoch die Frage: Was unterscheidet Sie wesentlich von den regierungsfreundlichen Kräften, die ähnliche Positionen vertreten? Gewiss, sie wollen um der Rettung Russlands willen einen »Höhlen-Absolutismus« dort aufrechterhalten, ihr dagegen hofft, lange mit einem »aufgeklärten Absolutismus« regieren zu können. Aber 500 Jahre russischer Absolutismus haben uns gelehrt, dass nach den »Grauen« immer die »Schwarzen« kommen. Das personalistische Modell ist für Russland wie eine politische

Droge. Niemand bestreitet, dass das Land seit Langem stark davon abhängig geworden ist, und das geschah weit vor Putin. Das Absetzen einer derart starken Droge kann Entzugserscheinungen bei der Gesellschaft hervorrufen; unter bestimmten Bedingungen könnte es sogar zu lebensgefährlichen Situationen kommen. Heißt das, dass wir uns mit dieser politischen Abhängigkeit abfinden und den Versuch aufgeben müssen, von der Nadel der Autokratie loszukommen?

Paradoxerweise könnte schon in der näheren Zukunft eine Situation entstehen, in der die Macht selbst, aus ganz eigenen, selbstsüchtigen politischen Interessen, versucht, eine Verfassungsreform zu imitieren, deren wichtigster Bestandteil der Wechsel von der Präsidial- zur parlamentarischen Republik sein wird.

Es ist nicht ausgemacht, dass das so kommt. Doch eines der Szenarien, die zur Vermeidung des Verfassungsverstoßes diskutiert werden, wenn Putin auch nach 2024 Präsident sein will, ist seine Verwandlung in einen ewigen Ministerpräsidenten, dem dann alle Machtbefugnisse übertragen werden.

Klar ist, dass diese Konstruktion in Wirklichkeit keine parlamentarische Republik sein wird, sondern lediglich ein Aushängeschild, das die Fratze des absolutistischen Regimes verbergen soll.

Dann fragt sich natürlich, wie die demokratische Bewegung sich zu dieser Imitation einer parlamentarischen Republik verhalten soll.

Der erste spontane Reflex ist verständlicherweise Ablehnung.

Erstens, weil das eine Diskreditierung der Idee und eine Art wäre, das Regime zu konservieren, aber auch, weil der Vorschlag vom Kreml kommt. So wie bei Brodski: »Wenn Jewtuschenko gegen die Kolchosen ist – dann bin ich dafür.« Aber was immer die Motive für diesen Zug der Machthaber sein sollten – er geht in die richtige Richtung.

Man muss ihn als Brückenkopf nutzen und fordern, dass die Dekoration in eine echte parlamentarische Republik verwandelt wird und der unabwählbare Premier zu einem, der bei ehrlichen Wahlen zu einem erneuerten Parlament abwählbar ist.

Die obigen, durchgestrichenen Absätze wurden lange vor dem »Verfassungs-Amendment« der Tereschkowa geschrieben.

Ich gebe zu, ich habe die intellektuellen Kapazitäten der Menschen oder der Person, die über Varianten des Machttransfers nachdachte, überschätzt; so wie ich überhaupt dazu neige, die Fähigkeiten meiner Opponenten zu überschätzen.

Die Macht hat es vorgezogen, auf die primitivste, geradlinigste und gröbste Art vorzugehen. Statt einer Verfassungsreform sahen wir den Verstoß gegen die Verfassung, um Putins Verbleib im Amt des Präsidenten zu ermöglichen. Die Folge davon war der Krieg, der die Diskussion mit neuer Kraft aufflammen ließ. Es gibt nämlich in Russland zwei elementare Modelle der nachhaltigen Entwicklung – das Modell des statischen Gleichgewichts (autokratisch) und das Modell des dynamischen Gleichgewichts (föderativ). Russland ist selbstverständlich nicht verpflichtet, sich zu entwickeln. Die Alternative zu einer nachhaltigen Entwicklung stellen Stagnation und Zerfall dar. So verständlich es allerdings ist, dass jene, die heute mit der russischen Aggression zu kämpfen haben, Russland Stagnation und Zerfall wünschen, so muss man wissen, dass diese zu einer abrupten Erschütterung des Gleichgewichts in den internationalen Beziehungen und zur Bildung eines Clusters von aggressiven und schwer (wenn überhaupt) regierbaren failed states mit Atomwaffen »an Bord« im Zentrum Eurasiens führen.

Die reale und wünschenswerte Alternative für die verantwortungsvollen Akteure in der internationalen Arena ist nicht die Wahl zwischen dem Zerfall Russlands und seiner Erhaltung, sondern die Wahl zwischen dem autokratischen (statischen) und föderativ-parlamentarischen (dynamischen) Modell der nachhaltigen Entwicklung.

Eine weitere Version der Autokratie scheint vielen, darunter auch den Anhängern des Putin-Regimes, die einfachste Lösung zu sein; in Wirklichkeit ist sie aber eine äußerst riskante Alternative. Die statische Stabilisierung des Regimes mithilfe einer zentralisierten und völlig uneingeschränkten Macht wird früher oder später zu spontanen Aufruhrerscheinungen führen, die ein derartiges System nur durch die Abfuhr der überschüssigen Energie in die äußere Welt löschen kann.

Ohnehin ist der Krieg an sich eine systembildende Komponente der Autokratie, an der sich alles andere ausrichtet. Zudem sind autokratische Regime, das bolschewistische eingeschlossen, langfristig instabil (das heißt, ihre Stabilität ist relativ). Sie bauen auf der kontinuierlichen Suche nach einem Konsens innerhalb der Elite auf, der durch demokratischen Zentralismus erreicht wird. Dieser hat aber eine empfindliche Schwachstelle: Bei arithmetischem Wachstum der Prozessbeteiligten nimmt die Zahl der Verbindungen zwischen ihnen geometrisch zu, und der einzige Punkt (Kopf), der die letzten Entscheidungen treffen muss, ist einfach nicht mehr in der Lage, diese Verbindungen zu erkennen und zu berücksichtigen. Zur Entscheidung nutzt das Zentrum die Unifizierungsmethode (Totalitarismus), was den ganzen Komplex historischer Probleme erneut in Gang setzt.

Das russische autokratische System hat in beliebiger mittelfristiger Sicht ein stark ausgeprägtes militaristisches Profil. Diese Tatsache ist praktisch unabhängig vom ideologischen Ausgangsformat und von der Persönlichkeit des nationalen Führers. In der Reifephase verwandelt sich die Ideologie in eine radikal-nationalistische, und der Führer wird zum Feldherrn. Setzt der Westen auf die autokratische (statische) Zivilisation, dann entscheidet er sich für das unvermeidliche Rezidiv der Krise mit nachfolgender Aggression, die sich gegen den Westen selbst richtet. Dabei wird jede weitere Krise noch umfassender als ihre Vorgängerin, und die Überwindung wird mit der Gefahr eines unkontrollierten Abgleitens in den atomaren Konflikt einhergehen. So entsteht das Phänomen der üblen historischen Endlosigkeit (Reihe), wo jede folgende Version Russlands schlimmer ist als die vorherige.

Eine Alternative zur autokratischen, statischen Zivilisation kann die föderativ-parlamentarische (dynamische) Stabilisierung sein. Dieser Vorschlag beinhaltet, ein dynamisches politisches Gleichgewicht (Balance) zu schaffen zwischen einer begrenzten Anzahl (bis zu 20) von Subjekten der neuen Föderation, bei der die Zentralmacht die Rolle des Schiedsrichters und Dirigenten spielt. Der Unterschied zwischen autokratischem und föderativem Stabilisierungsmodell liegt im Konfliktlösungsmechanismus. Beim autokratischen Modell müssen alle inneren Konflikte mithilfe rechtsfreier Gewalt von der Zentralmacht unterdrückt (eingefroren) werden; die Zentrale ist hierbei umso effektiver, je weiter sie sich von der Gesellschaft emanzipiert hat. Im föderativen Modell hingegen werden alle Konflikte steuerbar auf dem Wege der ständigen (dynamischen) Suche nach zahllosen vorübergehenden Kompromissen im Rahmen des speziell dafür geschaffenen politisch-rechtlichen Raums gelöst. Die Zentralmacht kann in diesem Falle de facto sogar stärker sein als die autokratische, aber sie setzt diese Stärke unter der Kontrolle des erwähnten Raums, nicht durch die Kontrolle der Akteure innerhalb dieses Raumes ein.

Der Mangel des föderativen Modells besteht in seiner Komplexität und seiner Wandelbarkeit. Es ist ein Modell des ewigen Konflikts, das dem politischen System schon in seiner Planung mitgegeben war.

Einen Vorzug hat das föderative System vor dem autokratischen: In ihm sammelt sich interne Unzufriedenheit nicht an, sondern sie wird kontinuierlich für den permanenten Kampf der Eliten genutzt. Dadurch entfällt die Notwendigkeit der äußeren Aggression als einzigem Mittel für die langfristige Stabilisierung des Systems (Dampfablassen). Um eine störungsfreie Lösung der unaufhörlich auftauchenden Widersprüche (Unzufriedenheiten) zwischen den Eliten zu gewährleisten, die nicht durch Repressionsangst unterdrückt werden, ist der Mechanismus einer harten superpräsidialen Republik mit Verschiebung der Machtbalance hin zur nicht-exekutiven Zentralmacht ungeeignet. Bei einer derartigen Verschiebung wird ständig die Versuchung auftreten, zum Einfrieren der Konflikte »unter Komplizen« und zur Stabilisierung des Systems auf traditionelle, gewohnte Weise zurückzukehren. Beim ersten starken Führer wird das System unvermeidlich in die gewohnten Bahnen zurückfallen. Meiner Ansicht nach kann ein föderatives System nur im Format der parlamentarischen Republik wirksam funktionieren, das heißt als föderativ-parlamentarische Republik. Die parlamentarische Regierungsform erfüllt zwei Anforderungen am besten: Sie vermag regionale Konflikte zwischen den Eliten rasch zu lösen und verhindert das allzu leichte Abgleiten in die gewohnten Bahnen. Von ungeheurer Bedeutung für den Erfolg oder Nichterfolg des Projekts eines neuen Russland wird es sein, wie tief der Westen die Probleme Russlands versteht und welche Haltung er einnehmen wird. Der Westen wird sich zwischen einer instinktiv-oberflächlichen und einer rational-reflektierenden Haltung entscheiden müssen. Instinktiv fällt es dem Westen leichter, vom Zerfall Russlands zu träumen (ohne sich groß Gedanken über die globalen Risiken zu machen) oder die Wiederherstellung einer freundlich gesinnten Selbstherrschaft anzustreben (ohne zu bedenken, dass daraus unweigerlich eine unfreundlich gesinnte entstehen muss). Der Vorzug des instinktiven Herangehens besteht darin, dass sich der Westen bei seiner Umsetzung nicht engagieren muss. Er gibt Russland die Möglichkeit, weiter im eigenen Saft zu köcheln. Das rationale Herangehen verlangt vom Westen Anstrengungen ähnlich jener, die die USA nach dem Ende des Zweiten Weltkriegs unternommen haben, um die politischen Prozesse in Europa zu formatieren. Er muss sich dann politisch ebenso wie ideologisch engagieren. Unter anderem darf der Westen nicht der Versuchung erliegen, Russland in der Übergangsperiode in Einzelteile zu zerpflücken und so die Bemühungen der Zentralregierung zu gefährden, als politischer Schiedsrichter aufzutreten.

Die Verwandlung Russlands in eine stabile Föderation ist eine langfristige, historische Aufgabe, und sie liegt vor allem im Interesse des Westens selbst. Er tut damit Russland keinen Gefallen, sondern macht mit dieser rationalen Entscheidung die Weltordnung für einen langen historischen Zeitabschnitt sicherer und berechenbarer.

KAPITEL 20
Die rechtliche Alternative: Diktatur des Gesetzes oder Rechtsstaat?

Bei der Befragung von Passanten auf der Straße, was sie unter dem Rechtsstaat verstehen, antwortete die überwiegende Mehrzahl von ihnen: Das ist ein Staat, in dem das Gesetz befolgt wird. Klingt logisch, ist aber falsch! Wenn das so einfach wäre, wäre das Dritte Reich das beste Beispiel für einen Rechtsstaat gewesen – man kann sagen, was man will, aber die Gesetze wurden dort befolgt, und ein bei der Korruption ertappter Leiter eines Konzentrationslagers lief Gefahr, selbst zum Häftling zu werden (obwohl Bestechliche meist einfach in eine andere Einrichtung versetzt wurden). Das heißt also, es geht keineswegs nur und nicht so sehr um die Befolgung der Gesetze, sondern um ihre Natur.

Ein Rechtsstaat ist ein Staat, in dem Gesetze befolgt werden, die bestimmten Kriterien genügen. Was sind das für Kriterien, und warum ist das so wichtig?

Von alters her haben die Machthaber ihren Willen in Gesetzesform gegossen und von den anderen verlangt, sich diesem Gesetz – und das heißt ihrem eigenen Willen – zu unterwerfen. In etwa dieses archaische Verständnis von Gesetzmäßigkeit herrscht bis heute in Russland. Übrigens waren auch Lenin und die Bolschewiken mit ihrer Klasseneinstellung zum Recht gar nicht so weit von dieser Archaik entfernt. Die Diktatur des Gesetzes, von der der Kreml so gern redet, ist die Diktatur des völlig ungezügelten Willens eines einzigen Clans, der die Macht ergriffen hat und seit über zwei Jahrzehnten ununterbrochen die Kontrolle über den Kreml ausübt.

Die Gesetze, deren Diktatur der Kreml so rühmt, haben nur einen einzigen Zweck: Sie sollen der blanken Willkür den Anschein von Legitimität verschaffen. Es sind Gesetze der politischen Gewalt. Zu den unangenehmsten Folgen dieser Situation gehört die Unfähigkeit des Systems, sich in irgendeiner Weise konstruktiv zu entwickeln. Gewalt erzeugt immer nur noch größere Gewalt. Es ist utopisch zu hoffen, aus den unrechtmäßigen Gesetzen könnten mit den Jahren auf natürliche Weise rechtmäßige Gesetze hervorgehen. Eine der Hauptgründe, aus denen die Menschheit sich von unrechtmäßigen Gesetzen zu befreien suchte, war der Wunsch, auf die Revolution als einzigem Mittel für gesellschaftliche Veränderungen verzichten zu können.

Jeder, der gründlich genug über die Revolution nachgedacht hat, versteht, dass diese eine sehr heftige, aber unvermeidliche Steuer ist, die die Gesellschaft für den Fortschritt an die Geschichte entrichtet. Unvermeidlich wurde diese Steuer genau deshalb, weil die bestehenden Gesetze so gemacht waren, dass sie praktisch und theoretisch jedwede Veränderungen ausschlossen.

Daher rührt auch die Einstellung zur Revolution als ein notwendiges Übel. Die Revolution lieben und wünschen zu wollen ist ebenso widernatürlich, wie sich selbst und der Umgebung große Schmerzen zu wünschen (obwohl es natürlich auch Menschen gibt, denen das gefällt und die sich mit Wollust in den wilden Strom der Revolution stürzen). In einer ausweglosen Situation aber neigt die Mehrheit der Gesellschaft der Revolution als dem kleineren Übel zu.

Wenn das Leben unter dem alten Regime unerträglich wird, wenn alle inneren Widersprüche dieses Regimes sich zu einem einzigen, unentwirrbaren Knäuel verdichten, wenn alle legalen Szenarien die Willkür nur verlängern, dann ist der Gedanke an das Schwert, das diesen Gordischen Knoten zerschlägt, nur natürlich. Das ist so unvermeidlich, dass es keiner weiteren Erläuterung bedarf.

Die Revolution in Russland ist nur eine Frage von Ort und Zeit. In etwas geringerem Maße auch eine Frage der Form. Was aber wirklich diskutiert werden muss, sind die Maßnahmen, die Russland künftig aus dem historischen Teufelskreis herausreißen können, wo jedes neue Schlagloch wieder eine Revolution provoziert. Die einzige Möglichkeit dafür ist der Wechsel von rechtswidrigen zu rechtmäßigen Gesetzen.

Man sollte meinen, dass es eine einfache Antwort auf alle Fragen gibt: Man muss die Gesetze verfassungsgemäß machen. Doch das ist eine scheinbare Einfachheit.

Erstens wirken alle geltenden Gesetze rein formal verfassungskonform: Bei keinem einzigen, nicht einmal dem anrüchigsten Gesetz steht in der Präambel, dass es im Widerspruch zu Geist und Buchstabe der Verfassung verabschiedet worden sei.

Zweitens versteht in Russland jeder auf seine, bisweilen sehr eigene Art, was unter dem Geist der Verfassung zu verstehen sei.

Schließlich können nur die Richter eine Meinung zu der Verfassungskonformität der Gesetze in Russland haben – und was von den Richtern zu halten ist, ist bekannt.

In der überwiegenden Mehrzahl überdeckt die Praxis der Rechtsanwendung die Nicht-Verfassungs-Konformität von Gesetzen, doch das Paradoxe ist, dass auch diese Praxis selbst seit Langem Teil der Gesetzgebung geworden ist. Indirekt bestätigen das die Beschlüsse des Verfassungsgerichts, die durch die Bank den spezifischen Sinn bestätigen müssen, den die Gesetze in der Praxis der Rechtsanwendung erhalten. Deshalb wird es nicht gelingen, die Praxis zu ändern, ohne die Gesetze zu verändern.

Einfache Lösungen gibt es hier nicht. Man muss tiefer graben, bis hin zu den Umständen (Faktoren), die Gesetze rechtmäßig werden lassen, ohne sich auf die für diese Aufgabe zwecklose Verfassung zu beziehen. Von diesen Umständen gibt es, streng gesagt, zwei: Gesetze werden rechtskonform, wenn sie nach einem bestimmten Verfahren verabschiedet werden und wenn sie bestimmten Grundsätzen genügen.

Dabei ist keine der Bedingungen für sich ausreichend – wichtig sind sowohl das Verfahren als auch der Inhalt. Ganz kurz gesagt, ist ein Gesetz dann rechtmäßig, wenn es von einem vollwertigen, wirklich von den anderen Gewalten unabhängigen Parlament verabschiedet wurde, das aufgrund eines demokratischen Wahlgesetzes gewählt worden ist – also dem einzig legitimen gesetzgebenden Organ.

Der Sinn dieser Forderung ist einsichtig. Das rechtmäßige Gesetz darf nicht Ausdruck des individuellen Willens eines einzelnen Herrschers und auch nicht eines Clans oder einer Klassengruppierung sein, die die Macht ergriffen haben; es muss den konsolidierten Willen der gesamten Zivilgesellschaft zum Ausdruck bringen. Dieser konsolidierte Wille ist es, der die Allgemeingültigkeit von Gesetzen legitimiert und die Regierung dazu ermächtigt, ihre strengste Befolgung durch alle zu verlangen.

Das Parlament ist ein Schmelztiegel, in dem der politische Wille der Zivilgesellschaft in den Gesetzestext gegossen wird.

Sieht man sich die Arbeit des Parlaments genauer an, so stellt man fest, dass es außer der Konsolidierung des politischen Willens unterschiedlicher Fraktionen der Zivilgesellschaft, von denen jede ihre eigenen Interessen verfolgt, noch eine andere Funktion ausübt. Im Parlament werden die einfache und die qualifizierte (Experten-) Meinung zu allen möglichen Fragen, die Gegenstand der öffentlichen Diskussion sind, zusammengeführt.

Gerade deshalb ist es so wichtig, dass das Parlament sowohl von der Exekutive als auch von der Gesellschaft, deren Wahl es sich verdankt (natürlich nur für die Dauer seiner Tätigkeit und nicht absolut), unabhängig ist.

Im Parlament wird der politische Wille des einfachen Wählers durch das Sieb der Sachverständigen geseiht. Und umgekehrt muss die Meinung der Sachverständigen das Sieb eines höheren politischen Sachverstandes passieren.

Sehr wichtig ist hier die Balance. All die letzten Jahre haben wir beobachtet, wie die von der Regierung aufgezwungene Expertenmeinung die Meinung der Zivilgesellschaft dominierte. Das führte dazu, dass die Gesetze von der Gesellschaft einfach nicht akzeptiert wurden und deshalb nicht funktionierten.

Übrigens würde ein Diktat der Gesellschaft zu dem gleichen Ergebnis führen, allerdings aus dem völlig entgegengesetzten Grund der praktischen Unrealisierbarkeit aller »politischen Sonderwünsche«.

Das Verfahren der Verabschiedung von rechtmäßigen Gesetzen ist sehr komplex und deshalb auch sehr bedeutsam. Es enthält eine Unmenge von Kleinigkeiten, scheinbar reine Formalitäten, von denen keine einzige vernachlässigt werden darf. Dieses System ist in Jahrhunderten, wenn nicht Jahrtausenden gewachsen und hat die internationale politische Erfahrung in sich aufgenommen, wobei es für jede Kultur, für jede konkrete historische Situation wieder ganz eigene Gestalt annimmt.

Russland wird diese Erfahrung des Parlamentarismus gründlich durchdenken und sich aneignen müssen – ohne blinde Nachahmung und Vereinfachungen, sondern um auf ihrer Basis ein eigenes, einzig passendes System zu entwickeln, dessen normale Funktion es gestattet, rechtskonforme Gesetze zu verabschieden.

Nicht einmal die beste Form, darauf sollte man hinweisen, wird den Inhalt ersetzen können. Das beste Parlament, das den politischen Willen der Zivilgesellschaft konsolidiert und in dem eine ideale Balance zwischen öffentlicher und Expertenmeinung herrscht, ist an und für sich noch keine Garantie dafür, dass die Gesetze dem Recht entsprechen (umgekehrt tun sie das allerdings ohne ein Parlament ganz sicher auch nicht). Diese Gesetze müssen außerdem bestimmten Kriterien entsprechen, das heißt Prinzipien abbilden, die jenseits von Zeit und Raum existieren.

Bei diesen Prinzipien handelt es sich in gewissem Sinne um politische Axiome, die von der Gesellschaft einer »liberalen Demokratie« a priori, also unbesehen, akzeptiert werden.

Paradoxerweise ist es nicht so wichtig, ob sie in der Verfassung verankert, in Granit gegossen sind oder nur in den Köpfen der Bürger existieren. Es gibt Länder ohne geschriebene Verfassung, wo deren Prinzipien dennoch strengstens beachtet werden. In anderen Ländern existiert eine wortreiche Verfassung, und alle Wechselfälle des Lebens sind schriftlich geregelt, aber nichts davon wird befolgt. Wichtig ist nicht, wie und wo etwas aufgeschrieben ist, sondern welchen Niederschlag es in den Köpfen findet.

Für eines dieser grundlegenden Prinzipien halte ich die Freiheit. Im Grunde ist das nicht verwunderlich, schließlich ist das Recht in gewisser Weise auch ein Maß der Freiheit. Dieses Rechtsverständnis hat sich infolge der Verbindung der (griechisch-römischen) antiken westlichen Kultur und der christlichen Traditionen herausgebildet. Man darf annehmen, dass es auch das Wesen des Europäismus und der Moderne ausmacht.

Unsere Fähigkeit, ein solches Verständnis des Rechts und der Rechtsakte zu akzeptieren, wird am Ende darüber entscheiden, ob Russland in der Lage ist, ein europäisches Land zu werden. Alle anderen Merkmale sind weitaus weniger bedeutsam und maßgeblich.

Um zu verstehen, ob dieses oder jenes Gesetz rechtmäßig ist oder nicht, muss es unter dem politischen Mikroskop untersucht werden. Und keine formale Übereinstimmung mit was auch immer, keine textuelle Entsprechung allein können als Beweis für die Rechtmäßigkeit eines Gesetzes dienen. Das zu betonen ist besonders wichtig, weil der Kreml die Angewohnheit hat, sich auf die internationale Praxis zu berufen und seine Willkür durch Beschlüsse des kastrierten Verfassungsgerichts zu bemänteln.

Tatsächlich, ob es sich um Gesetze über Demonstrationen handelt, über den Extremismus, über Missachtung der Macht oder Massenunruhen, über vorgerichtliche Absprachen mit den Strafermittlern, über vereinfachte Gerichtsverfahren in Strafsachen usw. – ständig hören wir, in Russland sei das ganz genauso wie »dort« und bei »ihnen«, und sogar noch viel besser.

Ja, wenn man die Formulierungen in den Gesetzen vergleicht, findet man viele Gemeinsamkeiten. Das Problem ist nur: Ein und dieselben Formulierungen funktionieren in unterschiedlichen politischen Milieus auf verschiedene Art und Weise und führen zu unterschiedlichen Ergebnissen. Das kann nur eins bedeuten: Ein Vergleich nach den Formulierungen ist untauglich. Man muss tiefer blicken.

In jedem konkreten Fall müssen wir unter Berücksichtigung der realen ökonomischen und sozialpolitischen Situation ermitteln, ob das gegebene Gesetz die Rechte und Freiheiten des Menschen schützt oder nicht. Schon das ist gar nicht so einfach, wie viele glauben. Schließlich kollidiert das Prinzip der Freiheit häufig mit anderen Prinzipien und Werten, die von der Verfassung geschützt werden.

Sagen wir, das Demonstrations- und Versammlungsrecht beeinträchtigt natürlich die Rechte jener, die nirgendwohin marschieren und sich nicht versammeln wollen, sondern beispielsweise einfach ungestört und lecker in einem Café am selben Boulevard essen gehen wollen. Das ist ein realer Konflikt. Wie geht man damit um?

Diesen kann man zugunsten der Demonstrierenden lösen – eine klare Minderheit – oder zugunsten der Erholungssuchenden – die klare Mehrheit. Die russische Regierung entscheidet diesen Konflikt, versteht sich, in ihrem Interesse, schützt dabei aber die Interessen der Mehrheit vor, die immer dafür zu haben ist, essen zu gehen.

Deshalb sind die Demonstrationsgesetze in Russland scheinbar genauso wie die in Europa, aber im realen Leben funktionieren sie wie in »Asiopa«.

Und all das deshalb, weil jede Art von Kollision nicht zugunsten einer Mehrheit oder Minderheit entschieden werden darf, sondern zugunsten der Freiheit als sich selbst genügendem Wert. In dem konkreten Fall ist die Frage so zu lösen, dass der Schutz der Freiheit zur politischen Betätigung den Vorrang genießt. Nur ein Gesetz, das diese Einstellung zur Grundlage hat, kann als rechtmäßig gelten.

Interessant ist, dass Russland in dieser Frage in der Regierungszeit Putins unglaublich weit von Europa weg und in Richtung »Asiopa« gedriftet ist. Manche Adepten der Diktatur des Gesetzes gehen so weit, dass sie eine Revision der seit Sowjetzeiten geltenden Hierarchie der Gesetzgebungszweige vorschlagen, weil sie behaupten, dass bei uns an der Spitze nicht das Verfassungsrecht, sondern das Strafrecht stehe. Das ist natürlich nichts als eine weitere Untertanendummheit, dabei aber sehr symptomatisch.

Sie sagen »Gesetz« und meinen die »Autokratie«, und wenn sie »Autokratie« sagen, meinen sie das Gesetz. Warum gehe ich so ausführlich auf diese scheinbar abstrakte und allzu philosophische Frage ein? Weil sie meiner Meinung nach grundlegend ist. Es gibt Dinge, die man niemandem beweisen muss.

In oppositionellen Kreisen hat sich ein Konsens gebildet, was das heutige Rechts- und Gerichtssystem betrifft – diese Systeme gelten als verfassungswidrig und sollen einer tiefgreifenden revolutionären Umwandlung bedürfen. Viele Vorschläge liegen vor, wie das zu tun wäre, die meisten von ihnen sind recht sinnvoll und nützlich.

In langen fundamentalen Abhandlungen und glänzenden kurzen Essays wurden konkrete Vorschläge und ganze Reformkonzepte entwickelt. Die allgemeinen Rahmen sind klar: Ausweitung der Zuständigkeiten der Geschworenengerichte, Stärkung der Unabhängigkeit der Gerichte, Umwandlung des FSB von einer »zweiten Regierung« in eine Behörde, die sich auf die Bekämpfung von Terrorismus und Spionage konzentriert, Verkleinerung und Diversifizierung der Geheimdienste insgesamt, kardinale Veränderung der Rolle der Staatsanwaltschaft und vieles andere. Aber all diese Vorschläge werden nutzlos bleiben, wenn es nicht zu der wichtigsten Revolution kommt – der in den Köpfen; wenn die Menschen nicht anfangen, das Wesen der rechtskonformen Gesetze zu begreifen.

Jede Struktur kann man zurechtstutzen, jeden Mechanismus verderben, jede Garantie umgehen, wenn keine Einigkeit über das wichtigste Prinzip besteht – das Kriterium, mit dem man den Erfolg oder Nichterfolg der Reformen bewertet.

Und dieses Kriterium kann nur eines sein: die Freiheit. Einzig die Priorität der Freiheit weist das unrechtmäßige Gesetz zurück und nimmt das rechtmäßige an, weist die für die Gesellschaft gefährliche Diktatur des Gesetzes zurück, die nur das Feigenblatt für eine neue Selbstherrschaft ist, und macht den Staat zu einem Rechtsstaat.

KAPITEL 21
Die ethische Alternative: Gerechtigkeit oder Barmherzigkeit?

Max Weber hat irgendwann gesagt, bei jeder rationalen Theorie stoße man, wenn man nur lange genug an ihr kratze, ganz unten auf eine völlig irrationale Idee, die wir einfach glauben und die all das zusammenhält, was uns absolut rational und logisch erscheint.

Ganz genauso liegt jedem politischen Programm letztlich ein sittlicher Imperativ zugrunde, für den wir uns nicht mit dem Verstand, sondern mit dem Herzen entscheiden. Diese Herzensentscheidung ist wichtiger als die Verstandesentscheidung, und logische Irrtümer sind in den meisten Fällen korrigierbar, sittliche Irrtümer dagegen meist fatal.

Es ist allgemein anerkannt, dass der elementare sittliche Imperativ für die Politik die Gerechtigkeit ist. Die Gesellschaft reagiert empfindlich auf jede Störung der Gerechtigkeitsbalance, und wenn das Pendel zu sehr in eine Richtung ausschlägt, stellt es diese Balance mithilfe der Revolution wieder her. Fragt man, was die Gerechtigkeit ausmache, so können sehr wenige diese Frage beantworten. Fragt man aber, ob Russland heute »gerecht« regiert werde, so antwortet die überwältigende Mehrheit, viele Anhänger des Regimes eingeschlossen, mit einem deutlichen Nein.

Darin besteht im Grunde das Hauptproblem des Regimes.

Auf der sittlichen Ebene wird es von der Mehrheit derjenigen abgelehnt, die gewöhnlich politisch dafür »schwärmen«. Man kann den Augenblick der Wiederherstellung der Gerechtigkeit hinauszögern, vermeiden kann man ihn nicht. Früher oder später wird dieser geheime Hebel der Politik tätig werden und eine weitere Seite der Geschichte umschlagen.

Nichts scheint einfacher zu sein, als die Moral in die Politik zurückzubringen: Man muss lediglich die Gerechtigkeit wiederherstellen. Bei genauerem Hinsehen ist es jedoch mit der Gerechtigkeit nicht so einfach, wie es aussieht.

Erstens hat jeder seine eigene Art von Gerechtigkeit, und es ist sehr schwer, den gemeinsamen Nenner der »einen Gerechtigkeit für alle« zu finden. Zweitens, noch wichtiger, ist der Preis für die Wiederherstellung der Gerechtigkeitsbalance häufig unangemessen hoch.

Man darf nicht vergessen, dass die bolschewistische Revolution vom Wellenkamm der Suche des russischen Volkes nach Gerechtigkeit getragen wurde und sich nichts anderes als den Bau der Gerechtesten aller Gesellschaften zum Ziel erklärt hat. Herausgekommen ist dabei eine noch größere Ungerechtigkeit, die lange Jahrzehnte überdauerte.

Daraus folgt, dass die Suche nach Gerechtigkeit selbst durch irgendetwas ausgeglichen werden muss. Es braucht eine Balance der Balance, damit die Geschichte nicht zu einer Sanduhr wird, die von Zeit zu Zeit durch eine Revolution auf den Kopf gestellt wird. Jedes Mal, wenn wir »die ganze Welt der Gewalt bis auf die Grundfeste zerstören und dann unsere eigene, neue Welt errichten« wollen, kriegen wir immer nur wieder eine »Kalaschnikow« zustande, wie es in dem erwähnten Witz heißt; eine Waffe, mit der wir die russische Zivilgesellschaft und die Ansätze eines Rechtsstaates zusammenballern.

Damit sich das nicht wiederholt, muss die ungesteuerte Suche nach Gerechtigkeit einen Rahmen bekommen. Diesen Rahmen kann man meines Erachtens nur auf eine einzige Art schaffen – indem man auf ein noch tieferes und universaleres sittliches Prinzip setzt, als die Gerechtigkeit es ist.

Ein derartiges Prinzip ist für mich die Barmherzigkeit.

Die Barmherzigkeit ist eine Art und Weise, Mitleid zu empfinden und zu verzeihen; sie ist eine Gerechtigkeit zweiten Grades. Dient uns die Gerechtigkeit als Maß für die Politik und das Recht, so dient die Barmherzigkeit als Maß für die Gerechtigkeit selbst – wir lassen sie nicht in ihr Gegenteil verkehren.

Die Ironie der Geschichte besteht darin, dass alle Verheißungen einer gerechteren Welt gewöhnlich mit der Errichtung eines gerechten Konzentrationslagers enden. Die Wiederherstellung der Gerechtigkeit erweist sich jedes Mal als kostspieliges Projekt, für das sowohl ihre Verfechter als auch künftige Generationen zahlen müssen.

Wenn wir nicht dieselbe Geschichte immer von Neuem beginnen wollen, dann müssen wir zugeben, dass die nackte Gerechtigkeit und die nackte Wahrheit nicht so bezaubernd aussehen wie die Hoffnung, die wir in sie setzen. Allein gestützt auf die Barmherzigkeit, haben wir eine Chance, unsere klugen Entscheidungen zu weisen zu machen. Das sind nicht nur leere Worte, wie man meinen könnte. Es ist der Versuch, einen neuen Bezugspunkt für die Sinngebung und Lösung der wichtigsten praktischen Fragen unseres politischen Daseins zu schaffen.

Welche unmittelbaren und direkten Folgen für die Diskussion über die Zukunft Russlands kann es haben, wenn wir eine von Barmherzigkeit ausgewogene Gerechtigkeit als Eckpfeiler annehmen? Es sind gar nicht wenige.

Erstens verschwindet die harte Grenze zwischen »wir« und »sie«. Wir sind heilig, sie sind die Höllenbrut. Wenn wir nicht nur uns selbst, sondern auch sie verstehen, lässt sich diese Grenze nicht mehr ziehen.

Wir alle, wenn auch in unterschiedlichem Grade, tragen Verantwortung dafür, was »mit unserer Heimat und uns« geschehen ist. Die einen durch ihre Teilhabe, die anderen durch ihr Beiseitestehen. Niemand hat absolut recht in allem, niemand ist absolut schuld. Was die Verantwortung betrifft, so verläuft zwischen den Nutznießern und den Opfern des Regimes keine »chinesische Mauer«.

Aus Sicht der revolutionären Gerechtigkeit gibt es zwei Lager – wir haben gelitten, jetzt leidet ihr. Aus Sicht der Barmherzigkeit gibt es nur eine Gesellschaft, eine Nation, ein Volk. Jawohl, sie ist krank, sie leidet am Verfall der Moral und an kulturellem Niedergang. Aber auf die eine oder andere Weise betrifft das uns alle. Wer von uns wäre heute ohne Sünde und wollte den ersten Stein werfen?

Zweitens, und das folgt aus dem Ersten, müssen wir bereit sein, uns selbst zu ändern, bevor wir Änderungen von anderen verlangen. In jedem von uns ist ein kleines Teilchen Gift, das wir aus uns hinausdrücken müssen.

Wenn die Energie der Gesellschaft sich ausschließlich auf die Suche und Bestrafung der »Schuldigen« konzentriert und wir selbst dabei die Alten bleiben, dann wird nichts Gutes aus diesem Kampf um Gerechtigkeit hervorgehen. Nur wenn wir mehr Aufrichtigkeit in Bezug auf uns selbst und mehr Duldsamkeit in Bezug auf jene entwickeln, die anders sind als wir, haben wir eine Chance, nicht in das nächste soziale Extrem zu verfallen und nicht die einen Satrapen und Giermäuler durch die anderen zu ersetzen.

Drittens, und weitergedacht, legt die historische Erfahrung nahe, dass die Vergebung manchmal weniger kostet als das Strafen. Der natürliche und gerechte Wunsch nach Rache wird, lässt man ihm freien Lauf, zu einem allesverschlingenden Feuer, das nicht nur das Opfer der Rache, sondern auch den Rächer frisst. Die Rache, auch die soziale und politische, darf nicht zur gesellschaftlichen Leitidee, zur alles vertilgenden Leidenschaft werden, sonst ist das Unheil nicht aufzuhalten. Wenn wir das Regime bloßstellen und geißeln (eine notwendige Voraussetzung der Reinigung), sollten wir dennoch daran denken, dass Vergeben wichtiger ist als Strafen und dass jeder das Recht auf Reue hat. Auf Wut und Rache baut man keine neue Gesellschaft auf.

Viertens muss man zwischen den »Musterschülern« und jenen unterscheiden, die »so lebten wie alle«. Ihr Beitrag ist unterschiedlich, und ihr Schicksal sollte unterschiedlich sein. Im letzten Vierteljahrhundert hat sich eine verderbliche, amoralische Matrix des sozialen Verhaltens herausgebildet, in der Gut und Böse, Schwarz und Weiß vertauscht worden sind. Dutzende Millionen Menschen sind in diese Matrix geraten und haben nach ihren Regeln gelebt. Vielen ist dabei gar nicht klar gewesen, dass sie an Verbrechen des Regimes beteiligt waren, anderen schon, doch sie handelten nicht aus eigenem Antrieb.

Allerdings gab es auch die »Musterschüler«, jene, die diese Matrix geschaffen und gepflegt, die die Nation verdorben und den Staat in einen Mafiastaat verwandelt haben. Sie sind die Hauptnutznießer. Und sie müssen anders behandelt werden.

Fünftens müssen wir endlich verstehen: Auch wenn Umerziehen schwieriger ist als Erschießen, ist die Aufgabe doch umzuerziehen; zu überzeugen, anders zu leben, nach neuen Regeln zu spielen.

Wir können kein anderes Volk vom Mond holen und das alte durch »Idealbürger« ersetzen. Praktisch alle unsere Beamten sind korrupt, und zwar nicht deshalb, weil sie von Geburt an solche »Ungeheuer« wären, sondern weil es in der herrschenden Matrix nicht anders geht: Entweder du stiehlst oder du überlebst nicht.

Doch wir können nicht von einem Tag auf den anderen alle Beamten entlassen. Die kultivierte und ausgebildete Schicht ist sehr schmal und dünn: Das Land würde sofort unregierbar, wenn jemand dieses Experiment wagte.

Lenin übrigens hat das sehr rasch begriffen, als das kommunistische Russland nach anderthalb Jahren in Chaos und Hunger versank.

Selbst wenn wir alle Beamten entlassen und sie durch neues und frisches Personal aus dem Volk ersetzen könnten, würden wir sehr schnell feststellen, dass diese neuen Leute das Volk noch gnadenloser abziehen als die früheren »Herren des Lebens«. Auch das ist in Russland mehr als einmal geschehen.

Die Aufgabe ist nicht, zu entlassen und zu entfernen, sondern zu zwingen, auf neue Art zu arbeiten, was viel schwieriger ist.

Das alles bewegt mich dazu, mich zu den zwei wichtigsten Themen der öffentlichen Diskussion in den letzten Jahren zu äußern: zur Lustration und zur Revolution.

Lustration

Es gibt die zum Teil berechtigte Ansicht, dass die Nachgiebigkeit der Revolution unter Gorbatschow und Jelzin, besonders in Hinsicht auf das Verbot der Kommunistischen Partei und die Lustration der KGB-Mitarbeiter, schicksalhaft für die Geschichte des postkommunistischen Russland war und uns dorthin geführt habe, wo wir heute sind. Das scheint glaubwürdig, wenn man die Rolle bedenkt, die die Zöglinge des KGB der UdSSR Anfang des 21. Jahrhunderts bei der endgültigen Restauration des Sowjetregimes gespielt haben, und ebenso die opportunistische Rolle, die heute die selbst ernannten Erben der KPdSU spielen, die im politischen Alter zum »orthodoxen Stalinismus« und zu einem »Populismus der Schwarzen Hundertschaften« abgleiten.

Muss man daraus Schlüsse für die Zukunft ziehen und beim Zusammenbruch des Regimes (früher oder später wird es ganz sicher zusammenbrechen, das ist nur eine Frage der Zeit) das strafende Schwert gegen alle Mitarbeiter der Machtorgane, die Richter, Staatsanwälte usw. erheben? Muss man am Ende die Kommunisten verbieten und den Mitgliedern von »Einiges Russland«, »Gerechtes Russland«, den Adepten der Liberaldemokratischen Partei und den Aktivisten der Volksfront Berufsverbot für den öffentlichen Dienst erteilen? Das klingt verführerisch. Sorge macht nur, dass das in der Ukraine und in Georgien, wo Ähnliches umgesetzt wurde, nicht viel geholfen hat.

Erstens aus den oben aufgeführten Gründen (»alle erschießen geht nicht«), denn dann bleibt niemand, der die Arbeit macht.

Zweitens gibt es keine Garantie, dass diejenigen, die stattdessen kommen, viel besser sein werden.

Drittens erfüllen viele von denen, die heute in den Sicherheitsorganen arbeiten, ehrlich und anständig ihre Pflicht und kämpfen unter Einsatz ihres Lebens gegen Terrorismus und Kriminalität. Es stimmt, unsere Richter sind durch die Bank demoralisiert und durch Rechtlosigkeit verdorben. Was aber, wenn es nicht nur und nicht so sehr um die Richter geht, sondern um ihre Verderber? Wenn man die Kremlbande beseitigt, eine ernsthafte Manöverkritik durchführt, wenn man den Menschen, den Profis die Möglichkeit gibt, Menschen und Profis zu sein?

Ja, natürlich ist es besser, mit einem leeren Blatt anzufangen, doch wo kriegt man das her? Und Millionen Mitbürger sind nicht einfach nur Staub – wenn du den wegwischst, siehst du plötzlich Stalins pockennarbige Fresse im Spiegel ...

Ich bin gegen die totale Lustration – sie war kaum je irgendwie effektiv. Weiter als alle anderen gingen in dieser Frage die Bolschewiken: Sie brachten die Lustration faktisch durch den Fleischwolf des großen Terrors von 1937 zu Ende, aber ihre gesetzten Ziele haben sie trotzdem nicht erreicht.

Es bringt überhaupt selten gute Resultate, alle über den gleichen Leisten zu schlagen. Keine Frage, die Verbrechen des Regimes müssen gründlich und umfassend untersucht und die zentralen Nutznießer des Mafiastaates, die realen Urheber der Eskalation von Repression und Willkür beim Namen genannt werden. Diese Menschen müssen vor Gericht gestellt und in einem öffentlichen und rechtmäßigen Verfahren verurteilt werden (unter Wahrung all jener Garantien, die sie selbst den anderen vorenthalten haben), selbst wenn die Gesellschaft später beschließen sollte, sie zu amnestieren. Bei den übrigen, weniger bedeutenden Akteuren kann man sich auf »Bewährungsmaßnahmen« beschränken.

Anders verhält es sich mit der »institutionellen Lustration«, die auf strengste und konsequenteste Weise durchgeführt werden muss. Der Punkt ist nicht, dass die Offiziere des KGB der UdSSR nicht überprüft worden sind, sondern dass dieser KGB selbst mit der Zeit als universale Repressionsinstitution restauriert wurde, die die Rolle einer zweiten (manchmal auch ersten) Regierung spielte. Eine solche Lustration ist keine Hexenjagd, sondern die gnadenlose Durchforstung eines schlafenden Waldes, der die Menschen in Hexen und Kobolde verwandelt.

Bei uns läuft es normalerweise umgekehrt: Im Kampf für die Gerechtigkeit schießen wir die Teufelsbrut ab wie das Wild und lassen den Urwald unangetastet, in dem sie großgeworden sind. Nicht die Abrechnung, nicht Lustration und Säuberungen sind die wirkliche, dauerhafte Lösung, sondern tiefgreifende institutionelle Reformen. Ohne Säuberungen geht es nicht, aber sie müssen von der gleichen Barmherzigkeit gemäßigt werden, die auch den Rachedurst bremst.

Revolution

Alles läuft darauf hinaus, dass in Russland eine neue Revolution unvermeidlich ist. Das Regime ist auf die repressive Bahn gekommen, aus der es beim besten Willen nicht so leicht herausfindet, außerdem fehlt ihm sogar der Wille. Es hat nur einen einzigen Wunsch: die Macht um jeden Preis in den Händen zu behalten.

»Jeden« ist hier das Schlüsselwort. Dieses Gefühl der nahenden Revolution durchdringt allmählich die unterschiedlichsten Schichten der Gesellschaft; es infiziert sogar diejenigen, die dem Regime insgesamt loyal gegenüberstehen und einigen Nutzen aus ihm ziehen. Ganz zu schweigen von denen, die den Weg der Berufsrevolutionäre gewählt haben ...

Die Machthaber haben so viel getan, um die Revolution als Schreckgespenst an die Wand zu malen, dass sie heute die gegenteilige Reaktion ernten: Für viele Menschen ist die Revolution, und zwar je härter, desto besser, der erstrebenswerteste und beste Ausweg aus der zunehmenden Krise.

Ist die Revolution so gut, wie unsere Fantasie sie uns ausmalt? Keineswegs. Die Revolution hat eine sehr düstere Kehrseite. Der

Wunsch nach Revolution ist für den Menschen überhaupt widernatürlich, denn sie bedeutet eine wirklich tiefe Erschütterung für die gesamte Gesellschaft. Aber jetzt ist es zu spät, darüber nachzudenken: Die Revolution wird so nötig gebraucht wie das Messer des Chirurgen. Ist diese historische Notwendigkeit einmal verstanden und akzeptiert, in Kenntnis der Erfahrungen einiger Völker der Welt, müssen wir trotzdem alles daransetzen, dass die Revolution nicht zum Selbstzweck wird. Willkür und Gewalt können nicht dadurch beendet werden, dass man ein Festival von Gewalt und Willkür inszeniert.

Revolutionen kommen die Gesellschaft zu teuer zu stehen, um lediglich als Instrument der Abrechnung und der Umverteilung von Ressourcen zu dienen. Wenn wir uns an den Revolutionen im postsowjetischen Raum begeistern, sollten wir bedenken, dass ihre mittelfristigen Resultate weit hinter den Erwartungen ihrer Schöpfer und Initiatoren zurückgeblieben sind.

Man darf das Hauptziel der Revolution nicht aus den Augen verlieren – die Gesellschaft humaner, duldsamer, freier zu machen. Abgesehen von den politischen und ökonomischen Ergebnissen, sollte die Revolution einen sittlichen Zusatzgewinn bringen und darf deshalb nicht den Zynikern und Polittechnologen überlassen werden.

Entweder ist es eine Sache des ganzen Volkes, das sich auf dem Weg durch die Revolution sittlich reinigt und befreit – eine solche Revolution ist ungeachtet aller Kosten nützlich für die Gesellschaft. Oder es ist die Sache einer revolutionären Partei, die sie im Namen des Volkes, aber in ihren eigenen Interessen durchführt – und eine solche Revolution hat für niemanden Wert außer für die Parteifunktionäre.

Die Revolution wird nicht gebraucht, um die alte Ordnung zu zerstören. Dafür ist nicht viel Verstand nötig. Die Revolution wird benötigt, um an der Stelle der alten Ordnung eine neue zu errichten, die auf Gerechtigkeit und Barmherzigkeit gleichermaßen gründet.

Wenn eine solche neue Ordnung nicht entsteht, muss die Revolution als gescheitert gelten. Heute konzentrieren wir uns im Eifer des Gefechts häufig auf die negative Seite der Revolution, auf die Notwendigkeit, das viel verhasste Regime zu stürzen. Das ist verständlich, gerade heute, da dieses Regime zu einer Politik der offenen Massenrepressionen übergeht. Doch wenn wir den Schwerpunkt nicht auf die positive Seite der Revolution verlegen, auf ihre Ideale, ihre Träume von einer Zivilgesellschaft in einem Rechtsstaat, dann entwerten wir dadurch jeden Sieg über das Regime und werden noch weiter vom Ziel entfernt sein als zuvor.

Die Kampflust, der Rachedurst, der Wunsch, die Vampire zumindest an den Schandpfahl genagelt zu sehen – all das ist verständlich und in vielem berechtigt. Das Regime selbst provoziert seine Gegner zu Feindseligkeit und Hass. Doch wenn wir uns beim Blick in die Zukunft allein von diesen Emotionen leiten lassen, kommen wir nicht weit. Letztlich wird der gewinnen, der sich über Emotionen erhebt und allen einen Chance gibt, an der Schaffung des neuen, offenen Russland mitzuwirken.

KAPITEL 22
Der Sieg der Ukraine – Ende oder Anfang?

Welche Art Frieden wir brauchen und welchen man meiden sollte. In diesem Buch ist viel vom Krieg Russlands gegen die Ukraine die Rede, von der Aggression und davon, wie ein gerechter Frieden aussieht und warum man sich nicht mit weniger zufriedengeben sollte. Das vielfach Gesagte soll hier noch einmal resümiert werden. Krieg ist das Wesen des von Putin geschaffenen Systems. Heute wird darüber gestritten, zu welchem Zeitpunkt der Krieg unausweichlich geworden ist. Die einzig richtige Antwort lautet: in dem Moment, als Putin an die Macht kam. Der Krieg liegt der Philosophie des von ihm geschaffenen Regimes zugrunde. Genauer gesagt, Gewalt und Korruption als universale Hebel der Staatslenkung. Entweder Recht und Zivilgesellschaft (Frieden) oder Gewalt, Korruption und im Ergebnis der Krieg. Putin hatte die Wahl zwischen Bürgerkrieg und imperialistischem Krieg – er hat im Grunde den Bürgerkrieg über die nationalen Grenzen hinausgetragen. Indem er sich für die Gewalt und gegen das Recht in Russland entschied, hat Putin den Krieg unvermeidlich gemacht. Mit ihm begann er seine Herrschaft (Zweiter Tschetschenienkrieg 1999), mit ihm wird er sie auch beenden (Zweiter Ukrainekrieg oder Erster baltischer / Balkan- / polnischer Krieg). Mit welchem konkret, das wird von der Standhaftigkeit der ukrainischen Streitkräfte und von der Widerstandsfähigkeit des Westens abhängen.

Kein Waffenstillstand mit Putin kann auf Dauer Bestand haben, wenn sich das von ihm geschaffene System nicht ändert. Keine Bedingungen könnten Putin »zufriedenstellen«. Und das nicht, weil er »unersättlich« in seiner Gier nach Geld und Territorien ist (auch wenn ihn die Vision umtreibt, als »Sammler der russischen Erde« in die Geschichte einzugehen), sondern weil er in Wirklichkeit nur ein einziges Ziel verfolgt: den Protest gegen seine Unabwählbarkeit, gegen Hyperzentralisierung und Korruption zu ersticken. Jede Atempause führt zu einem Anwachsen des Protests und zwingt ihn damit zu immer neuen militärischen Abenteuern, mit denen er den Aggressionsvirus in immer neue Gebiete trägt ...

Kompromisse bestärken Putin lediglich in seinem Glauben, Aggression sei das universale Mittel, um sämtliche Konflikte zu lösen, im Äußeren wie im Inneren. Es geht nicht um die Gebiete an sich, die Russland annektiert hat. Es geht darum, dass es geradewegs in den nächsten Krieg führen würde, wenn man Putin das Recht auf alle »Trophäen« in diesem Krieg zugestehen würde.

In diesem gesonderten Kapitel möchte ich die Aufmerksamkeit auf etwas anderes richten, über das aus verständlichen Gründen wenig gesprochen und geschrieben wird, einfach weil jetzt keine Zeit ist, darüber nachzudenken. Ich möchte über das Bild der zukünftigen Welt schreiben. Ich weiß ebenso wenig wie alle anderen, wann und wie dieser Krieg enden wird. Vermuten kann ich, wissen – nicht. Eins jedoch weiß ich ganz sicher: Eines Tages wird er zu Ende gehen, und auch danach wird es eine Ukraine und ein Russland geben, was auch immer jemand sich sonst ausdenken mag. Das heißt, zwischen ihnen wird es Beziehungen geben, ganz gewiss keine freundschaftlichen, aber irgendwo auf der Skala von extrem feindselig bis zu kühl neutral. Wir sollten uns heute schon Gedanken darüber machen, was für einen Frieden zwischen der Ukraine und Russland wir wollen. Welches realistische Szenario ist erstrebenswert?

Lässt man überflüssige Details beiseite, dann gibt es zwei grundlegende Möglichkeiten, wie man die Nachkriegswelt gestalten könnte: das israelisch-palästinensische und das französisch-deutsche.

Hier wie dort trug der Konflikt anfangs existenziellen Charakter, das heißt, der Krieg wurde mit dem Ziel der vollständigen Vernichtung der Gegenseite, der Vernichtung ihrer Staatlichkeit geführt.

Hier wie dort endete die heiße Phase des Krieges irgendwann, aber auf unterschiedliche Art: Israelis und Palästinenser schlossen einen Waffenstillstand unter dem Druck internationaler Sponsoren, die die Last einer weiteren Unterstützung dieses Krieges nicht mehr tragen wollten. Im zweiten Fall endete der Konflikt mit der totalen Niederlage einer Partei (Deutschlands) und der Beilegung eines historischen Gebietsstreits zugunsten der anderen (Frankreichs).

Obwohl der Ausgang des Krieges zwischen Frankreich und Deutschland kompromissloser wirkt, bildete sich gerade zwischen ihnen schließlich, nach Jahrzehnten, ein dauerhaftes Bündnis, und der Krieg war nur noch ein dunkles Kapitel der historischen Erinnerung. Im Streit zwischen Israel und Palästina dagegen, bei denen der Waffenstillstand allzu viele Fragen ungeklärt ließ, verschlechtert sich die Situation nur immer weiter; der Waffenstillstand wird praktisch täglich gebrochen, jeder neue Zusammenstoß droht, sich zu einem neuen Krieg auszuwachsen.

Die erste Lehre, die man aus diesen beiden ganz unterschiedlichen Erfahrungen ziehen kann, ist, dass Kompromisse auf lange Sicht nicht immer nützlich sind und Aufrufe zum bedingungslosen Waffenstillstand möglicherweise nicht zum Frieden, sondern in die militärische Sackgasse führen. Deshalb ist es strategisch sinnvoller, einen Frieden nach prinzipiellen Bedingungen anzustreben; der Frieden soll gerecht sein und nicht um jeden Preis geschlossen werden. Dies muss man berücksichtigen, wenn wieder einmal zur sofortigen und bedingungslosen Beendigung des Krieges aufgerufen wird.

Doch das ist nicht die einzige Voraussetzung. Eine andere halte ich noch für viel wichtiger. Sie besagt, die Beziehungen pragmatisch aufzubauen, gestützt auf den Grundsatz des rationalen Egoismus. Das klingt bizarr, ist aber deshalb nicht weniger bedeutsam. Und zwar ist es ungeheuer wichtig, von welchen Motiven sich die Eliten der beiden kriegführenden Länder, hier insbesondere die kulturellen Eliten (schließlich prägen sie am Ende die allgemeine, langfristige Atmosphäre), leiten lassen, nachdem der ersehnte gerechte Frieden eingetreten ist (was aus meiner Sicht die uneingeschränkte Bestrafung von Aggressor und Aggression einschließt). Hier gibt es zwei Varianten: das Motiv des Ressentiments und das Motiv des Vorteils. Das zweite Motiv mag zynisch und niedrig wirken, aber leider kann es nur dank ihm gelingen, endlich aus der Grube des Krieges herauszukommen.

Die Politik des Ressentiments hat wohl Golda Meir am besten zum Ausdruck gebracht, als sie sagte, die Gegner des Staates Israel hätten deshalb fatale Fehler gemacht, weil sie sich nicht davon leiten ließen, was für sie selbst vorteilhaft war, sondern alles zu verhindern suchten, was auch für Israel von Vorteil sein konnte. Das scheint mir der entscheidende Punkt zu sein. Wenn die Parteien sich nach dem Krieg weiter von dem Grundsatz leiten lassen, egal wie, Hauptsache denen geht es schlechter als uns, dann wird es keinen dauerhaften und stabilen Frieden geben. Um jeden Preis muss man aus der Falle des »Nullsummenspiels« heraus und den Weg zu einem Frieden finden, der nach den Regeln des »Koop-Gameplayings« funktioniert.

Was bedeutet das nun in der Praxis? Vor allem muss man als gegeben hinnehmen, dass weder die Ukraine noch Russland von der Landkarte verschwinden werden. Sie werden gezwungen sein, nebeneinander zu existieren, mit einer riesig langen Grenze und vielfältigen komplexen Beziehungen, sowohl familiärer als auch wirtschaftlicher, sozialer und sonstiger Art. Dies wird nicht einfach werden, weil die Massen heute emotional genau entgegengesetzt gepolt sind. Auf der Ebene der Propaganda, die das Massenbewusstsein formiert, dominiert die These, dass eines der Hauptziele dieses Krieges die Beseitigung des Gegners sei (der Zerfall Russlands oder der Zerfall der Ukraine). Erst die Überwindung dieses Paradigmas und die Erkenntnis, dass die friedliche Koexistenz, nicht aber die

Vernichtung des vormaligen Gegners, Priorität hat, wäre ein wichtiger Schritt zum langfristigen Frieden. Überhaupt ist der Handel ein Schrittmacher des Friedens, und nachbarschaftliche Handelsbeziehungen sind besser als »brüderliche und freundschaftliche«. Angstfreiheit kann erheblich zur Normalisierung der Beziehungen beitragen. Die Erfahrung zeigt, dass Schwäche Aggression fördert und stimuliert. Ganz gleich, an welchem Punkt dieser Krieg enden wird, ein Ergebnis sollten vollwertige NATO-Garantien für die Ukraine sein (ob die Ukraine dazu nun der NATO beitritt oder nicht). Und zwar andere Garantien als die im Budapester Abkommen. Dies liegt, ich wiederhole, vor allem im Interesse Russlands, aber natürlich auch der Ukraine selbst. Denn nur wenn die Ukraine und die Ukrainer überzeugt sind, dass sie zuverlässig vor jedem Wiederaufflackern der Aggression geschützt sind, können sich die Beziehungen zwischen Russland und der Ukraine langsam wieder stabilisieren.

Und last, but not least: Es wäre falsch, Prozesse beschleunigen zu wollen, auch wenn man sie für positiv hält. Nach all dem, was geschehen ist, halte ich eine historische Atempause sowohl menschlich als auch politisch für notwendig und nützlich. Es hat keinen Sinn, den anderen jetzt sofort in die Arme schließen zu wollen. Man sollte den Menschen die Möglichkeit geben, zu sich zu kommen, und das heißt auch, sich erst einmal voneinander zu entfernen. Eine Zeit der Distanz, auch emotional, kulturell, geschäftlich, ist nützlich und heilsam. Abstand und Zeit sind die besten Wundheiler nach dem Krieg. Wenn man sie wirken lässt, dann wird sich später, für künftige Generationen, eine Chance für die mögliche neue Annäherung eröffnen.

SCHLUSSBETRACHTUNG

Den Drachen hinter Gitter bringen

Der Drache ist in seinem Krieg gegen das eigene Volk zu weit gegangen. All seine Köpfe, wie viele es auch sind, müssen wissen, dass sie persönlich für das Geschehen haften werden und für alles zahlen müssen. Gleichzeitig möchte ich mich an all diejenigen wenden, die ins russische Kolosseum gekommen sind, um dem Kampf mit dem Drachen beizuwohnen und von der Tribüne aus den Helden zu applaudieren: Schon im Gefängnis habe ich eure Passagen mit der Lobpreisung der Helden gelesen; ich lese sie auch jetzt. Ich lese daraus den Wunsch, dass jemand für euch den Drachen tötet. Ich sehe die furchtbare Enttäuschung, wenn das nicht geschieht.

Da würde ich gern fragen: Ist euch klar, dass diese Enttäuschung noch größer sein wird, wenn euer Wunsch in Erfüllung geht und jemand für euch den Drachen tötet? Um ein professioneller Drachentöter zu werden, muss man entweder von Anfang an ein Drache sein oder sich im Laufe der Zeit in einen solchen verwandeln. Und die eigene Mannschaft wird eine typische Drachenbrut sein, auch ihre Methoden und Ziele.

Sich darauf zu verlassen, dass der Held kämpft und ihr die Dividenden einfahrt (und seien es nur Freiheit und Demokratie), ist naiv (wenn das Erwartete Freiheit und Demokratie ist und keine Leistung eines Dieners). Mit Jelzin haben wir das schon erlebt.

Kann man den Drachen töten? Selbstverständlich – keine Frage. Die wichtigste Frage lautet: Wozu? Die Antwort darauf fällt sehr viel schwerer, als viele glauben. Für mich, so wie für viele meiner Mitbürger, zählt die tausendjährige Kontinuität der russischen Geschichte, zählen die Wurzeln unserer gemeinsamen europäischen und heute bereits euroatlantischen Zivilisation.

Für mich ist wichtig, dass wir nicht zu den Außenseitern in dieser westlichen Welt, sondern zu ihren Gründern und Verteidigern gehören. Gewiss, indem wir die westliche Zivilisation gegen den Tataren- und Mongolensturm und die asiatischen Angriffe verteidigt haben, haben wir viel verloren und sind anders geworden, aber Asiaten sind wir von unserer Kultur her nicht geworden (ich will nichts Schlechtes über die alte und bemerkenswerte asiatische Kultur sagen, aber das sind nicht wir: Shakespeare und Cervantes stehen uns näher als Hafis und Sunzi).

Die moderne Welt ist nicht nur Globalisierung, Kommunikation und Zusammenarbeit; sie bedeutet zugleich auch Konkurrenz auf einer neuen, globalen Ebene, auf der Ebene der globalen Zivilisationen.

Die immerwährenden Kriege und die Verachtung für das menschliche Leben haben zu wenige von uns übrig gelassen, als dass wir eine weitere, neue, andere, aber konkurrenzfähige Zivilisation gründen könnten.

Natürlich gibt es immer auch einen Platz am Wegrand des Fortschritts, und die moderne Welt ist human und umsichtig genug, dass sie solche Randstreifen unangetastet lässt – weiche Methoden zur Ausbeutung derjenigen, die zu schwach sind für wirkliche Konkurrenz, gibt es genug.

Solch ein Platz für mein Land ist mir zuwider. Wir sind Europäer! Wir haben diese Zivilisation mit aufgebaut und verteidigt und haben nicht weniger Anrecht darauf als die Franzosen, Deutschen, Briten, Australier, Kanadier und Amerikaner !

Wir sind Jahrhunderte lang Reih in Glied, Schulter an Schulter marschiert und wissen: Wir brauchen sie alle, und sie brauchen uns. Hören wir nicht auf die dummen und gierigen Menschen, die aus selbstsüchtigen Motiven wollen, dass wir uns zerstreiten.

Gewiss, wir können in der Geschichte eine Unmenge von Ereignissen finden, die besser nicht passiert wären, aber sogar Unglück und Kriege teilen wir: 50 Millionen Tote in Europa allein im Zweiten Weltkrieg, derer wir bis heute gedenken – bei den Freunden wie bei den Feinden ... Und von den 50 Millionen Toten in China ... wissen wir. Spüren Sie den Unterschied? Der erste Arbeitstitel dieses Buches lautete »Gardariki – Land der Städte«. Warum? Gardariki ist das Land jener alten Zeiten, als wir ein Europa waren. Und wir werden es wieder sein – das ist historisch vorherbestimmt. Welchen Platz wir am gemeinsamen Tisch einnehmen werden, hängt ganz von uns ab – von unserem Talent, unserem Verstand, der Gabe, in die Zukunft zu sehen und die Ziele zu erreichen, die uns, unsere Kinder und Enkel glücklich machen werden.

Ich leiste meinen Beitrag zu dieser Arbeit. Wer kann, der möge mehr tun und es besser machen.

MIX
Papier | Fördert
gute Waldnutzung
FSC® C014889

Der Umwelt zuliebe
· produzieren wir zu über 90% in
  Deutschland
· achten wir auf kurze Transportwege
· drucken wir auf Papier aus nachhaltiger
  Waldwirtschaft und anderen
  kontrollierten Quellen

Die Originalausgabe erschien 2022 unter dem Titel Как убить дракона?
(How to Slay a Dragon) bei MBK Productions, Ltd.

© by Michail Chodorkowski
Agreement via Wiedling Literary Agency

© der deutschsprachigen Ausgabe 2023
Europa Verlag in der Europa Verlage GmbH, München
Umschlaggestaltung: Hauptmann & Kompanie, Werbeagentur Zürich, unter
Verwendung eines Fotos von © picture alliance / dpa | Michal Krumphanzl
Übersetzung: Dr. Olaf Kühl, Berlin
Redaktion: Franz Leipold
Layout & Satz: Robert Gigler, München
Druck und Bindung: Pustet, Regensburg
ISBN 978-3-95890-574-0
Alle Rechte vorbehalten.

Europa-Newsletter: Mehr zu unseren Büchern und Autoren kostenlos per E-Mail!
www.europa-verlag.com